隐蔽战线春秋书系 | 回忆录卷

纵横龙潭虎穴间

靖任秋回忆录

靖任秋◎著

中共党史出版社

图书在版编目（CIP）数据

纵横龙潭虎穴间：靖任秋回忆录 / 靖任秋著 . --
北京：中共党史出版社，2020.1（2022.6 重印）
（隐蔽战线春秋书系 . 回忆录卷）
ISBN 978-7-5098-5443-3

Ⅰ . ①纵… Ⅱ . ①靖… Ⅲ . ①靖任秋—回忆录 Ⅳ .
① K827=7

中国版本图书馆 CIP 数据核字 (2019) 第 270892 号

出版发行：中共党史出版社
责任编辑：吴江
责任校对：申宁
责任印制：段文超
社　　址：北京市海淀区芙蓉里南街 6 号院 1 号楼
邮　　编：100080
网　　址：www.dscbs.com
经　　销：新华书店
印　　刷：北京盛通印刷股份有限公司
开　　本：170mm × 240mm　1/16
字　　数：205 千字
印　　张：13.5
印　　数：12061—15060 册
版　　次：2020 年 1 月第 1 版
印　　次：2022 年 6 月第 3 次印刷

ISBN 978-7-5098-5443-3
定　　价：36.00 元

靖任秋（1905—1996）

以革命的武装反对武装的反革命，是中国民主革命的一个特点。我和同时代的许多人一样，一走进革命队伍，就过军人生活。只因机缘不同，自从 1927 年大革命失败以后，党分配我长期隐蔽埋伏在国民党统治地区和国民党部队中做兵运工作，特别是做上层和接近上层的统一战线工作。不言而喻，这是中国共产党所领导的军事斗争的一个组成部分；而我之所以能从事这个工作，是和入党以后，党对我的教育和训练分不开的。所以，我的回忆就从我到军事学校开始。

——靖任秋

‖序　关于本书‖

我的父亲靖任秋1905年生于江苏徐州铜山县东南乡棠梨张集一个地主家庭。他从小读书，1924年毕业于徐州省立第七师范学校。1925年在南京东南大学旁听时在五卅运动中入党，从此开始了革命生涯。直到1944年秋进入解放区为止，他一直在白区（含日伪占领区）从事秘密工作，而且主要从事军运工作，潜伏在国民党军队中做上层人士的统一战线工作，周旋于国民党高级将领和特务头子之间。近二十年的时间里，他一直处于国民党蒋介石特务搜捕、监视、圈套之中，也多次受到国民党蒋介石高官厚禄的引诱。他一生历经的险境难以胜数，仅仅抓捕他就遇到五次，其中两次被捕入狱。然而，靖任秋不仅保持了自己的气节，而且全身得脱，不仅如此，还能作出一番事业。在艰险的环境中，不仅保存自己，而且达到消灭敌人的目的，实属奇迹。他的经历堪称传奇。

靖任秋1949年后经历了两次政治历史审查，前后历时共计16年之久（1955年到1962年，1967年到1976年）。审查中，专案组在“左”倾思潮驱动下，以必欲纠出一个“大叛徒，大特务”而后快的目的，对所有可能引起怀疑的事情和细枝末节都穷追不舍，要求靖反复交代，力图从中找出问题和矛盾。这就迫使靖不得不反复回忆，竭力搜寻一切点滴的记忆，提供当事人的详尽名单。专案组也不惜代价地在茫茫人海中上天入地、天涯海角地查找人证物据。虽然专案组的目的没有达到，但却把靖的历史查得一清二楚。“文革”结束后，专案组解散，靖在“文革”隔离审查期间

“文革”中靖任秋的干校出入证

写的近千页的交代材料归还给了本人，还得到一本1955年审干时靖本人1959年写的三定稿。后来靖陆续在上海文史资料选辑上发表过五篇回忆文章（陈霞飞、陆诒整理两篇），中国社科院近代史所的陈霞飞还根据靖的回忆录音整理了《兵运纪实》刊登在上海文史资料选辑第92辑上。本书就是把这几种材料汇集整理和编辑在一起的回忆录。同时，为恢复靖回忆的全貌，删去了陈添加进去的邯郸战役中王定南的那一部分（靖纠正陈整理稿的手迹见文中）。靖的政治历史在专案组的要求下，同一事情前后反复交代过很多次，其中绝大多数事情叙述都是相同的，甚至用词造句都是完全一样的。也有个别的问题和细节前后叙述是有出入的，这是靖在专案组的查证“帮助”下逐渐澄清自己回忆的结果，因此靖的回忆是真正经过小心求证证明了的材料。编辑中遵循以下原则：回忆全部采用原文，仅于个别地方增加一些连缀词句以理顺文字；回忆诸材料内容繁简不同或各有增删时，力求增补详尽；情节描述不尽相同时，基本以靖本人手写的材料为准；写作时间不同而有出入时，又以写作日期在后的材料为准，力争准确反映靖的全面活动和社会各层面。与一般回忆录比较，它有两大特点，一是真实性强，具有真实史料的价值。因为所有主要情节甚至细节都经过前后两个专案组先后历时十余年“上穷碧落下黄泉”式的查证，他们不论出于何种动机，为求通过旁证检验靖“交代”的真伪，无论正面还是反面的当事人，也无论当事人职位是高还是低，当事人几乎都被找到。因此可以肯定地说，靖的“交代”材料都是经过考验和检验的。二是回忆非常详细具体，这是被逼在囚室里面壁十几年，搜肠刮肚、冥思苦想的结果。因此回忆不仅生动，可读性强，而且对当时的社会百态，上至“王侯将相”下自贩夫走卒，都有详细生动的描述，可说是旧中国社会的一个生动的画图。这个回忆录反映的军运工作是民主革命时期我们党领导的波澜壮阔的军事斗争中的一个组成部分，回忆录记载了革命洪流中的这一波细

1956 年，靖任秋、彭文和四个子女（左起：季洛、自卫、伯文、玉仲）在北京

浪，对更全面地了解那一段历史具有保存的价值。

靖任秋事迹除回忆录中叙述到 1947 年以外，其余部分他自述如下：“1948 年秋到平山党校学习，1949 年天津解放，当年 1 月调天津做市政府委员兼公用局长，1950 年改兼天津港务局局长，同时任天津市委交通党委书记。1952 年 9 月底调到交通部，任部党组成员、内河航运总局局长。1955 年审干开始，对他的历史进行了审查，1962 年组织作出结论，政治上没有问题。1956 年在审干中停止了党组成员工作，调离了内河总局，改作水运科学院院长，实际是科学院的筹备工作。1958 年河、海两个总局合并，又调作海河总局的副局长。1960 年调到华东局，等 1962 年审干结论（注：周恩来总理作的结论）后，宣布为华东局经委副主任”。

1966 年“文化大革命”开始，靖任秋被迫害，其间 1967 年 10 月被关押在漕河泾少教所监狱，长达六年（1967 年到 1973 年），1973 年 5 月释放出来后继续在市五七干校劳动接受审查，“四人帮”倒台后，1977 年 10 月经过复查，维持 1961 年没有问题的结论，才重新平反解放。1978 年初重新分配工作后担任上海市政府工业交通办公室副主任，1979 年 5 月调任市委统战部副部长、上海市政协第五、六两届委员会副主席兼秘书长，1981 年

1973 年 8 月，靖任秋解除隔离后与彭文和部分子女及第三代合影

1 月兼任中共上海市委对台工作小组副组长。1992 年离休，1996 年去世。

此外，本书还附有我母亲彭文（原名彭援华）亲撰的三篇回忆录及一篇谈话录，涉及大革命前后及抗战初期党的活动情况，内容也同样弥足珍贵。她的事迹除前文述及外补充如下：1944 年 11 月进入解放区后在晋冀鲁豫边区政府教育厅工作，1946 年冬负责筹建干部子弟学校晋冀鲁豫行知学校并任校长，1948 年夏行知学校初中部与晋察冀边区联合中学合并成立华北育才中学，彭调任育才中学副校长，1949 年进城后历任北京师范大学附属女子中学校长、教育部中学教育司副司长、上海市教育学院副院长，“文革”中同样受审查、冲击，“文革”后改任顾问，1994 年 11 月去世。

最后，为使回忆更为完整，还附上一篇军旅作家赵勇年写作的对当年晋冀鲁豫军区参谋长李达的访问记，其中涉及靖任秋兵运工作的一些情况。原文登载在 1984 年 10 月 28 日的《北京晚报》上。

对以上提到的所有材料提供者、整理人在此一并表示感谢。

愿父母在天之灵永在！

整理人靖任秋次子靖叔平

2008 年 11 月 8 日

目录

一、从黄埔军校到北伐战场

1925年五卅运动期间，我在南京东南大学旁听。有不少人因为缴不起学杂费用，用旁听的方法在大学听课，学校也允许。全国各地掀起了反帝反封建的高潮，我在南京参加了这一伟大运动，在运动中被吸收入党，未经过候补期。大约是六七月，我在南京东南大学加入中国共产党。介绍人是陈子坚（又名陈兴霖，和我是小同乡，以后脱党，任过国民党师长，解放后在财政部的出版社工作。是先由他和我谈话的。）和华少峰（又名华岗，解放后任山东大学校长）。陈是东大学生，东大党支部的负责人，华少峰是当时的南京地委书记，当时南京的党团员只有二三十人，地委书记是直接领导人。当时我们一同住在丹凤街一个老百姓开的寄宿舍里，我和陈子坚同住在一间北房，华少峰一人单独住在同我们对面的一个南房里。陈子坚有组织关系我知道得很久，他到南京东大以前，在徐州第十中学就有关系，我了解徐州组织的负责人是十中的教员吴亚鲁。我在南京时认为他是党员。入党时填有入党介绍表（确切名称记不清了），并在清凉山的扫叶楼举行了宣誓仪式，一同宣誓的还有一两位。宣誓时在墙上钉了一幅长不满尺，有镰刀斧头的小红旗，我当时以为是党旗，面向红旗举手宣誓。那时他们告诉我，同志间互相介绍，不要说同志，党员就说是大学同学，团员就介绍说是中学同学。入党后，小组生活中只记得有朱福民（东大学生，河南人），其他的人不记得了，可能还有陈子坚。在南京党内认识的人，现在知道下落的只有阎少鹏（或严兆鹏），在北京计量局工作。1962年他到上海还找过我，1926年后我们就见过这一次。岳烛远也是在南京党内认识的，他当时在南京第一中学读书。其他党员，我知道的有宛希严（东大学生）、徐恕（东大学生，河南人），曹壮父（河海工科大学生）等，下落都不清楚。这些人都是当时比较活跃的。我们开会都是在一起的，经常开会的地方是在陈君起的家里，也在清凉山、玄武湖开会，统是这二三十人，会议中没有分过党团员，也没有对党团员分过什么不同的任务。

在这以前，1923 年孙中山改组了中国国民党，制定“联俄、联共、扶助农工”三大政策。当时国共合作，党的活动是利用国民党的面目公开的。我们的党员加入到国民党内，联合左派，孤立右派进行反帝反军阀斗争。我入党后组织即决定我加入中国国民党，介绍人是陈子坚和刘华章（东大学生，徐州人）。南京党的主要活动是在反帝反封建的基础上联合国民党左派同国民党右派——西山会议派作斗争。当时国民党左派中有一个联合的对象叫李一平，后在国务院参事室作参事。当时南京是国家主义派大本营，所以当时的活动中和国家主义派作斗争也是主要任务。通过五卅运动也进行了反帝反军阀的斗争，曾经包围过英商在南京下关的怡和洋行，由于警察干涉，在南京警察厅请过愿，举行过群众大游行，进行过不少宣传工作。好多活动也是和陈子坚一同的，如夜晚贴标语、传单，一个在前边刷糨糊，一个在后边贴等等。

孙中山改组国民党后，建立国民革命军，在广州成立黄埔军官学校，这是第一次国共合作时期，两党合作的军事、政治并重的新型军校。因为需要大批进步青年参加军队，1926 年 4 月，由南京地委决定，介绍我去广东报考黄埔军校。一同介绍去的另外还有两个同志，一位姓熊，江西人，他本是黄埔一期的学生，是学校派他到北方活动，任务完了回学校去。另一位姓李，是台湾人。两人都是中共党员，只是记不起名字了。介绍的关系是由姓熊的掌握的。1926 年 4 月，我们一同由南京出发，从上海搭轮船到广州。那位台湾同志远离家乡，经济很困难，姓熊的同志钱也用完了。我身上也只有二三十元。从南京坐火车到上海，再住旅馆，等买了船票，剩下的几个钱，也仅够在船上买饭吃。当时轮船还不能直接到广州靠岸，只能先到黄埔，停在黄埔江心。我们一到黄埔已身无分文。一到黄埔熊就上岸，到黄埔军校找到当时的军校政治部主任熊雄（周恩来同志离开军校后，他担任军校政治部主任），也是江西人，可能他们是同乡，在他那里要了几块钱，我们才雇了一条小艇，当夜就住在这个小艇上，等第二天才又另外搭船到的广州。到广州也是熊去和组织接上关系。黄埔入伍生政治部是派韩继汉和我们联系的，由韩介绍我们先住到广州总工会，以后也是由他给我们办的入黄埔的手续，是否经过考试想不起了。熊是一期的考学生，他是到校本部学生队插班的。我便编入入伍生第一团作入伍生，那位台湾同志是进的炮兵营（入伍生），我在入伍生是第一连，全连也只有几个党员，现在记得的同连同支部的只有陈丙亭同志一人，另外一位姓谭的，名字不记得了，他们都是湖南人。韩当时可能在黄埔军校入伍生部的政治部工作。黄埔只有党的组织，没有团的组织。在黄埔开小组会，交党费都是经常的，每个星期中央差不多都要召开一次党员的全体会，地点就是在毛主席办的农民运动讲习所和中山大学。

广东未统一以前，陈炯明还盘踞在东江一带，而广州附近基本上掌握在旧军阀杨希闵、刘震寰手里。黄埔军校第一期学生毕业后，第二期与第一期间隔时间不长，三期距二期毕业也只一年工夫。那时，以黄埔毕业生为基础，开始建立教导团，即教导一、二团，以军校学生为骨干成立的革命武装总算有了这么一点，东征的主力就是教导一团、二团。东征击溃了陈炯明，这是广东的大事。新建的革命武装，一去就平定了东江。从此，黄埔军校在社会上得到重视。刚成立教导团时，都认为学生兵没用处。平定陈炯明以后，教导团声威大振。回到广州，就发生了杨刘叛变。陈、杨、刘在广东是主要力量。这两个团回到广州没有休息，就参加平定杨、刘叛乱的战斗，消灭了杨希闵和刘震寰的部队。这一来，黄埔军校在广东政府之下，变成了革命的支柱。当然，那时广东国民政府还有李济深、谭延闿、朱培德、李福林、程潜等部队，不过力量都不大。统一广东的就是这两个战役。由于教导团在两次战役中的光辉战绩，黄埔军校的威望由此建立。学生在社会上得到尊重，也因为这两个战役。

蒋介石以办黄埔军校起家，他在国民党内取得那样一天比一天高的地位，与教导一、二团在统一广东时的贡献不可分。因为他是校长，学生的功绩都记在他的账上。当时军队骨干都是黄埔的，一、二期的毕业生领导三期的，而在历次战斗中表现比较突出的又大都是共产党员。东征时周恩来同志是政治部主任。因此部队也就掌握在共产党手中。“共产党掌握了很大军权”，蒋介石看到这点，就打起主意来，蓄意制造了中山舰事件。这只兵舰原是广东的主要兵舰，孙中山躲避陈炯明叛乱就在这只军舰上，以后就叫中山舰。李之龙是黄埔军校一期学生，共产党员，原是蒋介石比较信任的，中山舰就由他来当舰长。当时，在黄埔学生中，不管是海、陆军，他都是比较突出的。李之龙升得比较快，就是因为蒋介石赏识他。中山舰本来停泊在广州，因为蒋介石经常住在黄埔，就以黄埔作中心向广东活动。当然，广州也有他的房子。兵舰本来经常来往于广州黄埔之间，逢调动总是临时升火。1926 年 3 月 9 日，中山舰得到命令从广州调动到黄埔去。蒋介石却诬称中山舰“擅自移动，图谋不轨”，把责任推给共产党，并借机扣留了李之龙，故意张大其事，好像共产党在里边有什么阴谋。这便是“中山舰事件”。

我到广州正是 1926 年 3 月 20 日中山舰事件之后，首次国共合作由于蒋介石的阴谋破坏已出现裂痕，但表面上广东的局面仍然是国共合作，广州市面上还算安定。我们党在广州各方面都有些基础，也有一定的领导地位，总的说情况看来还不错，但是也有很大变化。我们党当初建议办黄埔军校，就是要在当中活动，建立革命武装。在这以前，学校中革命的力量与右派力量也有很厉害的斗争。学生与学生间的斗争已经形成共产党与国民党左派、国民党右派这几种力量。国民党左派与共产党联合，我们也很重视对他们做工作，彼此行动比较一致。国民党右派自形成西山会议派以后，就在黄埔军校反对共产党。在校的黄埔学生和已毕业出校的学生有两个公开的组织，一个是共产党领导的群众性的外围组织青年军人联合会，实质上是由我党领导争取国民党左派反对国民党右派斗争的群众组织。它一方面团结左派，一方面对右派斗争，在广州，这个组织也得到社会上的重视。另一个是蒋介石和国民党右派组织领导的孙文主义学会。两派的斗争很激烈。黄埔军校毕业生要到工作岗位（主要是在部队），有个组织叫黄埔同学会。这个组织对黄埔毕业生的安排和使用有很大权力，它可以向上面介绍如何安排工作。那时部队发展很快，军事干部提升也快，但一般有个程序：军校毕业，首先当准尉见习，几个月后生少尉排长，再过几个月升任中尉，再过几个月才当上尉连长。如果进黄埔同学会工作，一进去就是少校军阶。所以，那时左派与右派争夺黄埔同学会领导权的斗争很激烈。会长由蒋介石自兼，下边做具体工作的岗位就成了争夺目标。当然，蒋介石所信赖和使用的始终是国民党右派。比如，我记得黄埔同学会当时的秘书长曾扩情（四川人），就很得蒋的信任，他从那时起，长期替蒋介石组织联络左派，成为蒋的亲信。中山舰事件后，蒋向我党提出很多问题，甚至要求在部队和黄埔学生中的共产党员，都要公开身份，尤其是在部队中的党代表更要公开身份，重要工作岗位上的共产党员要撤换。并且下令同时解散“青年军人联合会”和“孙文主义学会”。蒋介石又要求军校共产党员一律退出国民党。对此，陈独秀右倾机会主义领导屈从蒋介石的阴谋，接受了蒋介石的要求，取消了青年军人联合会组织，在黄埔学生中的共产党员全部由国民党内退出，公开了共产党员的身份。周恩来同志原来是黄埔军校的政治部主任，也就在此时离开黄埔。这件事影响很大，共产党员党代表这次被蒋介石撤换了很多。原来，黄埔基本上由共产党控制。蒋介石阴谋提出黄埔撤出党代表，公开共产党员的身份，共产党退出国民党，这一来我们的活动受到极大的限制，共产党员不好再在国民党的组织内活动，我们也不能再在黄埔公开活动了，因而左派活动一时陷于停顿。表面上蒋介石也要孙文主义学会停止活动，取消组织，就留一个黄埔同学会，其实，蒋介石的广东国民政府就是西山会议派如邹鲁、居正、石清扬这样一堆人，占着重要的位置。蒋介石的种种活动就是他们在支持，他怎么会取消这派人的活动！孙文主义学会不但没有同时取消，反而大肆活动。一时反动空气极为浓厚，右派气焰极为嚣张，掌握了黄埔同学会和黄埔军校的特别党部。

当时已经认识到公开身份这个决定是不正确的。在这种情况下，组织为扭转这个局面，决定以后再到黄埔的同志统统不再公开，都暗藏在国民党的组织里，以国民党的面貌，在黄埔重新开展国民党左派和右派的斗争。因此，3月20号以后进校的学生一律不再公开共产党员身份。

我们入伍正在此时。1926年5月我考入黄埔军校，所以那时再进校的共产党员就不公开了，我是其中之一，才又重新开展了党在军校的活动。黄埔军校的教育过程分两个阶段：进校后先当入伍生，实际上是锻炼我们过艰苦、紧张的军营生活。当时入伍生各团设在白云山麓，靠近黄花岗、沙河镇。沙河镇上常有小贩挑担卖的沙河粉，是很有名的。镇附近的山叫瘦狗岑，军校在那里搭了几排席棚，入伍生就在席棚里吃饭、睡觉、受训，过兵营生活。席棚的排列还是整齐的，床铺是用竹子搭的双层床，布置得井井有条。入伍生阶段就是要锻炼人习惯军人生活，严肃、紧张，动作还得迅速、整齐。清早听到军号声，立即起床穿衣，佩带好枪支、子弹、水壶，一共只给15分钟。吃饭要喊口令，谁也不能先吃，10分或15分钟以后，又喊“立正”，没吃完也不能再吃了。每天日程排得很满。广东天气很热，出操时开始跑步半小时，枪械、子弹、水壶都挂在

1981年4月，靖任秋在黄埔军校故地重游，距1926年北伐时离校，已时隔55年

身上，只半个钟头，眉毛上的汗就滴得像流水。不叫“稍息”，谁也不准乱动。上午出操，下午打野外，爬上山时还要冲锋。这样搞半天，还得跑步回学校。整天的操练，不仅衣服都是湿的，连子弹带也是湿的。就这么湿着一身也不休息就进饭厅吃饭，我们也吃得不少。那时身体很好，一身汗吃饭，吃着饭又出一身汗。晚上有点空隙，就到沙河去洗澡。满身大汗跳到沙河就洗澡。这样刻苦锻炼对身体很不错。现在年岁大了，还深感这些锻炼的好处。

入伍生在沙河有两个团。我记得国民革命军北伐誓师是在1926年7月9日，誓师大会由教育长方鼎英主持，我们都列队参加。黄埔的入伍生期原定半年，我到后只有三个月上下，广东即誓师北伐，当时学校是四期在校，没毕业就抽调一部分学生随北伐军出发。也从入伍生中抽部分人（一个中队，等于一个连）提前转到校本部，作为第四期学生。我便由入伍生抽调（或经过考试）到校本部转为正式学生，进校后就准备出师北伐。我编入第四期政治大队第四队。队长徐象乾（向前），队的支部书记为同队同学杨剑英。同队同支部同学有十多人，同支部的党员，记得有：李鸣秋（东北人）、张作兴（东北人）、李亭林（山西人）、王明源（湖北人）、樊量森（湖北人）、梁勃（湖南人）等，以后统没见过。现存的只有杨德魁（杨秀峰，山西人，重庆市委）一人。我们到后不久前三个队就毕业了，我们一个队到得晚，没有同他们一齐毕业。在入伍生期间除过党的一般组织生活外，没有特殊活动。到校后因为没有公开共产党员的身份，党组织给我的任务是负责军校内的国民党左派的团结和组织工作，并与广州国民党上层人物建立联系，和国民党右派作斗争。当时在共产党的影响下，国民党内多数人是能和我们合作的。我们当时做国民党左派的工作，主要是根据国民党第一次代表大会宣言，宣传贯彻三大政策的精神，团结左派，争取中间派，对右派是进行斗争打击的。当时总的任务是打倒帝国主义，打倒封建军阀，到北伐后才提出打倒土豪劣绅的口号。我们决定重新组织左派，先从黄埔军校和广州做起，并联合国民党左派的首领共同组织左派活动，以争取他们支持黄埔左派的活动，反对国民党右派的反动活动。当时和右派作斗争的焦点，一是军校的特别党部，这是在校公开活动的中心，是团结领导在校黄埔学生的核心。特别党部接受学校的领导，但它对学生的领导也起着很重要的作用；二是黄埔同学会，这是联系黄埔毕业和在校学生的中心组织。

当时军校中的党员同志，虽然由于身份公开，活动受到限制，但他们与广大同学特别是国民党左派仍保持广泛联系和影响。我进去后就和各连队的党员共同工作，很快就使工作开展起来。我们组织起国民党左派，首先改组了黄埔特别党部。军校特别党部是由学生选举产生的，当时整个革命形势还是对我们有利的。我到学校后不久就被选进特别党部（内分两部分：执行委员会与监察委员会），开始我在监察委员会，后来参加了特别党部的委员会，我们逐步取得了特别党部的全面领导权。我们更进一步打算改组黄埔同学会，但始终没能掌握黄埔同学会，因为黄埔同学会负责的人选是蒋介石以会长的名义指定的。这时北伐军已进到南昌，蒋介石对这种情况很了解，就一再号召学生要“团结”，不要互相“攻击”。但是，这种号召是没有用处的。前面讲到西山会议派名义上在学校不能活动，其实，蒋对它很支持。这样他讲“团结”就是空话。蒋介石在北伐已经到了江西的时候，还不断有电报给学校，关心校内两派斗争的发展，这说明了在3月20日以后学校左、右派斗争的激烈。当时国民党右派骂我们是恶化势力，我们骂国民党是腐化势力。黄埔军校革命空气又高涨起来，右派的气焰已不似以前的嚣张。他们看到这种形势的发展不是留在广州的右派分子能够改变的，遂由蒋介石从前方下令将军校比较进步的力量，政治大队提前毕业调赴前方，这时是1926年底，我们就是这样离开广东的。

这期间，黄埔的左派组织还发展到广州，同时经组织的上层介绍也发展到国民党的上层。国民党的上层左派人物中有徐谦、顾孟余、甘乃光等，我和徐谦也是在这时认识的。以后随着北伐的进展，左派的活动还发展到湖南、江西和武汉各地。这里还有个怪事，谁都知道右派叫西山会议派，在黄埔军校叫孙文主义学会。也都知道有个左派组织，却没有名字。那时社会上对黄埔学生很重视，虽然我们穿着入伍生的灰布服装，整天出汗，又在地下滚爬，衣服很不像样，但是这部分人在广州颇受注意，甚至很有点受尊重。广州女学生也爱找穿破军装的黄埔学生。

12月份，我们政治大队第四队从广东调出来，参加北伐。这时北伐军已经接近武汉。我们一起从广州坐火车到韶关。再往北铁路不通。出韶关翻过一座九峰山，便到湖南衡阳。那时行军很有趣，对我们青年军人，爬山走路本不是什么困难。进湖南以后，行军途中，经过几个同学的老家，备受亲切热情的招待，至今记忆犹新。有一次，我们坐湘江的船，夜晚月下，走到了同学的家。老人们奇怪地看到儿子归来，高兴得不得了。我们比较要好的同学都跟着去。那时正接近旧历年，老太太很热情，夜里连觉也不睡，把家里的腊肉、鸡拿出来，大家吃了一整夜。第二天天不亮，又赶快上船继续行军。我们还在路上，北伐军已经占领了武汉。北伐军刚从广东出师湘鄂两省时，纪律严明，每经过一个地方，都受到广大群众的欢迎。到长沙、衡阳，人们知道我们是学生，当地的学校就请我们去讲演。过长沙时，我被邀到湖南长沙第一女子师范学校讲了半天。我们在广东出来时穿的是单衣，内衣只是一件编织的线衣。在湖南的冬天，穿这么一身衣服站在台上演讲，大家都看出很冷。听讲的人交头接耳，有的还跑上台来亲切地问我是否要加件衣服。这种亲切关怀的情景，相隔几十年了，记忆还很清楚。可以看出，这是北伐初期时的军民鱼水之情。

北伐的铁军是叶挺独立团，这里面有很多共产党员。独立团属于第四军，李济深管。我们的政治活动就是争取国民党左派。由于各地有党的组织介绍，我们从湖南经过时跟当地的国民党左派取得联系，交换意见，甚至以后我们之间也有联系。我们一路上与群众接近，沿途作宣传，如去讲演。可以看到北伐时是很有生气，很兴旺的。

前三个队毕业不到三四个月，北伐军已占领武汉，1927年初旧历年前，我们政治大队第四队到了武汉。黄埔军校全称黄埔陆军军官学校，这时改名中央军事政治学校。武汉成立了中央军事政治学校武汉分校，我们编为学生大队第一中队，党的组织情况如前述，直到离开学校，都没有大变化。记得到武汉正好过旧年，我们住在武昌城里的两湖书院。有的同学家在汉口，邀我们去过年。当天刮大风，长江中从武昌到汉口的船都不能开。我们跟小船的船夫商量，让他给我们开船，那时实在年轻，稍为懂事一点都不会去冒这个险。刮着大风，船在江心上上下下，驶船的人一再叫我们不要动，我们却在船上又唱又叫。到了同学家里，自然又是饱吃一顿。

这时武汉入伍生也很快进了校，编成两个团（入伍生一团、二团），还有女生队。彭文①此时就编在女生队。她在学校也比较活跃。

到武汉分校后，我仍然是以国民党左派面目活动的，负责组织国民党的左派工作。到武汉以后也就三几个月，我们这个队也毕业了，我分配在分校政治部任党务股长兼特别党部主任委员，仍然做国民党左派的组织工作，并负责分校特别党部的工作（在广东我已经负责特别党部的工作，在武汉我任主任委员），参加武汉黄埔同学会分会的组织领导。我们在武汉分校的活动，跟在广东一样，发展到学校之外，发展到了社会上，实际上发展到湖南江西的长沙南昌武汉各地。我负责武汉的工作，除仍然抓武汉军校特别党部和黄埔同学会武汉分会外，也做些社会上的国民党左派的工作。社会关系经组织的介绍，发展的面也是较广的，和湖北上层人物李汉俊（即出席共产党一大的）、邓初民等发生的关系便是如此。在武汉的左派组织中，邓初民也是参加人之一，那时他的家就在武昌，我们星期天就经常在他家里开会。经常一起开会的还有当时的有名人物李汉俊等。前面说过，左派组织的活动，实际上并无固定名称，而社会上却流传着“左社”的说法。黄埔同学会（学校改名后仍叫黄埔同学会）也活动，在武汉成立了分会，曾钟圣（曾希圣的哥哥，很有能力，在武汉已是武汉日报的社长或

① 彭文，又名彭援华。靖任秋的战友和夫人，1926 年加入中国共产党。参加了八一南昌起义。起义失败，撤退到赣江边上，朱德同志准备带队伍上井冈山，动员徒手人员离开部队，无人肯走，彭文当时任女生队支部书记，带头响应党的号召转到地方。她先后在武汉、上海、北平等地做地下工作，直到抗日战争时期。1939 年 6 月，平江惨案发生，彭担任岳阳中心县委书记，湘鄂赣特委特派员，被国民党通缉，辗转逃到重庆。受周恩来同志指示，隐蔽起来，到新五军洛阳办事处作家属，掩护靖任秋。1944 年，党派人将彭文接到晋冀鲁豫根据地。

是主编，长征中在川北让张国焘杀了）也参加过。这时的黄埔同学会，由我和他一起负责。北伐时军区政治部主任，黄埔四期学生汤志，也参与做这项工作。

那时，蒋介石虽然名义上是军校校长，但一切由副校长恽代英主持，武汉分校党和行政上都是他负责，恽也是湖北人，他还参加湖北省的党政工作。政治部主任，总教官都是共产党人。政治部主任是周佛海，他当时还是共产党员，“四一二”蒋介石叛变革命后，宁汉正式分裂，他才从武汉跑到南京，背叛了党。还有个总教官孙存统，后改名施复亮，当时也是共产党员（宁汉分裂后，表现惊慌失措。叛逃时，他把教官的工资自己拿着，党要开除他）。教务长侯连瀛虽不是共产党员，但他倾向进步，是拥护党的，学校中政治气氛是好的。当然，学校中也有国民党右派，但他们却成不了主导力量。淮海战役中起义的国民党一一〇师师长廖运周，在学校时也是国民党左派。他就是在左派活动中，由我介绍入党的（1933 年他失掉组织关系后，在国民党军队当师长）。他起义的情况我在后面还要叙述。

彭文也被选到特别党部当委员。这样，我们接触了，但是我们都从事政治活动，因而彼此关系的发展比较隐蔽，怕在学校闹恋爱产生不好的影响。当时军校的人还有胡毓秀（女生队），廖运海（学生第二队），彭漪兰（分校女生队区队长或指导员，共产党员），徐向前（第一队队长），陈毅（政治教官），施复亮（政治总教官）等。

当时广东国民政府还在广州。我们到武汉后一个时期，国民政府才正式迁到武汉，称为武汉政府，负责人汪精卫，还有徐谦、邓演达等。我们党在这里起领导作用。

在革命势力大发展的情况下，反革命势力从害怕革命走到反对革命的道路上。广州反共实际在“四一二”之前。留守广东的反革命军阀李济深早已开始反共和“清党”。他首先对付黄埔军校，我们不少同志，甚至国民党的左派，都受害牺牲。广东有人跑到武汉，黄埔同学会就收容他们。蒋介石军队到达上海后，由于蒋介石反革命资产阶级的本质，再加上帝国主义在东南沿海一带的势力，相互勾结互为依附，造成了蒋介石的反革命叛变。1927 年，“四一二”蒋介石正式叛变革命，在上海屠杀工人。我当时在军校特别党部工作，在“四一二”以后，我们在军校用国民党的面目也开始清除国民党右派反动分子的工作。记得有一个陈醒民，当时是我们队上一个国民党右派，是我们队上的斗争对象，就是在那时被我们清除逃跑了。

向河南进军，称第二次北伐，我们从武汉向河南进军，主要的对象是奉系的东北军。有趣的是我们的铁军（第四军称铁军，即叶挺独立团）到河南遇到了东北军的铁军（它是否叫第四团我记不清了）。战斗打得很激烈。最后北伐军取得胜利，克复了郑州。我们在武汉开追悼会，追悼黄埔第一期的蒋先云。他是一位很好的团长，北伐中在河南战死。黄埔的左派学生很尊重他。我现在还记得开追悼会的情况。当时，宁汉关系紧张，蒋介石在南京反对武汉政府，宁汉已经形成对立的局面，汪精卫已很动摇，而武汉兵力很空虚，武汉卫戍司令叶挺只有一个团。正在这个时候，湖南许克祥叛变，长沙发生马日事变，湖北夏斗寅部队叛变，进攻武汉的朱兆南部队，就是配合蒋介石来反对武汉的。当时，武汉没有部队，到河南的部队还没有撤回，情况紧急。临时把中央军校在武汉的三个学兵团，编成一个独立师，以武汉分校教育长侯连瀛作师长，由叶挺统一指挥，保卫武汉，讨伐叛军。队伍从武昌出来坐火车南下，只走了两三站，到了土地堂就跟敌人接触了。还好，很快就把许克祥的队伍击败。追击到咸宁地方，许克祥已向西南跑掉。这时咸宁县县长也跑了，临时由叶挺部政治部主任陈子坚当县长，叫我管公安局。这时，湖南的农民运动已经搞起来。叛军部队被打退以后，我们很快又回到武汉。武汉形势也有重大变化。

“四一二”之后，蒋介石公开反共，在南京成立政府，要求武汉政府搬到南京，武汉政府决定东征。一方面决定东征，一方面武汉内部一天天出问题，武汉形势日趋紧张。我党已把工人的武装（工人纠察队的枪）交了出去。这是陈独秀的右倾理论：国民革命是国民党领导的，共产党要服从国民党的领导。实际上，当时已经感到国民党要消灭我们，右倾机会主义者却不管这些。工人纠察队力量虽然不大，但它是革命的基础力量，这样交了枪，搞得很混乱。我在武汉，党安排我做军校的工作，也做校外的活动，而国民党搞破坏。此时黄埔军校武汉分校校本部也开始搞清党。双方斗争激烈，表明武汉形势要起更大变化。组织上认为我在武汉活动中过于暴露，通知我离开武汉。原来打算调我到二十军贺龙部，准备成立第三师，师长内定周逸群（后来在湘西时牺牲）。我按照指示离开武汉到了九江，这时东征部队也到了九江一带。东征部队到九江后内部分化。十一军军长张发奎（叶挺的二十四师就隶属十一军）、第八军军长唐生智，在汪精卫的指使下，准备解决叶挺部队。我们党领导下的部队当然是坚定的，叶挺据报后，即指挥部队转向南昌移动。南昌当时是第三军朱培德的区域，朱德正在那里任公安局长兼朱培德第三军教导团团长。等我走到江西，组织上改变决定，1927 年 7 月，我由武汉分校经九江到南昌叶挺部二十四师报到，任政治部组织科长。二十四师政治部主任陈兴霖（后改名陈子坚），宣传科长蒋如琮（后改名蒋瑞青，总务科长陈兴章（陈子坚弟弟），二十四师党的负责人贺昌（已牺牲），二十四师属十一军，八一起义后叶挺任十一军军长仍兼二十四师师长，军党负责人聂荣臻，军政治部秘书代理主任罗髫鱼（后在中国人民大学），当时陈毅同志在一个团作团指导员。

二、参加南昌起义

到南昌没停几天就开始暴动。暴动事先经过周密的准备，经过短促的战斗，一夜之间就把城内的敌人全部解决了。起义军有十一军（起义后叶挺任军长），二十军，还有第三军的教导团，周恩来负责前敌军委，刘伯承负责参谋团，彭文就在参谋团工作。

当时，我们都很年轻，1927年我调二十四师时22岁。机关住在南昌百花洲。决定暴动那天，因为我是军校毕业生，就叫我率领政治部的武装（顶多有二三十人），在百花洲出口的地方（河通过桥出口），作自卫性质的防守。以后，战事很快结束，我们那里没有接火。

8月的南昌热得不得了。全国有“四大火炉”，其实南昌比这四个火炉有过之无不及。在南昌缴获的武器很多，要走了，舍不得丢，向会昌、瑞金进军时，不分官兵，都要多扛些枪，我扛了两支枪。出南昌就是沙河。行军时汗流浃背，过河时候我们都热得走不动了。我们走后，国民党宁汉合作，实际上是汪精卫投降了蒋介石。蒋介石南京政府成立后，都到了南京。武汉政府垮了台。

8月3日南昌起义部队向南开去，当时目的地是想到广东潮汕。这件事各方面都知道，当时是想有个海口作基地，在广东建立基地，培养革命力量，可以得到苏联的接济。

起义后经抚州、会昌、瑞金到了福建的汀州，又经广东的三河坝，揭阳到达潮州。当时部队的番号，服装都是用的原来的，没有改变，只加了一条红领带。我们的部队刚出发，敌人就调动兵力，准备沿途堵截。一路上曾在会昌和瑞金和敌人打了两仗，两地之敌均被我军击溃。我记得8月26日在会昌与敌人钱大钧部一个师接触，二十四师政治部到达时，钱大钧部已被击溃。政治部打扫战场时，收拾清理丢的东西，发现他们把家当都丢了。连钱大钧的一匹白马也被我们俘获。从会昌到了瑞金，我们刚住进城里，就受到敌人的包围，敌人盘踞在瑞金城外的小山上。我们把指挥所设到城墙上，可以看到敌人的活动。攻击令一下，我们即冲向城外小山，把敌人从山上驱逐掉，可见其战斗力也不很强。从南昌出来凡与敌人接触，都打胜仗。当时情绪很高，思想上就是按领导意图做好工作，没有其他想法。至于军事上仗怎么打法，政治上工作怎么做，由于思想水平低，都没有考虑过。

瑞金出来向福建移动。道路很坏，一路行军过古城到汀州，已是9月5日。休息两天，记得是在汀州过了中秋节才又出发的，继续前进到三河坝。从汀州以下有水路可以行船，我们在瑞金和会昌作战有一些伤员，这一段伤员是坐船的。我从南昌出来到汀州这一路，主要带一队学生做打土豪的工作。有个手枪连实际都是学生，沿途找土豪劣绅搞粮食。当时打土豪的工作并没有和发动群众结合起来，只单纯地给部队搞粮食，行军中时间又紧，成效是很小的。过汀州以后就没有再打土豪。大概是9月9日在三河坝，敌人上来的兵力约三倍于我们军队，可能是陈济棠的部队。这一仗打得比较坚决。我们党后来在战争中很注意保持实力，那时却一路打硬仗。两军对峙下，伤亡了二千多人。

经上杭到潮州后，派陈子坚去当潮州县长，我改作政治部秘书还代理政治部主任。军政治部秘书罗髫鱼也暂管军政治部主任工作。这时已是1927年9月中旬前后。我们的部队到潮州后只住几天，二十四师部队和贺龙二十军的一两个师就回到揭阳县塘坑迎击尾追我们的敌人，叶、贺也都到了塘坑指挥作战。这次是打的硬仗，一开始我们采取的是攻势，和敌人接触后我们接连攻占了敌人几个阵地，后来发现敌人的后续兵力很大，才开始撤退的。撤退是在一天下午傍晚的时候开始的，经过古城的渡口到的流沙。流沙是个很大的镇子，10月3日，部队先出发，革命委员会、前敌军委、参谋团留在这里开会，走在后头，只听说准备向海陆丰撤退。师政治部到流沙的时间比较迟，大约在中午十二点钟前后。大部队早已向海陆丰方向前进。师政在流沙吃中饭稍作休息，到下午大约两点钟后才又从流沙出发，随大部队之后向流沙以西方向行动。因为很多领导单位都在流沙，我想多了解些情况，在流沙多停留了一下，没有同师政一同走。大约三点钟，太阳偏西的时候，跟军委指挥部一同出发。只走了十多二十里，我还记得前面接近一个小山时，发现敌情，被敌人迎面截击，就打上了。在我们向西前进的道路上是一个南北山地，听到枪声后，有一部分敌人向我们右翼抄下来，可以看到敌人散兵线在向我接近，子弹已经打到我们队伍里，当时正靠近一个很小的村庄。那时如果有一个营就行了。我从流沙出发跟随的这个队伍，已经是一些机关，只有很小的部队，我们指挥所的人多数徒手，顶多有支短枪，很难支持。指挥部只有一个卫队连，派了一个小部队，可能只一个排迎击我们右前方的敌人，企图把敌人压下去，但是我们力量太少，已经无力驱逐敌人，突不出去。以后子弹越来越密，我们一连人在前面顶着，指挥部和这个机关队伍就向后撤退了，队伍遂陷于溃乱状态。撤退时幸而敌人没有追击，撤退又退到流沙镇外，太阳就已经落了。我们退到村子外头，在靠近村子的西南角上，看见贺老总也脱离了部队，只有几个卫兵跟着，周围有二三十人。我看到贺龙后就向他靠拢，想以后听他指挥一同行动。贺老总可能担心集中到一块目标大，活动困难，叫大家散开。我从他那里走后，到了村子的东面，我看到郭沫若同胡公勉的爱人彭漪兰一起坐在野地里。这时天已将近黑了，大家就分散开去。这时我遇到二十四师学生队的队长，我们两人一道到了村边的一个树林里。

大革命时我们就在东江搞过一个阶段的农民运动，这个地方我们的农民运动有基础，彭湃的家就在这里。他是大地主，把土地分给农民了，很得到农民拥护。农民对我们的态度很好，愿意给我们些帮助。我们这天晚上就是一个农民把我们带到一个祠堂住了一夜，还给我们做了稀饭。第二天，又给带路，把我们送上去汕头的大路，我扮作农民，扛个扁担。农民在后面跟着送我们。约到半路，有条河直通汕头，我们就雇了一只小船，一直坐小船到了汕头。我和这个队长在进汕头之前分了手，免得两人一道更使人注意。有的同志直接到海边，雇小船到香港，贺老总就是这样走的。

汕头当时很空虚，敌人军队还没有到达，街上连警察都没有。这使我们得到很大的方便。从起义开始到9月底10月初，大约两个月当中，天天走路。天晴晒太阳，雨天就淋雨。晚上虽不全是露宿，也等于露宿。南方多雨，我们光着头淋，睡觉时穿的衣服不干，就湿着睡。我后来的风湿症，就是那时留下的。进山沟没有袜子，光着脚爬山。这时虽然军衣不敢穿了，找个破褂子，一副狼狈相，很难掩饰。如果敌人比我们先进汕头，或街上有警察，一看就认得出我们的样子，就会出问题，我们的人就要被捉。说也巧，我一进汕头，就遇见个黄埔同队同学，潮汕人，姓陈，在校时是个中间派。一见面，他看我狼狈的样子就清楚是怎么回事了，可是很帮忙，给我找了个小旅馆，为我买鞋子和衣服，还给买了一张到上海的船票。流沙失败后我是第二天到的汕头，第三天我搭船离开汕头经香港到了上海。离开香港时，船上净是我们的人。陈赓、周逸群等都在这只船上。陈赓还跟周逸群开玩笑。

潮汕失败后，先头部队一部分人回到了湖南，一部分人去到海陆丰等地，参加了广州起义，我们司政机关在后头，一部分人到了香港，一部分人到了上海，我是到了上海。

1927年10月初我由潮汕到上海，船进吴淞口的那天是10月10日。看到黄浦江两岸挂着国民党的青天白日满地红旗，心里说不出来的痛恨，又有些恐怖。想到我们这样进上海，遭到检查，很容易暴露。大家的脸晒得黑黑的，万一让脱下袜子来，两只爬山的脚，一看就会被发现破绽。一时顾虑很多，担心到上海后发生问题。好在船到外滩，停在江心没靠岸。可能这时南京政府刚刚成立，各方面都还没有头绪，所以有些事来不及做。反正没有检查，我们从大船上抓住绳子下到雇来的小舢板上，侥幸上岸。

上了岸就到一个旧同学的地方暂住。我们在上海有一个小同乡李鸿仁，和我是小学同学，在上海邮局工作。一些同乡同学到上海总都找找他。陈子坚、徐士品到上海，就是在那里知道的，他们住在法租界和我很靠近的地方。我以后在法租界白来尼蒙马浪路一个弄堂里租到一个亭子间。在李那里还见到好几位在大革命失败以后从广州、武汉和潮汕回到上海的同乡。从李那里知道陈子坚，在那里还见到他。不久，通过李鸿仁遇到熟人徐斌如、佟子实。徐斌如是我的小同乡。我读黄埔军校，他读中山大学。他们是从广州中山大学到上海的，就住在提篮桥李鸿仁住的附近，佟子实是广州中山大学学生，他们是从广州回到上海的，也知道他们是共产党员，但不知道他们的组织关系。还有陈亚峰——武汉政府时期，在设在武汉的江苏省党部工作，共产党员，从武汉回上海的。马有良——从武汉或潮汕回上海的。这些人都是徐州人，同是从李鸿仁那里知道以后见到的。徐斌如在上海，没有参加八一起义。见到他很快跟组织取得了联系，知道周恩来到了上海中央军委。

回想起南昌起义，真有些经验教训。我们党的三个法宝之一就叫武装斗争。南昌起义打了第一枪，中国共产党第一次拿起武器来反对武装的反革命，点燃了武装斗争的烽火。从这个意义上说，这次起义具有伟大的历史意义。在这以前，我们也参加部队工作，掌握了部分军队，可是由于党的领导不够坚强，在关键时刻陈独秀放弃了已经拿到手的军队领导权。可是当时还没有认识到建立农村革命根据地，走农村包围城市，最后夺取城市的正确道路，像毛泽东同志后来在井冈山所提出的那样。南昌起义失败，除了这个路线问题，但从战术上讲，当时的做法也有问题。部队撤离南昌去潮州，一路上都打硬仗，虽然接连打胜仗，可是消耗力量太大，兵源、弹药，都没有来源。一个接一个的胜仗，最后是败仗，这是个深刻的教训。如果当时就有后来井冈山那样的游击战术，有这两三万人就不得了。其次我们当时对兵员、弹药、给养的补充也没有充分考虑，没有明确认识到从敌人手中去夺取，用以壮大自己的重要性。那时去潮、汕找海口，找外援，也不是以后的自力更生思想，而是想依靠外援。外援当然是需要的，就要看主次怎么摆法。

三、在上海做地下工作

潮汕失败是我亲身经历的，印象比“四一二”深。“四一二”后蒋介石叛变革命，在南京成立反动政府，那时我们也还有武汉政府，有军队。南昌起义后，虽然政府没有了，我们还有军队，有武装，在军队的环境里生活，就是打仗，行军，生活上没有什么不同的感觉，思想上只有努力工作，没有其他想法。潮汕失败后回到上海，从前一段那样的大集体中分散回到上海，环境有了变化，从军队到了社会上，从公开到了秘密，社会关系没有建立起来，生活有问题，秘密工作没有经验，特别是在白色恐怖下更没有工作经验。因此困难确实很多，得考虑怎么办的问题。当时我觉得要解决社会关系和生活问题，当时组织也号召要设法建立社会关系，开辟新的工作环境。

这已是八七会议之后，但要了解中央的决议、指示却很困难。上海的国民党反动派也知道潮汕失败，我们有些人要回上海。上海已经笼罩着白色恐怖。不过，还不像后来那样特务遍地，各街道弄堂都有，还不到那个地步。我们也听到八七会议的一点精神，只是不完整。那时自己水平很低，理解很差，但总算有了组织依靠了。

那时，到上海的同志很多，中央就在上海组织起收容潮汕下来的同志的工作，所以到上海后很快就找到组织。在那种条件下，收容不是件容易做的事。随时在码头附近去看，接到几个算几个，反正尽到组织的力量就是了。从个人来说，一经和组织上取得联系，精神就舒畅了，感到有了依靠，知道怎么办了。我是由徐文雅（斌如）通过饶来杰（在黄埔做过教官，1927 年到上海后，听徐斌如说饶在中央军委工作，和他有联系）和中央军委接上的关系。（当时陈子坚和中央军委已经有了组织关系）。由军委交通贺步青（黄埔四期学生，四川人），经常和我以及陈子坚、徐士品联系。贺还有一个助手有时也到我们那里。徐士品八一起义时任二十军连长，在会昌作战受伤。徐士品也是在我以前到的上海，他一到上海，军委就将他送到红十字医院治伤，我到红十字看过他，在红十字还见到陈赓，陈也是军委送去养伤的。

1927 年 10 月到上海不久，贺步青通知我，组织决定要我和徐士品去苏联学习，还告诉有条苏联船开到上海，停在黄浦江某地，规定某日某时可以雇条小船去上船（船不靠码头，在江心抛锚）。当时组织上经济很困难，可也还每人发了十元的路费。至今我还记得清楚，那时已是冬天，11、12 月份了，十元钱，买些什么东西呢？我买了一副手套，准备带着这副手套上船。在确定上船的头一天晚上又接到通知，说决定在上海举行暴动，留我和徐在上海参加暴动，因此我和徐没去苏联学习。这次还是贺和我谈的。大概因为我从部队下来，过去又学军事，我就留下了。那时上海属江苏省委领导，上海要暴动，就是江苏省委决定的。以后隔了些天，贺步青又通知我们说上海暴动计划中央没批准，暴动的事就算了。船已开走，苏联去不成了，我就留了下来。1927 年底，派我到上海总工会做工人军委工作，任务还是在盲动路线指导下，准备暴动。我的任务是教有组织的工人射击和巷战。实际巷战我也不懂，教放枪我可以。我到总工会后给了我一支三号驳壳枪，也从没有交我关系去教使用枪。通知我调总工会工作的是贺步青，到总工会后和什么人接头，以后和什么人联系，想不起来了，只记得项英是上海总工会主席，负责总工会工作。前面说过，我在工军委教工人使用武器，组织上给了我一支三号驳壳枪，活动时总要带着。上海地方经常抄把子，枪很容易被发现。可当时就是这样。有次过外白渡桥，遇到抄把子。我去店里买布，拿张纸包着，布的大小和枪差不多。我拿这块纸把枪包着。过外白渡桥不方便，我就坐个人力车，把枪放在车帮上。当时考虑：秘密藏着也可能出事，明摆着还好点。过桥就遇着英国巡捕抄把子，真危险，车停人站起来，摸了人身，枪就放在那里，他们没有搜车，侥幸过去。我到后也没有做什么工作。那时党领导下的工人不多，我们跟总工会接触也很少。反正，先租一间房子住下，组织上知道我的地方，有事派人跟我联系，他住的地方你不知道。和我同时留下的姓徐的同志，也是留下来搞暴动的。他是黄埔三期的，南昌起义后在贺龙处当连长，路上受伤，到上海养好了伤，组织就派他去无锡指挥农民暴动。他很快就回来了。见面时他告诉我，那里群众没有发动起来，参加暴动的没有几个人，就是他放了一枪。没有群众怎么暴动？可见当时群众基础很差，并没有条件暴动。从1927年末到上海就接受准备参加上海暴动的任务，以后暴动计划虽未批准，分配到上海总工会工作，仍然是做的暴动准备工作。当时个人思想上只是从服从组织出发接受任务，至于实际力量，暴动的作用和效果，都很少想过。至于对中国革命该走什么道路，现阶段的革命任务是什么，都是无知的。大革命失败以后，大家对蒋介石的反动统治感到愤恨，要反抗，要打倒他，而具体怎样做，却缺少慎重的研究和正确的方法。我到上海总工会工作，却没有工人群众，姓徐的在农村也没有群众。他放的那一枪太孤立了，那能发生什么影响？可见暴动是盲目的。那时的党还有很多幼稚行动。1928年时，有个同志被派到浙江去，叫他实际负责，可是，又决定负责的一定得是工人。结果让工人挂名，实际上另外的人负责。“左”的形式在很多工作上暴露出来。

我到总工会以后，在总工会也只有一个月左右的时间，没有做什么工作，没有参加过总工会的会，只有人到我住处和我取联系，但也从没有交给我关系去进行工作。大约是1928年1月中旬前后，便又调到上海闸北区委作区委工作，是由省委交通黄逸峰（华东局交通部长）通知的。还是解放后1952年我们一同住交通部的招待所，又同住在一个房里，黄说起以前的事，我才知道是他。还告诉组织和我谈话的人是王若飞。我当时连黄的名字也不知道，更不用说王若飞了。因为那时，去一个人，他也不一定说他的姓名，即使说了也不一定是真的，只说一说联系的规定关系，关系就是规定彼此的暗号，难免之后很难记得人。通知我们的人，对我们知道的稍多点，还可能记得久点。这次谈话的地点是在先施公司以北一个弄堂的过街楼上，房子里除去一张桌子两个凳子以外，什么也没有。

我调总工会工作后即移往外白渡桥以北路东一个弄堂去住，随工作调动又移往北河南路、河南路桥（垃圾桥）以北靠近的一个弄堂和杨卓云同住。

杨卓云，黄埔四期同学，四川人，共产党员。我和杨卓云是1927年在武汉中央军校认识的，当时他在军校女生队作区队长，我先是军校学生大队第一队学生，毕业后在政治部做党务股长。1927年大革命时期，党的组织是公开的，我了解他是共产党员，他也能了解我是共产党员。我1928年初调到闸北区委作区委工作时，杨卓云已经住在北河南路。据不确切的回忆，好像我向黄逸峰提出住的问题，黄说到杨卓云，并建议我和他同住，我就是这样和他同住的。同年三四月间我由闸北又调回军委，经军委派去武汉工作，就此和杨卓云分手，没有和他再见过面。在同住期间，我认为他还是共产党员，还认为他有组织分配的工作。他当时对我可能也有同样的理解。但彼此都没有问过工作的问题。区委只有三个人，书记为赵容，后来才听说就是康生，我是其余两个中的一个，还有一个姓陈，身个比较矮，可能是浙江或江苏南部人，姓名不记得了。每天我们碰头的地方在海宁路——北四川路东这段路上，路南有一个巷子的口上的成衣店的二楼上。调到区里有点工作，但群众也很少。记得我到过复旦大学（那时还在江湾），一个整制茶叶的地方，还有商务印书馆的一个厂子几处地方做过联系，接触的党员不过一两个人。

我在上海总工会、闸北区委工作时间不长，内容也不多。总的说，大革命失败后，上海地下党的基础差，人不多，力量不大。有些人是不是断了关系，不甚了解。全国党员人数由五万降到一万。此时的上海政治环境已经很恶劣，白色恐怖严重。那时，上海租界配合蒋介石对我们进行搜捕，地下党活动很受限制。我们在上海租房子住还没有困难，街道两旁贴了招贴，说明出租亭子间或前、后楼。我们只能住亭子间，在一个地方住长了还不行，人家要怀疑。生活上有困难，党可以接济，但也很少，一月十几块钱，还有断了接济的时候，我记得1928年、1929年的春节都没有饭吃。

1928年春天，我又由闸北区委又调回中央军委。到军委后仍然是贺步青和我联系，由周恩来同志亲自领导。调的这一批人不少，总有上十个人。

在军委分配工作去武汉前周恩来召集有上十人的一次会，我参加了这次会，他给我们讲了一次话，记得是在法租界或是英租界偏西的地方，沪西区同孚路（一条东西的路），在路北靠近马路边租了个楼下的房子，以开会方式集会。房里摆了一桌麻将牌，做成打麻将的样子，四五个人坐着，五六个人看。参加会议的人我全不认识，只有一位女的像是宋伯筠（女），是中央军校女生队的学生（1956 年前后在武汉一个小学工作），但是彼此没有打招呼。当时调动工作不是由调出的单位交给被调动的人人名地名，由被调动的人自己去找，而是由调入单位来取联系的。记得那间房子靠马路，恩来同志没到，我们在门口等着。远远看着一个人穿棉袍，围巾大得连嘴都围着，坐在车上看不出是什么人。等人从人力车上下来，才看到是恩来同志。大革命时期我常见他作报告。在武汉时，星期天一般总有集会，是半公开的，找个学校，集合那么二三百人，总是听恩来同志作报告，总是我作记录，因为我负责黄埔同学会的工作，与恩来同志接触多些。这次在上海又看到。他在报告中谈到，可能情况变坏，找不着组织，要各自为战。报告给我的印象很深。但更重要的是，没有多久，我就实践了这个“各自为战”的方针了。不久，1928 年 4 月间，中央军委决定派我去武汉军委工作。这以前也提过派我去南京军委工作，因为那里黄埔学生多，后来考虑熟人太多反而不合适，还是派我去武汉。我在上海做地下工作的阶段，就此结束。

四、各自为战

1928年4月派去武汉，说的是到武汉军委工作，不是说湖北军委。那时，从全国说，武汉也是个白色恐怖的典型。去武汉的时间大约在4月上中旬，一到武汉，就发现武汉军委遭到破坏。我是坐船去的，下船后到大智门车站附近先找个小旅馆住下。旅馆没有伙食，我把东西放下出去吃饭。走到大智门，看到贴着一张布告，赶紧跑去看。这一看就麻烦了，原来是处决人的布告，宣布破坏了共产党的机关，捉到了什么人，予以处决。这个被破坏的机关正是我要去接头的一个私人开的类似门诊所的小医院，被处决的人就是我要去接头的人，被捕后很快就处决了。看了这张布告，知道和组织已经接不上关系了。考虑，回上海吧，不行，有两个问题。就是一时不易找到组织和生活没有办法。当时，派一个党员到什么地方，组织上知道你，你不知道组织的情况，规定是不准问的。比如我从军委转到闸北江苏省委，是黄逸峰接的头，我就不知道黄的真实姓名、住址。组织上把你的关系转给谁，你回来很可能再也找不上介绍你走的人。我当时想回上海慢慢找吧。多住些日子也许找到。但生活无法解决，住旅馆、租房子，经济上都有困难。这时了解到武伯昌（原名武绳祖，后在山西省人委参事室）在郑州河南民团军总部工作，他是黄埔四期学生，1927年武汉政府时期，在武昌南湖学兵团工作。当时学兵团和武汉军分校关系密切，武汉政府时期我们打夏斗寅时，军校有两个团和学兵团曾经合编成独立师和夏斗寅作过战，我和武伯昌就是他在学兵团时认识的。在武昌时他是党员。河南是西北军的地盘，河南省办了民团军，民团军的总司令是赵守钰（这个人以后还要说到）。武伯昌和赵守钰是山西同乡，家庭还有点关系，武此刻正在赵处工作。要继续干革命，首先得保存自己，我就想利用他的关系打入冯玉祥军队，然后再设法找组织。我出于无奈，在汉口只停了两天就从汉口到了郑州。彭文这时可能在她岳州家里，1927 年失败后我们尚未见到面。

到郑州的时间大约是 4 月中旬，因为在汉口没有多停。初到郑州武伯昌出差不在郑州。我的路费一到郑州就光了，住旅馆和吃饭的钱都没有，见不到武伯昌我就困在旅馆走不动了。只好先住旅馆，每天买大饼回来，就开水吃。所幸武三五天就回来了，他付了旅馆钱，我吃饭问题也解决了。也才了解他在民团军是做一个尉级书记官，搞文牍收发一类工作，找工作的问题，他有困难。我在旅馆住他也养活不起，怎么办？ 当时开封是河南的省会，他要我到开封暂住，先去再想办法。我只好去开封。武伯昌给我付了旅馆的房钱和饭钱，又给了去开封的路费，并写信介绍到开封后找仝子春（现在孟县或孟津家中），先找地方住下，请他解决我到开封后的生活问题。仝子春——黄埔一期学生，在武汉政府时期，已经当了机枪连连长，营长待遇，也是武汉政府垮台后到的开封，河南孟津或孟县人。我就到了开封，先找到仝子春，他虽回到家乡附近，但生活仍然困难。经过仝子春介绍又到他朋友、以前的同学谢瑞阶（后在河南省文联）开的西泠书店暂住。谢当时在开封一个中学当美术教员。

这间书店当时卖比较进步的书籍杂志，书店很小，就一间房子，中间用书架隔成两个半间，前半间放书架、柜台做生意，后半间住人，也只能放一张单人床，一张小桌子。我去借住，加一张床的地方都没有，只好睡在盛点东西的阁楼上（用板子架成），站都站不起来。书店平时只有一个小徒弟营业，十七八岁，后来知道是谢瑞阶的弟弟。书店也供不起我吃饭，每天生活就靠仝子春维持，当时仝也很困难，他也是借住在别人家里。仝子春只要找到一块钱，吃饭时就找我来了。两人把银元换成铜板，吃一碗稀饭，有时也靠大饼咸菜度日，生活十分拮据。

我估计可能西泠书店早就是警察局的侦察对象，忽然有了我这样一个客人，服装外表和生活窘状不相适应，引起了公安局的怀疑。我已经发现有人注意，但因经济困难动不了。在我到开封后十天上下的时间，便发生了问题。有天晚上大约在十时以后十二时以前，我们已经睡了觉，来了警察敲门。这天夜晚，正巧谢瑞阶的父亲刚从家乡到开封，也只有两三天，也住在书店里，当时已有五十岁上下。谢瑞阶的父亲在床上睡，那个小孩就和我在阁楼上住。警察进来将我和谢瑞阶的父亲一同逮捕，一根绳捆了两个人，一人一只胳膊，没有涉及小伙计。逮捕我们的也只有一个警察，捕去关在警察局的看守所里，关押审讯的地点是在一条东西大街路南的一个机关。我当时考虑这很蹊跷，形迹可疑可能算一条，是不是还有人控告？可是，警察局审问得很快，第二天上午即把我和谢的父亲分别开庭审讯。审讯人有三四十岁年纪，北方口音，先问谢的父亲，后问的我。法院法官问我姓名。我本来叫靖大康，大革命失败后 1928 年改为靖任秋。我说我是靖任秋。又问我是什么人，原先干什么，来开封做什么。我回答是徐州人，原先在东南大学读书，因经济困难不能再继续读书，到开封找民团军总司令部一位秘书武伯昌找工作的。法官听我说是东南大学学生，他就忽然出个题目：东南大学有位教授陆子韦你知道不，教什么，多高多大，什么样子？除在东大教书还在哪里教书？看样子他和陆子韦很熟识。因为我在东大见过他，知道这个人是教生物的，每年还要到厦门大学兼课。我都回答了。可能这位法官听我说得不错，就不再多问了。我虽然在开封时穷，但总还是个学生的样子。他看我对陆了解得很清楚，确实是东南大学学生，学生找工作也是合情合理的。当庭就说：误会了，你们可以取保出去了。以后由谢瑞阶、仝子春他们找的铺保，就在当天我同谢的父亲就一同出来了，取保这些手续和两元罚款统是由谢瑞阶他们在外边办的。解放后听谢瑞阶说，警察是以留住闲人，未报户口违警的小罪名，罚洋两元，取保了结的方式释放我们的。又说我们被捕后，他曾托人向有关说情，说审问我们的是一位科长。

虽然没有出别的问题，可是我出来以后，再不能到书店住了。又由仝子春介绍到他另一位同学逯子龙教书的另一个中学里去暂住。逯子龙这个人是河南人，正派，直爽热情，还有革命的同情心，不知道与党有组织关系没有？他是学画的，在美术学校作教员。住了不几天，我便从逯的学校搬出来住到鼓楼附近东大街的一个小旅馆，名字叫群贤旅馆或金台旅馆。后来我还遇到一件怪事，我认识逯子龙是 1928 年，1979 年秋天忽然接到一封信，是逯子龙的近亲写的，向我打听逯。说有人说逯子龙化名靖任秋，在上海工作。信写到上海市人事局。我以前听说过逯牺牲了，几十年过去，忽然接到这么一封信。我给他们回了信，说我不是逯子龙。逯是河南巩县人，我是江苏铜山人，年龄（他们来信介绍了年龄）和籍贯都不一样。但我认识他，我以前也打听过他，听说已经牺牲了。可能我打听的并不确实，你们可以再打听。一星期后，人事局又写纸条告诉我，他们了解逯子龙那年在湖南牺牲了。我跟逯子龙就这么个关系，我对逯印象很好。一个赞助革命的人，以后自己走上革命这条路，终于牺牲了。我从公安局出来处境很困难，他能帮助我，很难得。我在信上也告诉逯的亲属，谢瑞阶在河南省参事室。

当年在开封为什么会被提审？我考虑也许还有其他因素：我到武汉，那时从上海派出的还有个参加听恩来同志报告的人侯镜如。他是黄埔一期的学生。我到开封时，他也在开封。仝子春那时有无组织关系不好问。在发生公安局事件前，有次仝子春约我一同到过王之宇的家里玩，地点在鼓楼偏北一个巷子里，房子在路北，是一个住户人家的样子。王系黄埔一期学生，身个同我差不多，可能稍高点，黄白面皮，年岁可能比我大几岁。在王那里看到了侯镜如，侯系黄埔一期比较有名的学生，1927 年时已做团长，是一期学生中做团长较早的，我认识他，他不认识我。但仝子春未给我们介绍，我和侯镜如没有说话。大革命失败后他们都住在开封，一定是负责党或军委的工作。1928 年以后听说这个地方遭到破坏，他也被捕。他跟我没有组织关系，仝子春跟他是私人关系，去坐坐也没有谈什么。但也可能就是去他家引起了公安局的疑心。这个人被捕后叛变，以后当了国民党某集团军的军长。

仝子春我们开封分手后，1933 年在西安又见到，当时我在杨虎城潼关行营工作，仝在杨部骑兵团作团副（即副团长）。骑兵团长为王太吉，系黄埔一期学生，后来王将骑兵团拉去陕北（红军），路上被杨部截击，王太吉被俘牺牲了，仝下落不详。

在开封还见到韩铁忱（黄埔三期学生，共产党员），到他住的小旅馆里去过一次。这个旅馆是在鼓楼东大街以南一个小街上。那时他才从上海到开封，他到开封干什么，当时我们是不问这些的。当时我住在西冷社已发现警察对我注意，曾向韩说了这种情况，并表示西冷社已经不宜再住下去了，意思是想到旅馆来和他同住。韩没有表示态度，我就没有多说。以后就没再见面。韩是黄埔三期学生，和我是徐州小同乡，我在黄埔入伍生团作入伍生时，韩在入伍生团的一个连里作排长。这个连的连长叫王敬玖，也是徐州人，连里三个排长都是徐州人，一个叫徐士品（黄埔三期，共产党员），一个叫申朝宗（黄埔三期，国民党员），申朝宗的家就在我那个村以东不几里路。我和韩铁忱就是这时在入伍生团认识的，那时常到他们连上去玩。韩的特点，身个比我高，长得很结实，头脸的骨骼不大，略小，有时好闹点笑话，和他熟悉的人给他起个别名叫“小憨子”，实际这个人很聪明。就在我和韩见面后不到一两天，我就在西冷书店被警察逮捕。

从警察局出来后，见到徐谦，这时是5月10日前后。开封铁塔附近有个潘杨湖，我无聊了去逛名胜，就在那里碰到了徐谦。此时已是“五三”惨案之后。1926年我在黄埔负责搞国民党左派工作时，经组织介绍和国民党上层左派人士徐谦、顾孟余等建立联系。先是由党支书杨剑英介绍我和黄铁民（黄埔三期学生）见面，再由黄介绍和徐谦见面。只是建立了联系，左派的具体工作徐谦并不参加。和徐见面是以国民党左派的面目出现的，并无泄露机密情事。但是，大革命时期是国共合作时期，国民党的各级组织和各级领导中都有大量的共产党员参加，共产党员的面貌实际是不太保密的，同时两党的斗争中我们是经常以国民党左派面目出现的，这种斗争方式国民党也不是不了解的。因此国民党叛变革命后，党将我们这些人全部撤出来，就是这个原因。1927年武汉政府时期蒋介石叛变革命时，徐谦是武汉政府的成员，曾一度代理主席，当时是把徐谦、邓演达并提的。1927年南京政府成立和“七一五”宁汉分裂之后，徐曾一度附和汪精卫反革命，但还是被国民党四中全会开除党籍，后来一直没有恢复，并被南京政府下令通缉。他到河南去也要有冯玉祥的保镖才行，否则他连上海的租界也不能随便离开。至于他对共产党的态度，我认为武汉政府“七一五”反共的态度，他是没有改变的。只是“五三”惨案之后他是主张抗日的。

大革命时期，徐谦与冯玉祥关系就很好。济南“五三”惨案发生时，冯在河南当省长，山东也是冯的地盘。当时的山东省主席韩复榘，就是他指定的。总之，这时山东、河南都是冯玉祥的地盘。“五三”惨案发生后，济南被日寇占领，当时冯玉祥驻军开封，主张抗战，为此接徐谦到开封有所商谈。当时徐谦住在上海，正没有出路，对抗日颇积极。他这时正在开封，冯对他待若上宾，给他的名义是顾问，住在冯玉祥的河南省政府里。

我们是在开封铁塔附近的潘杨湖见到的，见面之后，知道他此时正潦倒，左右无人。他约我去省政府谈谈。徐与北洋时期当江苏省长的王瑚，分住在省府的左、右大厅。

我们也了解冯玉祥态度较好，是主张抗日的，他的部队部署在济南与道口之间，自己的指挥部放在道口。也听说他的部队在向济南方向调动。看到这个形势，我们当然采取促成抗战的态度。当时组织要求我们建立社会关系，开展敌军工作。我考虑利用他和冯玉祥的关系，打入西北军，既可以参加抗战，又有利于以后的工作。我是以旧日国民党左派面目和徐谦见面的，但考虑在大革命时期党的面目并不秘密，他可能知道我是共产党员，为了解除他对我的顾虑，曾向他表示，武汉政府垮台后，我就回到上海，一直没有什么工作，希望他介绍工作。意思是让他理解我已不是共产党了。徐可能怀疑我是共产党员，但是从来没有和我谈过我的党派问题。（注：解放后据徐维烈说，徐谦向他介绍我的时候，告诉他我以前是共产党员，以后“脱党”了。）我又说，因久住上海生活上无法解决，到河南来是想找点工作，还没能找到。因知道徐不容于蒋介石国民党，谈了谈蒋介石结党营私，排斥异己等。以后说到济南五三惨案后，听说冯玉祥主张抗日的问题，表示愿意参加冯部抗日，想请他介绍参加抗日工作等。徐答应介绍我跟冯玉祥见面，到冯的部队工作。冯玉祥当时住在道口，因调动部队向济南方向部署，做抗战准备，我去道口没有见到他。

徐原来是上海政法大学的校长，由徐介绍和他在开封的四五个学生一同住在一个旅馆里，旅馆名字叫群贤旅馆。这些学生中有杜狱嵩、徐今予、邢树声等。徐只笼统介绍是他的学生，到开封来也是想找工作的。以后了解杜、徐两人在武汉政府时随徐谦在汉口武汉政府工作，杜是国民党员，徐曾经加入共产党，上海人，后来脱党了。1937 年抗战开始后，我来上海，去看过他，他在当律师。邢无党派，江苏高邮人。

因蒋介石屈辱妥协，不敢抗日，不同意冯的抗日主张，冯的抗战主张无法实现。徐谦在开封是做客的性质，7 月间冯又把徐谦送回上海，我想打进去做促进工作也没有做到。在徐谦回上海以前，我看抗日已经无望，工作上徐谦也不易想到办法，开封不能再住，便准备离开开封回上海去。离开开封，还是邢树声送了我 18 块现洋的路费，付了旅馆的账和饭费，剩下点路费我才走成的。这时大约是 6 月上旬，在开封和徐谦见面，到我离开大体是一个月的时间。

路过徐州回我老家看了看。我到广州参加北伐，自从宁汉分裂后，蒋介石叛变革命，就有通缉令通缉我，甚至我父亲都被他们抓去一次。这次回老家，不敢出门，也不敢多见人。我本想住几天就走，才到家两三天，就接到徐谦的信，说蒋介石不同意冯抗战，冯的打算失败。以前徐谦就是反蒋的，再住在开封对冯不方便，徐便离开开封，已回了上海。大致冯跟蒋联系好了，允许冯用专车送徐谦到上海，可以一路不受干预，专车上还有冯的大刀队护送。徐谦在从开封去上海的路上发信给我，他知道我无工作，生活困难，介绍我去商丘（归德）。那时河南大致分几个区，在豫东行政公署负责的叫徐维烈（审干时查到），任豫东行政长官，是冯玉祥集团军中的军法处长，徐谦的侄子。过商丘时徐维烈在车站接徐谦，徐谦交代他，叫他安插我。徐谦跟徐维烈说好，就在车上发信叫我去归德徐维烈处工作。我此时在家正无出路，就去了归德。从徐州到商丘徐维烈处，大约是 6 月 20 日，徐维烈态度很好，他下边有个宣传处，叫我当宣传处副处长。我到商丘时杜、徐已到行政公署工作，杜做公署的秘书，徐在宣传处作科长。邢可能是回家了。8 月，徐维烈的工作就调动了，仍去开封当军法处长。那时的工作是因人而事的，徐调离商丘后我也就回到上海。

1928 年春天离开上海，到武汉、郑州、开封、归德，转这一圈大约半年时间，1928 年夏秋之间（约系秋初）又到了上海。在开封遇到徐今予（大革命时期党员，此次见面，他可能已经没有组织关系，但对党态度仍好），这次回上海在徐谦处（徐谦住在环龙路环龙里，几号就记不得了）又见到他。他租了房子，又没有结婚，我就搬去与他一同住在法租界西门路丰裕里 4 号。

这次我和徐谦见面，正是徐谦在上海办《党锄》的时候。我当时的中心思想是反对蒋介石，希望徐能运用他的社会关系，做反蒋的活动，和徐见面主要是围绕反对蒋介石国民党的问题。蒋介石叛变革命后，北洋的反动军阀官僚都拉进国民党内，国民党实际上成了军阀官僚土豪劣绅的大杂烩，和大革命时期完全变了样，所以对国民党提出要改组，恢复孙中山 1924 年改组以后的气象，才能重新革命。此外由于日本帝国主义对中国侵略日益猖狂，所以主张要首先打倒日本帝国主义。这些都和他谈过。徐谦在政治上的活动，就是办了这个《党锄》，没有组成什么党派。其所以如此是他毫无群众基础，至多有五六个学生和他有来往，上层人物中和冯玉祥有些关系，另外听说和程潜有点来往，此外很少有人来往。

9 月，我到上海发生个事。原来，彭文从南昌起义失败后由上海去武汉，此后回到家乡岳阳。在家里这段时间发生去她家搜查枪支的事，她就是我这次回到上海前，大约 8 月间到的上海。就在我们见面不久，彭文的哥哥彭抟黄在长沙省委机关工作，因党的省委机关破坏，与彭文的嫂子卜荣贞一同被捕，嫂子还怀有孕。当时她家里只有彭文母亲一个人，三个弟弟都还很小，她自己刚刚逃到上海又不能回去，心里非常着急。我想替她到湖南探望她的母亲，也想打听她的哥哥嫂嫂被捕后的情况。我从上海去湖南，这是我在上海没有住多久的原因。我本来打算从上海到汉口转岳阳，但是，在武昌彭文舅父的家里，已经得到他哥哥和嫂子被害的消息。我本想去营救，现在，他们夫妇已经遇难，彭家受地方上注意，我去就不方便了。我在武昌住在彭文舅舅何家，也只停一两天，就返回上海。在回上海的船上，心情很不好。当时正是中秋节。我想到：遇难的已经遇难；家里老的老，小的小；我们在外面流离失所。我 1928 年春末夏初离开上海，到了武汉，由武汉而郑州、开封、归德，四五个月中走了这许多路，曲曲折折，艰难险阻。船上很无聊，又是中秋节，自然就想到了这些。

想不到一到上海，又发生了问题。从武昌回上海，因为急于告诉彭文我去武昌了解的情况，我没有回住处，而先到了彭文住处（西藏路慕尔堂还是同孚路赓庆里英租界记不清了）告诉她哥嫂遇害的情况。彭文告诉我出了事。我才知道，原来9月中旬我从上海去武汉这个短短的时间里，就在我回到上海的前一天，法租界捕房派巡捕到我的住处法租界西门路裕丰里四号，包围搜捕我。幸亏我去武汉，回来后先到彭文处，才得免予祸。搜捕时徐今予正同他现在的老婆住在裕丰里四号，但未连累到他。捕我的原因至今不了解，估计遇到熟人，暴露了住处的可能性最大。从搜捕我而并未牵连到徐今予看，是和徐谦他们的活动无涉的。法巡捕房如捕到我，一定引渡给中国地界，那时反动派杀人如麻，当然不免遇难。不能再回去了。这时上海不能待，外边的路子也没有。早些时说好，我住徐今予处，所以，我一出事，徐谦也就知道了。徐谦很帮忙，叫我不要在上海住了，又二次介绍我到徐维烈处，当时徐维烈已调第二集团军军法处长。这次回上海，只住了一夜，不敢回法租界裕丰里，就找个小旅馆住了一夜，第二天离开上海，又到开封。

此后和徐谦来往便很少了，直到1933年十九路军在福建反蒋抗日，徐谦参加了福建的活动，在福建和徐谦又见到一次面。徐谦以后一直没有去南京做官，抗日战争开始后他才到了南京，抗战期间在重庆病死。

徐维烈经此一番，已经不敢收留我。还算好，他又转介绍我到山东盐运使署，大概他已经知道我是共产党员，就不敢用我的名字往外介绍，临时用假名金注东介绍去的。那时，正是“五三”惨案发生之后，日本人还占着济南。山东省政府不敢在济南办公，设在泰安，省府主席是孙良诚，也是冯玉祥的部队，盐运史是简又文，广东人。经他介绍，盐署把我留下，可是只作个小办事员，有地方住有饭吃，不过，因工作活动意义很小，那生活实在无聊。在这里只待了一个多月，我又回了上海，这时已是1928年11月下旬。

徐今予到我9月离开上海前，他并没有自首过，也没有做过破坏工作。1929年我离开上海后，1932年（或1933年）见到过一次，那时他在上海做律师，1937年在上海又见到过一次，他还是做律师。解放后1951年或1952年我在天津工作时，徐今予给我写了一封信，说他到了北京。一次我到北京时到了他的住处，看过他一次，也只稍坐一坐，没有多谈，当时他老婆也在。他说他加入过民盟（或农工民主党），这次是到北京找民盟找工作的。大约是1952年，他老婆徐慕霞去北京过天津时到天津港务局找我，才说到抗战时期徐今予做上海县的县长，已经枪毙了。我猜想是反革命罪，就没有多问她，给了她去北京的车费，她稍坐也就走了。走后不久又回头来找我，我就没有见她。此后无来往。和杜狱嵩1929年后没有再见过面。解放后我在天津时接到过他一封信，说他在北京革命大学学习，我给他回过一封信。1954年他又到北京，有信给我，也到部里来找过我，我从信里看到他行踪有些问题，多次找我都没见他，可能有些怀恨。和徐维烈自河南二次别后，直到1937年七七事变前在北京和他见过一次。解放后曾接到他从苏州来的一封信，介绍一个人给我说会造煤气。我既未回信，也未和来人往来。

接着再说回上海，李鸿仁住在青云里，在靠近他的闸北区青云路青云里租了一间房子。那时我们都是住亭子间，一月三四块钱，在弄堂吃包饭，一月也是三五元。就这样也不能维持。到春节时，我已经欠青云里包饭作坊钱两三个月了。上海包饭作坊有个习惯，大年三十晚上不送饭，意思是一年劳苦，三十晚上总要有点空隙。可它不送饭，我就没有饭吃。我记得那天，我考虑晚饭不吃，明天一齐吃，但是，青年人容易饿。另外，过年一个人躺着睡觉，很苦恼。天已经晚了，我又爬起来，决心找人吃饭去。我住的青云里在闸北，我要找的人住在法租界菜市路，离得很远，要过苏州河，再过大世界才能到。当时电车是便宜的，几个铜元就能坐，但是，我没有坐电车的钱，只有跑路。过大世界到菜市路时，马路上已经没有行人，上海春节时最冷，那晚还有点小雪。大世界马路两旁的店铺都上了门，可是，蹲在墙角的乞丐很多。上海规矩，年三十晚上不兴讨饭，乞丐又没有家，无处可去都蹲在地上。天很冷，风顺着马路直吹，站起来，吹得更冷，真是凄凉。那时，上海每天都要冻死人。自己想起来，跟他们也差不多，虽未乞讨，但没有饭吃，要跑到菜市路去找饭吃。我要去找的那个同志也很穷，他的亭子间只能铺一张床，房门对弄堂口。我去时他正在念诗，像鬼叫一样。他见我去也很高兴，有人作伴了。他也还没有吃饭，我告诉他我没有饭吃，他摸出身上仅有的一个双角毫子。这叫小洋，那时大洋一角换两百多铜元，小洋一角换百多个钱，而上海的毫洋假的很多。毫洋本是银的，有的是钱镀银作的假。要是两个人去吃了饭，这毫洋是假的怎么办？我们就先跑到纸烟店换了钱，才敢去吃饭。弄堂口卖菜饭的都是拉黄包车的人才去吃的，用大碗，饭里有点青菜，放点盐就是菜饭。我们每人吃了一碗菜饭，总算过年没有饿肚子。这人叫陈亚峰，我的小同乡，中学同学，武汉又在一起，以后牺牲了。

这时面对着两个问题：一、生活问题；二、组织关系问题。我流浪外地已经半年，这期间都没有组织关系。那时，有些关系建立起来很偶然。还算不错，在马路上又遇到了曾钟圣。曾钟圣系曾希圣的哥哥，黄埔四期学生，武汉时期我们一同做过黄埔同学会的工作，比较熟悉。老同学，老关系，共过患难，见面很亲切。他告诉我他刚从苏联回来，住在上海，在泉漳中学——上海福建会馆和泉州、漳州同乡办的学校，找到教书的工作。因为从苏联回来后患了吐血病，去不了啦，问我是否愿去？要我春季开学后，代他到泉漳中学去教书。我正无职业，这机会很难得，他又才从苏联回来，与组织有联系，可以经他给我接上组织关系，解决我的组织关系。这次和他见到，他给我接上了组织关系，并介绍我到泉漳中学教书。所以我到泉漳中学还是用的他的化名，姓曾，叫什么我已经想不起来了。因为代他到泉漳教书，组织关系也就介绍到泉漳支部。从 1928 年 4 月离开上海到汉口，在汉口与组织失掉联系，七八月到上海，因为时间较短，又发生了被搜捕的事情，没能找到组织，直到这次再回上海才和组织接上关系。春节以后，两个问题都解决了。因此，我就去泉漳中学教书，担任的是政治课和军事体操。泉漳中学设在南市江南造船厂附近。教书的学校在南市，再住闸北就不行了，当时我就由闸北青云路搬到威海卫路（即现在延安路，人民广场以西地方）住。

这是我第一次住前楼。而且住了前楼，还有后楼，1929 年年初，我就跟彭文在此结了婚。1928 年底我由山东回到上海，彭文就在我到上海后同他的叔叔去了广东，1929 年春彭文又回到上海，我们在上海结了婚。彭文的母亲知道有了个女婿，就来上海看望，还带来了彭文的两个弟弟到上海与我们同住。她的姑母也来了。结婚，也穷得很。我家里寄了一百块钱，家里也只有这些钱。我请了彭文的家族，包括现在在北京的罗淑章。可是，等她姑妈要回家，这么些人，大家租一辆车送她，要一块钱，我身上连一块钱都没有，还是彭文的母亲从身上拿出一块钱。

1929 年一开学我就到了泉漳中学，这个学校当时是比较进步的，以后被国民党查封了，学校地址在龙华江南造船厂附近，前几年还有福建泉漳会馆一个牌坊。泉漳支部有四五个同志，支部书记是彭太冲，福建人，彭的公开职务是泉漳教务主任，校长吕炳水和他的关系较好。泉漳支部属于法兰西区委，区委书记是大胜，即李富春。我们这个支部只有四五个人，支部开会时有时李富春来参加。记得有一次支部在靠近的黄浦江边开会，李就参加过。还听说李原在江苏省委，是从省委到的法兰西区委。彭文的弟弟彭庆昭因为我到泉漳教书，他也到泉漳去读书。

1928 年我在上海时，指示我搞暴动，是盲动路线，一直到这时还是盲动路线。当然地下活动不是一年三百六十天，天天都出问题，但是一年出一两次都不得了。我是 1929 年春季开学到的泉漳，因为工作太没有经验，在周会讲话和讲义上骂国民党，再教军事课，教书不到一个学期，就被国民党市党部发觉。一天早晨我刚到学校，地下支部的负责人彭太冲（泉彰一带的人，我到华东后到福建出差时多方打听都无下落）就在那里等我。他告诉我：法兰西区委通知，上海警备司令部今天上午要到学校逮捕你，要你赶快走。这可以看到我们党在警备司令部里有人，不然警备司令部的活动，我们怎么知道？接到这个通知，我马上离开了学校。果然，我离开学校不久，反动军警就将学校包围搜查，幸而组织先通知我走了，我才又一次幸免于祸。事后听说事情发生的原因是，我上课的讲义被市党部拿去了，再是一次周会上我做时事报告时，市党部暗中派人旁听了。

这是又一次遇险。连汉口一次，开封一次，上海去武汉躲掉一次，加上这次，上海区委通知而走掉，一年左右，遇到了四次危险。

曾钟圣后来在四方面军被张国焘杀害。彭太冲福建泉漳一带人。学校的情况与现在的不同，教员不住校，各住各的家里。教员担任的钟点也不同，有的多有的很少，学校按钟点计算工资。教员有课才到校上课，上完课也就走了，没有课也不到学校去，因此一般的教员和学校、其他的教员和学生接触统很少。

1930 年彭文在新加坡中华女师任校长时留影

虽然我侥幸没有被捕，但离开了泉彰中学，吃饭问题解决不了，生活马上又陷于困境。家里有彭文，彭文母亲走时又留下了她的两个弟弟，连我四个人。1929 年，我 23 岁，彭文的两个弟弟，一个十四五岁，一个十一二岁。他们没有饭吃要哭，那是很讨厌的。彭文这时遇到彭漪兰，当时我们生活没有办法，彭文就向彭漪兰提出她也要到南洋去教书，暑假就偕同彭漪兰一同去了南洋（新加坡）教书，做家庭教师，待遇微薄，后来在中华女学找到了工作。我还留在上海，她让她的两个弟弟先跟着我。我又有什么办法呢？那时，已经吃不饱饭，买点米、青菜，用煤油炉子搞青菜煮饭。她走了以后，有次早上煮稀饭，还没有煮熟，烧着烧着火就灭了。没有煤油了，真无可奈何。当着她的两个弟弟我说什么？而且这顿不吃，下顿还是没有办法。我安慰他们：我去找钱，实际到哪去找？我便背着他们拿点箱子里的东西去当。当时的当铺，是对穷人剥削，但也救急。我当完回来，他们说饭已做好。人到了困难时候，孩子也会想办法，原来他们把旧报纸卖了十来个铜板，买了煤油。那时我的生活就是这样过的。

彭文到南洋，有了工作，可以寄点钱回来，经济状况也就好些了。我们刚结婚不久，她提出让我也去南洋。我考虑，彭文已经去了，彭太冲是福建人，华侨中福建人多，便于找工作，也得到组织同意。当年下半年，

1930 年靖任秋在新加坡华侨中学任教务主任时与彭文合影

她寄了路费，我也去了南洋新加坡，化名金舟人。去时已近学期中了，我先在新加坡柔佛小学临时代课。1930 年春节后年假时，他们介绍我到华侨中学当教务主任。华侨中学是南洋的最高学府，学校的条件比较好，设有初中与高中，是南洋仅有设置高中的一所学校。学校建在郊区，校舍很不错。当时新加坡的党组织属于中国党领导，我因为在泉彰中学有组织关系，去南洋时征得组织的同意，但我的组织关系直到 1930 年三四月间才转到。很巧，到华侨中学碰到了熟人。这个学校的训育主任是南昌起义时二十四师政治部的宣传科长蒋瑞青（原名蒋如琮），我们一同工作过，老朋友老同志见面，彼此相信。经他证明恢复了组织关系，叫我参加党的组织生活，同他在一个小组过生活。还有个图书馆主任也姓蒋，是 1925 年东南大学的同学，思想也很进步。我们在那里时，功课内容比较好。也进行了组织活动，图书馆搜集了很多进步书籍。我讲伦理学，从诡辩论讲到辩证法，自己知道的也不多，知道一点就讲一点。我在泉彰中学暴露，就是因为讲社会发展史和教军事课。我学军事也学得不好，但是总有个军人的样子，虽然我没有暴露是黄埔学生。此时，新加坡党的活动刚刚开始，据说南洋开始建党就是那一年。这个学校的校长是一个国民党员，姓黄，贵州人。在学校两方面的活动中我们占优势，我们在这个学校的工作比较活跃，一时华侨中学在新加坡有很大影响。在华侨中学也就一个学期多点，我们的工作又暴露了。开始，党的活动并不突出，地方政府没有注意。因为我们工作没经验，过于暴露，很快又被当地政府发觉。到1930年暑假，我被学校辞退，后来连蒋瑞清一齐被驱逐出境。其实，我在那里感到很寂寞，此时，国内各方面斗争得厉害，我们搞革命的，虽在那里边有工作，总觉得搞革命在国外不行。彭文看我待不下去，要回国，她也愿意一起回来。1930年8月暑假期间我们又一同回到上海，在宝山路中兴里找到房子，这房子是一楼一底，我租的楼上前楼，二房东住在楼下。1933年到上海来时，李鸿仁才告诉我，那个二房东是陆京士，以前是不知道的。

我是1930年暑假回国的，蒋瑞青1930年下半年或年底也回到上海。1932年我们在兰州又遇到过。见到他时，蒋瑞青告诉我，我离开学校和南洋后，当地政府搜查了学校图书馆，焚毁了大批进步书籍。新加坡殖民当局对我出了“沙曼”（马来西亚语，大约是通知或通令的意思），不准我在英国殖民地教书，驱逐出境。我走了还出“沙曼”，幸而我走得早，才避免了麻烦，我在那还不知怎样。

五、西北之行

我在新加坡给组织留下的转关系的地点是“上海邮政总局挂号间李立人转”。李立人又名李鸿仁，是我小学同学，我们有不少人利用他转信，解放后入党，现在住在北四川路的山阴路九号。回到上海，我等新加坡转组织关系又等了半年，直到1930年底还没有接上组织关系，以前在上海的同志因经过时间稍长也找不到了。这期间我没有工作，我们的第一个孩子，这时快出生了，再住下去生活又成了问题。当时杨虎城十七路军已到陕西，陈子坚在十七路军作政治部主任。1931年春西安行营正式成立，陈子坚当了行营办公厅主任。我1931年初到西安，经陈子坚介绍，我到杨虎城潼关行营（设在西安）参谋处任中校参谋，彭文留在上海。参谋处有个情报科，我兼科长。由上海到西安，又一次经过汉口，住在武昌彭文的姑母陶家，因为彭文的母亲到了武昌，特为看他母亲，在陶家一同住了一个星期或稍多几天。

杨虎城进陕西有段历史。1929年冯玉祥、阎锡山反蒋，与蒋介石在中原大战时，杨虎城站在蒋介石一边。那时，陕西也是冯玉祥的队伍，蒋介石进攻陕西，没能从潼关打进去。杨虎城从前是陕西“刀客”，1930年他从豫西一带循商洛大道侧翼迂回，乘虚进攻陕西，从西安右侧方进去占领西安。这时蒋介石的部队还没有进潼关，还在黄河以南，潼关以西那时还没有中央军。冯阎失败后，蒋介石尚无力西顾，只有承认既成事实，委派杨虎城为西北行营主任兼陕西省主席，这是蒋介石给他的名义。行营还是个蛮大的机关，何应钦那时也就是在北平行营。陈子坚正做陕西省会西安县长，同时是杨虎城行营办公厅主任。杨虎城部队叫十七路军，陈子坚又是十七路军的政治部主任。杨兼任陕西省主席，陈子坚任省政府秘书长，颇得杨的信任。陈子坚当时与党没有组织关系，但政治态度仍好，对过去的同志很肯帮忙。我们很多同志参加到杨虎城的部队和政府中，也都得到信任和使用。十七路军政治部科长一级有好多是共产党员，杨虎城部有名的党员有南汉宸、申伯纯等，说明西安事变成功不是偶然的。

大革命失败后，我党从五万多人变成了万数人，社会关系也断了。因为社会关系减少，1928 年时，工作有了问题。本来党号召党员各自到社会上找关系，包括找职业。职业也是个大问题，单靠党接济没法生活。而国民党蒋介石的势力已扩大到黄河流域。但是，西北陕甘宁青这些地方蒋介石的势力尚未进去，他的部队还没有进潼关，地方军阀割据一方，形势颇为紊乱。因此我们也要向西发展。从国内来说，各地方矛盾还是很大的，蒋介石还不能把这些都统一起来，冯玉祥、阎锡山与蒋介石大战，就是矛盾爆发。蒋介石大革命时从广东出来，广西有桂系，福建也有很多杂牌。他把这些部队都当做异己，暂时利用，最终消灭。杂牌部队也知道，你利用我时，同时我就利用你，总之，互相利用，互相戒备。杨虎城进了西安后，当了陕西省主席，蒋介石想暂时利用他向西北发展进而统一西北，他也有自己的一套打算，想利用蒋介石来扩大自己，对西北有些野心。当时都是这样钩心斗角，争夺地盘。而我们就利用他们之间的矛盾，打入部队，利用他们各人都要求发展、各人都要求在社会上找些关系为他所用，特别是思想表现进步，他看不出什么党的，单看这些人不倾向蒋介石，他就大胆使用。我们当时的工作与当时客观形势有很大关系，这些人从思想上、工作能力上说，都是能做些事的，不同于那些卖身投靠的人，有很大局限性，不能做多少事。我们开展工作就依靠这些。

说到西北当时的情况，当时中国军阀割据最突出的是陕西、甘肃、青海等边疆地方，四川也很典型。谁有点武装谁就割据一块地方，称王称霸，自成局面。西北也是如此。杨虎城进西安后，陕西南到汉中，北到陕北，才逐步统一起来。相比之下，甘肃军阀割据的情况，十分突出。甘肃有陇南、陇东、甘凉肃等地区，一片片都是小军阀。有一个师，一个旅就称军阀，就不受命。杨虎城一进西安，蒋介石就想暂时利用杨统一西北。杨虎城也正好想利用蒋统一西北，占领陕西后再统一甘肃。杨虎城部没有进去以前，甘肃地方上小军阀，有的有名，叫个师、旅，其实是自封，有的没有名，占地为王。当时分成几股力量：陇东（以平凉作中心）有陈畦璋师，陇南（以天水作中心）有马廷贤师，另外陇西（甘肃稍偏南以狄道为中心）有鲁大昌师，甘肃西部的甘凉肃一带属于青海马步芳师。另外还有些小头目，如固原有李贵清旅，静宁有石英秀旅，六盘山以北的靖远有个王子元旅，宁夏是马鸿逵师。反正，一个人割据一块地方，成为混乱局面。苛捐杂税，滥设关卡，土匪横行，民不聊生。交通状况也很糟，可通汽车的公路很少，仅仅西安到兰州的公路勉强可通车。杨虎城想收拾甘肃，前后派了几批人去，一方面是了解情况，一方面是与各实力派接触，准备派兵进甘肃。刚刚说的实力派中间有个占据甘肃省城兰州的雷中田，是冯玉祥旧部，他有三四千人，枪支、弹药较多，有点实力，自称“甘肃省保安总司令”。杨想使雷屈服，自己控制甘肃省城。当时也派我进甘肃了解情况。同我一起去的还有个少校参谋叫武志平的。我们的任务是从地形了解起，准备军事行动。一进甘肃到平凉，头头是陈畦璋，也是土匪出身，后编为师。顺着公路向前走，静宁是石英秀，兰州雷中田，天水马廷贤，固原李贵清，靖远王子元，宁夏马鸿逵。总之，一个地方一个头。他们对老百姓到处设卡，弄得民不聊生。科内还有个少校参谋卢子英同去，是共产党员。当时大家只能互相了解，不能接触党的问题。他们去，也有些活动。我记得我两次入甘，卢给我介绍过宁夏的一个关系，在宁夏有人有枪，可以配合活动，后来因为活动的地区距离较远，未能取得联系。以后知道这个卢同志是党员，后来牺牲在南京雨花台。那时西北局面虽然混乱，我党还是做了不少打入工作，特别是在杨虎城部和陕西省政府。

去甘肃来回一趟，路上要花一两个月。进去是夏季6月，从甘肃出来过六盘山适逢中秋时节，已经落雪。古时把西北称作“胡地”，“胡天八月即飞雪”，从时令讲，确属如此。“六盘山上宿峰高”。一路所见，人民生活都很困难。在六盘山我们去一家老百姓处住宿，只有一间草房，里面一个炕，炕上没有铺的，梁上挂个锅，举目四望，屋里就这么一点东西。我们去了，才生起火，做点吃的。山可种树，地可长草，但是山上树草都很少，真是童山濯濯，一片荒凉，穷苦得很，剥削却厉害无比。我和武志平等，一方面了解地方情况，了解这些小军阀的实力，也拉拉关系。我在西北几个地方了解一些情况，建立一些关系后，回到西安。

我到行营不久，1931 年四五月间上海组织上有信来，讲到关系转到了，不久有人到西安来，后来很久没到。我到杨虎城潼关行营大约已是夏天，到后即两次被派去甘肃出差，中秋节后才又回到西安，才知道上海组织已有人来过，没能见到面，只留下以后联系的通信地址。那时西北交通很不方便，1931 年火车只通到河南灵宝县，1932 年也只通到潼关。陕西只有很少的长途汽车，甘肃还靠骡马，大车，所以来回时间很长。人到西安连向甘肃通讯都要相当长的时间。

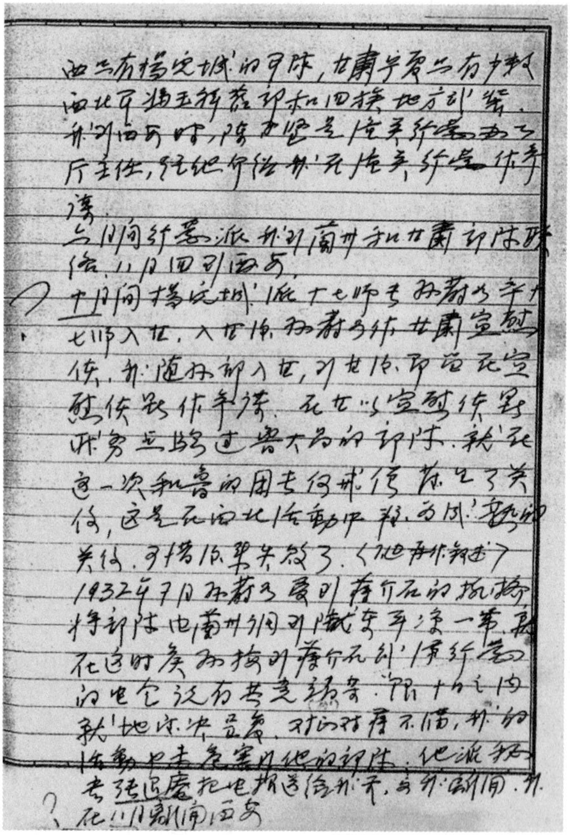

靖任秋材料手稿

根据我们了解到的情况，1931 年 10 月，乘甘肃内乱，杨虎城决定，以所属三十八军的三个师交孙蔚如率领进甘肃。大小军阀，互相吞并。杨虎城比蒋介石小，可是，在西北他算大的。蒋介石给了孙蔚如一个甘肃宣慰使的名义，统管甘肃军政权。这个名义是欺骗人的，什么宣慰，实际是先利用他插进甘肃去，消灭这些割据的力量，然后再作第二步打算。孙蔚如本来想当甘肃省主席，可是蒋介石不肯给他这个名义，只给他个宣慰使。既搞不到省主席，宣慰使他也接受了。孙蔚如自己也愿意去，因为宣慰使既管民政，又有军权。军政大权集于一身，所以孙愿意去。行营派少数参谋随孙部一同入甘肃，我被派作宣慰使署参谋处科长，随同孙部入甘，当时叫入甘“戡乱”。孙知此去必然与地方上那些割据势力发生利害冲突，是会打仗的，因此在出发之前，先拟好作战计划。最大的目标是雷中田，自封保安司令，各方面人跟他有矛盾，我们主要针对他，就利用这些矛盾。估计别的如平凉陈玮璋，他不能抵抗，可以听命。静宁只有石英秀一个旅，石本人是陕西人。在陕北时跟杨虎城有旧谊，可以利用老关系顺利解决。从定西再向前进，到兰州，一定要打仗。果然孙蔚如率三十八军的部队进去后与进去前的估计一致。三十八军先遇陈玮璋，后遇石英秀、李桂清，他都采用拉拢办法，封官许愿。孙部进去，陈玮璋贴标语欢迎，表示听指挥，石英秀也是如此，顺利通过了平凉、定西。过定西快到兰州，才发生真正的冲突，与雷中田打了起来。一接触，打了一两仗就驱逐了雷中田，雷就从兰州沿着黄河跑了，原甘肃省主席和保安司令也被驱逐了。孙蔚如进入兰州，以宣慰使名义，号召全省，暂统管甘肃军政权。紧接着着手整编甘肃部队，扩张个人势力，对全省各色各样的部队封官许愿，谁管哪个师，谁管那个旅，封师长、旅长，这样就暂时把混乱的局面稳定下来。

这里有些事是有趣的。封官主要是给他一个正式编制，有时封官也搞点形式，派个人去搞“点检”什么的。孙给我的名义叫点检委员会主任委员。兰州东北边去宁夏的中途叫靖远的地方，驻了顶多两千人，自称旅，头头叫王子元，我去“点检”过这个部队。凡是派去“点检”的都很受重视，你点了说他有多少人，就按多少人封官。从兰州到靖远。要走三四天。头天，我从兰州出去没走几十里。靖远就派骑兵迎接上来了，等于迎出三四站。旧小说里有十里长亭下马酒，我到靖远还有十多里地，旅长挂上红就迎来了，确实备有下马酒，这是当时迎接上司的仪式。小时看小说，现在体验了这个生活。一直接到他的驻地。我算上司，每天酒宴，隆重招待。说是点检，实际上他们临时可以找人充数，看起来他们有人有枪，但是究竟有多少人，光“点检”是看不出来的。点检这个部队后，正式给了他一个旅长名义。

那时西北虽穷，可也有富的。去兰州的中间有个条城，这里的大地主，主要搞条丝烟。过去，没有香烟，条丝烟行销全国。小时我在家乡，以及后来在北平，都知道条丝烟。此名就得自这种烟产自条城。这家有很多工人。当时，我们带有自己的人，他们又派了一百多个骑兵，百多人带百多匹马，就在他家住下，你说他家有多大！只见几盘磨的牲口推面给准备饭，不到几个钟头就开饭。在穷困的西北，却有这么大的财主。在那个社会，封建地主想要存在下去，就要和地方实力派建立关系。这家财主的儿子认旅长作干爸爸。自己出钱找人，搞了一个连，自己当连长。我们在这里看见了社会贫富悬殊，也看见了封建地主跟地方实力派结合起来进行统治。

接着，我又到陇西去点检了鲁大昌部队，这次有点收获。我在渭原遇到一个年轻的团长，叫何戒僧。那次点检，时间不长，我当点检委员会主任委员，得到他们的重视，与他这个团长接触较多。他年轻，有上进心，思想比较进步，在接触中他谈到甘肃小军阀的愚昧、腐败和自己追求社会进步的愿望。我看这个人与那些人不同，可以接近，后来关系逐渐密切，谈了较多的问题。我就从他个人和部队的前途谈起。那时他正驻在甘肃的渭源县，是个交通大道。我说，看起来甘肃头头太多，你们这个渭源是交通大道，甘肃中部的重要城市。而你力量不大，处在这样一个动一动都会惹起注意的环境里，很难发展，不如设法把部队移防到省的边境上，与四川接近的陇南边境最好。一则陇南多山，又是甘肃的边境，在那里活动不易引起注意，发展比较容易，发展了力量再到别处。二则靠近四川，可以从四川买枪支弹药。他当时就同意我的意见。谈到这些，彼此很融洽，建立了很好的关系，约定今后彼此取得联系。当然，也提到了社会的落后，社会的发展要前进的问题。我回到兰州以后，鲁大昌部队编成一个师。

我 1931 年进甘肃一次，1931 年冬天再进去，路上打了一仗，春天点检这个部队又点检那个部队，时间就快到 1932 年夏天了。我两次到甘肃确也了解了不少情况，也在甘肃的部队建立了点关系。

孙蔚如的希望是做甘肃省主席，后来国民党派邵力子做甘肃省主席。

1932年7月，孙蔚如受蒋介石排挤，将部队从兰州调到陇东平凉一带，孙极为不满。1932年夏天，孙蔚如要去向杨虎城汇报，回到了西安。他要我跟他一起回去，这样我才从甘肃又回到西安。这时——1931年初夏间，彭文从上海到了西安，在第一师范教书。1931年初到1932年暑假，我在西安没有组织关系。回到西安不久就发生了问题，原来国民党已经派了特务到杨虎城部。孙蔚如部队中也来了特务，名义上叫政治部主任什么的，实际是特务。特务到了甘肃，我与他们也无法不接触。

1932年暑假，我到陕西不久，孙蔚如接到蒋介石的武汉行营追杀我的电报。有天孙蔚如忽然派秘书张退庵到我家。张惊惊慌慌地拉我进屋里去，拿了个蒋介石武汉行营发给孙蔚如的电报给我看。现在还记得起的大意是："在鄂豫皖剿共中，查获有关共党靖任秋的文件，据查靖某在你部队中。"电报限令孙蔚如对我"立即逮捕，限十日内就地处决，呈复"（这是我记得的原话）。张能给我看电报，我的危险就不大。接着张转告我孙蔚如的原话，叫我快些走开，他将答复蒋介石说，接到此电时，靖某早已请假离开他的部队了。我又幸免于难。第二天我和孙见了面以后，才离开西安。

问题发生的原因，根据蒋介石的电报是说在鄂豫皖"剿共"中发现我的文件，至于如何在鄂豫皖能有有关我的文件，我难以知道。估计可能有两种原因，一是鄂豫皖接近陕南注意到陕西的关系，上海和鄂豫皖通消息。从以后不久红四方面军即从鄂豫皖经西北（陕南）到川北说，也可能是组织介绍西北有什么关系等。再是我在西北的活动暴露了，随便加个罪名。我想主要是邵力子进甘肃后，对孙蔚如部队进行了工作，才发生的问题。这次孙蔚如能放走我，我估计有两方面原因，一是他本人有甘肃省主席的野心，因受蒋介石排挤未成，对蒋大为不满，我的活动也未危害到他的部队，是很主要的原因；二是涉及他内部很多关系，如和陈子坚的关系，当时陈和杨虎城、孙蔚如都比较亲近，再加杨虎城部和他的三十八军内部有颇多进步力量的关系。后来解放战争中起义的赵寿山军和李兴中师都是他的部下。

危险是摆脱了，可离开西安到哪里呢？没有出路。到杨虎城部队是陈子坚介绍的，这次又是他给我解决了难题。陈此时是潼关行营办公厅主任，是杨虎城部的有力人物，他把我介绍到李之朴处。李是孙殿英四十一军驻西北的代表，驻西安办事处长，山东济南人。孙殿英长期派人在西北给他做联络工作，但更主要的是为他倒卖烟土。孙殿英此时虽然身在山西，野心还是有的，也在招揽各方人士。我明白陈子坚介绍我给李之朴，实际是叫李介绍给孙殿英。李之朴叫我到山西晋城孙殿英处。1930 年冯阎反蒋，所谓中原大战，孙殿英是参加冯阎方面反蒋的，孙殿英始终在前线。失败后同阎、冯一齐退进了山西。阎在太原，冯驻临汾，他驻晋城，成三角之势，部队的番号是第四十一军。中原大战结束之后，孙殿英曾受任安徽省主席，是中原大战后分赃分给他的。实际上他没有就职。山西是搞封建割据的好地方，全省尽是山，地形险要，这关那关，虽不说每个关都是“一夫当关，万夫莫开”，但总是地理形势很好，是进可攻退可守的地方。阎、冯退到山西，蒋介石也不敢继续用兵。那时军阀割据，山西确定是阎锡山的地盘，冯玉祥、孙殿英在山西显然都带点客居的性质，局促一隅，很想找出路。关于孙殿英的为人，我放到后面再讲。

当时孙的野心是想到什么地方去找出路。山西以南是黄河，过河去河南是商震的地盘，不行，以东也已经成了蒋介石的势力范围。那时西北空虚而且混乱，孙蔚如只一个军就收拾了甘肃，而孙殿英可不止一个军，名义上他叫四十一军，实际上他人很多，因此他就产生向西北发展的野心。我从西安途经郑州到山西晋城，那时还没有道清铁路。到晋城跟孙见面后，他对西北的情况极有兴趣，并表示晋城、山西久住没有出路，流露出想去西北。他知道我去过西北，对甘肃、陕西的地形和各方关系都很熟悉，因此一面之后，他就挽留我留在他那里，“不要走了”。可是我考虑，从西安出来的情况，李之朴以后会知道，李不会不向孙殿英报告，介绍一个人他要负责，这是隐瞒不了的，要先讲清楚才好。我就坦率直陈，告诉了他我从西安是怎么出来的，蒋介石打电报要抓我，故不得不从西北出来，如留尊处，恐将有不便之处。孙殿英表现得很痛快。他说：“你放心，不要说蒋介石打电报来，就是他把电台搬来，我们也不管他。”这说明了孙殿英的性格，也说明了当时军阀之间的矛盾。从他当时和蒋介石对立的情况以及他想向西北找出路的愿望，我觉得是可以留在那里的。我们党的工作，就是在他们的矛盾中发展，没有这些矛盾，我们就没有办法在他们之间工作。

秋天去的晋城，转眼之间已到1932年旧历年底。这年冬天，我红四方面军张国焘、徐向前部从鄂豫皖经陕南进入川北通南巴，蒋介石派部队“追剿”，也指令杨虎城调部队从汉中进攻通南巴。

六、见证何戒僧部队起义失败

此时，我在甘肃渭源时活动的一个团长何戒僧已发展到五个营的力量，正像我过去对他说过的想法一样，已把他的部队移驻到陇南边境与四川交界的地方。武都驻一个营，碧口驻两营，文县驻两营，和川北临近，那里的地形也很好。红四方面军一接近通南巴，就接近了他的队伍。何戒僧看到红四方面军已经到了川北，接连来快信电报催促我到他那去，先到武都。他电里也不需要向我多讲什么，结合时机，我很了解他的意向。当时的时机、地理条件都很好，我们也认为机不可失，我便向孙殿英提出我去甘肃的问题。我和孙殿英说明，我在甘肃结识了一个朋友，需要先到甘肃去一趟，从甘肃出来再到他这里来。他还是留我不愿意我走，这正是热河告急、长城抗战开始的时候。

这时在长城的部队是宋哲元部，北平行营主任是张学良。河北以北的部队都归张指挥。古北口战争一开始，张学良就召集各部在北平开军事会议，包括山西的部队、孙殿英的部队，山东、河北、热河乃至东北部队都派人参加。会议很清楚要讨论和与战的问题，战就得涉及许多部队的调动。孙殿英向我说：我们一齐到北平去，看看有什么变化没有。我提出到甘肃的问题，他说：先到北平看了会议是什么内容再决定，看来他是不愿意让我去。他想如果他要向北调动，希望我随他一起活动。

配合通南巴发展红军是大事，古北口抗战，也是一件大事。而抗战是我们盼望已久的事了，我就同意和他去北平。结果，北平军事会议决定要打，并决定孙部参加热河抗战。孙把四十一军调到热河，插到热河北部赤峰方向，在敌后作战。前面我讲过，孙殿英实际上不止一个军，人还要多。他决定参加热河抗战，拿一个军调热河，把其余部队仍留在晋城。我决心去甘肃，他也会估计到红军已到通南巴，我去甘肃搞什么事，他估计到了不说穿就是了。我继续提出去甘肃，也向他讲了我去西北后还回他这里来。这样，他就答应了，我才离开北平到甘肃去。这是第一次和孙殿英见面，没有在他的部队留下。

我去甘肃之前做两件准备工作：一、找一两个人同去，使力量加强一些。我写信给西安的两个同志，一个是刘秉琳（解放后曾任山东省委副书记），当时在陕西建设厅处工作，西安建设所所长赵守钰和他家有关系；还有就是武伯昌（他们当时在陕西建设厅工作，“文化大革命”中武受迫害致死）。我约他们先到北平商量一同行动。同志们那时很好，你约，他丢下他的职业就来；再一件就是设法找组织，好便于到甘肃后的活动。我考虑我们到西北如能把这个部队拉起来，一定要与我们川北的红军建立关系。我们的行动要配合那边，做到统一行动、统一指挥。

很幸运，我们找到了组织。当时，有个在广东和我们在一起姓佟的人佟子实，小学同学，共产党员。1927 年大革命失败后他和徐斌如（北京革命历史博物馆）在上海同住，当时他在北京市第一中学教书，我们找到他，由他找到组织。有一天，我们（刘、武和我）到一所学校与组织上派的同志见面，也就是和组织见面。和过去一样，当天与我们见面的两个人的姓名，我们都不知道。见面就向组织汇报了我过去在西北活动的情况，和现在打算去甘肃策动何戒僧部队起义的打算，转交我给上海中央组织的报告，可能还说明去的时候和过西安的时间，希望组织派人到甘肃去，要他转达中央（上海）。他们表示同意报告，讲一定转到。我们也讲清楚马上到西北去，不在此等回信。1930 年下半年到上海，1931 年上半年在西北，都没能和组织接上关系，从此才和组织取得了联系。这时已经接近旧历年。那时我客居孙殿英处，而且所有的军队都很穷，我们经济很困难，在北平需要维持生活，走需要路费。从北平坐火车到西安，还要走几百上千里地才能到武都、碧口一带，这要很多的钱，当时都没有法子解决。这时已是 1932 年的寒假，彭文原在西安的第一师范学校教书，这年寒假离开学校到了北平，生活无着，寄居在鞑子营十五号她的朋友余淑琪处，余是党员，抗战期间在延安病死。我们无论是留在北平的生活用钱或路费都没有办法，又不能不走。好在我给武伯昌和刘秉琳搞了个军队护照。在军阀统治时期，有军队护照，可以坐车不出钱。我在孙殿英处是客居，所谓讲朋友。平时他养着，一旦有事可以用你。正因为不是正式当他的军官，就不需要搞衙门那一套。食客可以搞自由主义，敲盆子说“食无鱼”。

我们三条汉子，千里迢迢走甘肃，口袋里却没有钱。彭文来送我，她还有一块钱，要给我们。她大着肚子，就要生孩子了，我不好意思要她仅有的这一块钱。那时闹革命，搞地下工作就是这样的艰苦备尝。说坐火车，其实就是爬上铁闷罐子货车，钻到里边去就是了。到西安后，才找到了人帮助。

作为杨虎城秘书，后来同杨一齐被蒋介石特务枪毙了的宋绮云，当时在西安日报社当社长。我们去西北不避讳他，还有吴波（前财政部副部长），在陕西公路局工作，我们在他们两位那里搞了二三十元作为进甘肃的路费。

1932 年底在北平和组织接上关系，并由北平的组织给我向上海的组织转了信，组织从上海也派人到西安和我取联系。我们过西安的时候，中央军委派了王大舜（即刘瑞龙，前农业部副部长）到西安与我们接头，可是，他没见到我们。这时，胡宗南部队已到西安，我是要“就地处决”又被放跑的，因此我们在西安不安全，不能多等，另外，西北的事也要赶快去，已过西安。王大舜看到宋绮云，知道我们已经过了西安，又没能见上面。王大舜对这件事专门向中央军委写有报告。1959 还是 1960 年，汉中地委整理党史，才在中央的档案中找到王大舜到西安没有见到我，从西安向中央军委的报告原件，报告中明白说我已去陇南策动某部暴动。以前，党的组织并非到处都有，陇南的组织归汉中地委领导。汉中地委为了落实这件事，找到了王大舜，也找到了我，我也才找到组织和我的联系人。

我们到西安再上甘肃，出发那天正是旧历年元旦。从西安出来，到扶风过年。这是 1933 年初，那年西北是荒年，景象凄惨。比如，从西安过扶风到宝鸡，公路两旁都是讨饭的，乞丐甚至跪在路的两旁。旧年时节，天气很冷，荒郊野外，行人稀少，沿途土匪又多，能给钱或食物的人并不多，讨饭谈何容易，那年西北不知饿死了多少人。我们三人走的路线是从宝鸡奔天水，再从天水向南奔武都。何戒僧本人那时住在碧口。他有一营人在武都，他跟我们讲得清楚，我们先到武都。从天水向南，一路冰天雪地，土匪很多。记得走到一个地方，听当地乡亲说，刚刚有人回来讲，再向前走有土匪。我们此时又急于要走，不能停留，就避开此处，绕过山去。山路尽是雪，崎岖不平。有的地方根本没有路。下山时，武伯昌见山坡难走，就顺坡往下滑，行路难到了这种程度。荒山中路人稀少，住的地方更少，走了半天，肚子饿得不行，总想遇到人家找点吃的。可是很难，遇到的也是很不像样的小草棚子，要吃东西，人家有就给，可拿出的东西你不认识它是什么。就是在火里面拿出一个团团，尽是灰的东西，掰开，黑不黑，红不红，不知道是什么东西。反正老乡是能抟到一起的就吃，这些东西跟讨饭人吃的差不多。一路上又冻又饿，真是艰苦之极。我们那时年轻，都才二十几岁，意志坚强，也不感到困难，反而很高兴。武伯昌大点，刘秉琳比我小五岁，那时年轻人革命热情很高，壮志凌云，想搞一番工作。至于自己的路线，采用的方法是不是最好的，只能尽自己的水平去考虑了。

当时我们生活艰苦，可当地群众的生活就应该说是悲惨了。快到武都时，遇到一件事，现在还记得很清楚。那是一个上午，有点太阳，我们光着脚趟过小河。看见有个廿多岁的妇女，正在河边洗衣服。那“衣服”洗了拿起绞水时，尽是破布条子。她洗的时候下身蹲着，只见身上穿得又破烂，又单薄，有没有棉花也不清楚，只能说她勉勉强强算是穿了件衣服。当她站起来要走时，才把这些洗了的破布条当裤子穿上。我们才明白她蹲着时没有穿裤。我们同情讨饭的，看到她这个样子，才觉得真是人间惨相。从这里可以看出军阀土匪的剥削、掠夺和西北人民生活的痛苦。活人也就是像这个姑娘一样，勉强地活着。

在甘肃我还有一次意外的际遇，事极细微，印象却非常深刻。西北行旅，店房很少，有也不在村庄。路旁有几间房子，就算个店了，名副其实的是荒村野店。一天晚上住宿，进店时已经掌灯。单见一灯如豆，一个土炕，一个人坐在炕上，仔细一看，原来是熟人。他是我中学的同学，姓张，在国民党甘肃省政府工作，这次是到外县出差。按规定，出差可以雇一头毛驴代步，因而也不免就要独宿荒村。在昏暗的灯光下，互道契阔，风雨如晦，相对如同梦寐。经过一番急行军，又经历一场危险，忽然在荒村野店中和故人话旧，此情此景，可以入画了。

当时的公路两旁尽是讨饭的。那个社会有什么出路？不革命、不改造是不行的。可是这么穷困的地方也有地主，在靖源条城的那家兼商业资本家的地主，几百人马，有多大的家当！穷的如那个妇女，穷到没有一条裤子，真是“厩有肥马、野有饿殍”！军阀割据，土匪遍地，我们一路就这样到了武都。武都何戒僧部队驻有一个营，营长知道我们要到，这当然就好了。

那时，潼关以西要走旱路，路上要走二十几天。不料，我们到武都的当天，就接何戒僧自碧口打来的电话：我们到的前几天，胡宗南派了一个旅，今天到了碧口。这里还要补充一点：上面提到，蒋介石调杨虎城部队，从汉中进攻通南巴红四方面军，这支部队就是孙蔚如部，我们由西安到宝鸡的时候，孙本人也到了宝鸡。孙蔚如在蒋介石要他杀我时让我走开，这很不错，我到宝鸡便去见他。他一面对我热情接待，一面对我大发牢骚，不满意蒋介石把他调出甘肃。他向我表示，他不愿打共产党，同时他知道我从他那儿到孙殿英处，就向我表明他对孙殿英的态度。孙蔚如知道孙殿英在晋城是迫不得已，他主张孙殿英向西北活动。孙蔚如正奉命去打共产党，我就向孙蔚如讲：蒋介石向来牺牲别人达到个人目的，“剿共”多少年也没“剿”掉共产党，反而共产党天天发展，杂牌队伍在蒋介石的指挥下，却付出了很多牺牲。孙蔚如对此很同意，表示他决不打共产党。还讲到他的部队是怎么发展起来的。他说，他的部队在杨虎城带领下，实际是靠土匪、草莽英雄，所以，他决不打共产党，可以跟共产党做朋友，愿意跟共产党建立关系。我表示很赞成。他还提到找什么人能去同四方面军联系，意思是希望我去，我说我要去武都。我也向他提到在上次点检部队时认识的何戒僧团长，为人不错，这次他约我去武都，不去不好，我就举荐了上次与我一起进甘肃的另两个参谋之一的卢子英。后来，孙蔚如真的派他去了通南巴，卢子英的孩子为此在“文化大革命”前写过一本书叫《跟随我爸爸坐牢的日子》，记叙卢当年出入通江、南江、巴江的情况。这次见面的好处是我举荐了卢子英，打通了通南巴的关系，但可能也因此暴露了我要去武都的事。孙蔚如部这时已经有很多特务，其中一个在孙左右的亲近叫王宗山，与中统有关系，解放后跑到台湾去了；另一个叫朱亚英，是他的参谋长，也是特务。如果让这些人打探到我们要去，就可能招致了在我们到武都的当天或头两天胡宗南派去了丁德龙旅的事。我们在孙处也没有敢多停留，就去了武都。

碧口是个重要地方，它是到四川与甘肃的要道口，何戒僧本人带两个营在碧口。这个旅的到来，引起了我的警惕。我就考虑何作了些什么活动？会不会是这些活动引起了丁旅的到来？我们当时考虑，碧口已经不是一个安全的地方，何应马上离开碧口。但电话里是不好讲的，就决定要武伯昌到碧口去和何谈，建议他：第一，何戒僧本人不要驻碧口，把防地撤到武都，两个营都撤出最好，撤一个营也行，万一部队已不能离开，何本人也务必离开，能到武都到武都，不能到武都到文县也好，不然会吃亏；第二，何戒僧虽有进步思想，但没有经验，警惕性不一定够。我就让武伯昌先到碧口与何见面，把我的这些考虑告诉何戒僧，叫何赶快离开碧口。如果形势不好，发生意外，部队可向武都或文县突围。总之一句话，要离开碧口，不要与丁旅混在一起同驻一地，行动受限制，还可能有危险。武都派了人和牲口，跟武伯昌从文县到碧口，但是，此去碧口还要走很远的路，有的路简直就是栈道。

武伯昌过一阵回来了。何戒僧竟有些迟疑不决，加上对丁旅麻痹大意，迟迟未见行动。接着，我们突然了解到鲁大昌派了一个副师长，率领七个营（两个多团）的兵力从狄道方向直奔武都来。这看得很清楚：一是可能何暴露了他的意图；二是他们产生怀疑要先下手，反正是要解决这个部队。不然，不会让一个副师长带七个营来。很明显，这是要配合碧口胡宗南派的丁旅解决何戒僧部队。先是我们得到消息后，劝这位营长将队伍拉到城外，营部和部队住到一起，这位营长是位旧军人，对何的意图不一定能了解接受，我们和他也没有多久的关系，他不听我们的话，只是一营队伍出了城，驻到西门外。

他采取这个行动的同时，我们也得到了一个情况：就在武伯昌回到武都不久，何戒僧出了问题。胡部丁德龙旅长以请何戒僧吃饭的方式，把何扣留起来。以后知道，何戒僧被他们立即枪决了。两营部队被包围缴械，另派部队分赴武都和文县。这是丁德龙配合鲁大昌解决其余部。我们住在武都城里营部内，部队都在城西门外，和连上还没有建立联系。鲁大昌部队要来，首先得进西门，鲁的大部队还未到之前，就先派了几个参谋到武都找营长取得联系，要他听从指挥。武都的营长是鲁大昌副师长的旧部，人一进来，营长就听他们指挥。这时鲁大昌部正在接近武都，我们在营部离不开，勉强离开要出问题，好在，驻在城外的三个连都是与何戒僧关系比较密切的，三个连长不管营长如何，就主动集合向文县方向突围，意图打出去。城西门外面有一道水叫白龙江，南、北都是山地，这三个连就沿着水，向外边突围，打出去了，营部在城里脱离了部队。当时我们也不好离开那位营长，没能和部队一起行动。当时，鲁部受地形限制，也没有阻挡住这些部队，鲁部是在他们突围时，进了城的。鲁部没有截住部队，就在后追击，这一时刻，武都城内倒没有人管，但我们已和部队失去联系。

他们这时有个情况没有搞清：他们一定知道我们在这里，但估计三个连突围时我们也会一齐突围出去，所以他们没有进城。我们初到和部队和干部都没有建立上关系，陇南山区又有追击部队，武都也不能久留，不得已，只有趁部队突出去后，鲁大昌部队还没进城这个空隙时间离开武都。我们向营长表示我们要走。营长为人不坏，支持我们走。鲁部进来的参谋，没有武装，这些人也搞不清当时的情况，对我们要走没有表示异议。营长成了光杆，我们的路费都成了问题。不过，到处都会遇到奇事。武都有个税局，有些土产就从这里出去，局长姓万，我们在武都时常去他那里玩，彼此还谈得来，万送了我们二三十元钱作路费，还送给一匹马驮行李。得到这点支持，我们就日夜兼程，赶快走开。因怕追击部队回来找我们，离武都时出东门，向陕西方向走。营长和鲁部的两个参谋还来送我们，并照了一张相片。

表面上从容，但离开武都，当晚住店我们就很警惕了，尽管荒村野店，也得先看好地形，准备必要时逃跑。以后了解到，突围出去的两个连，到了文县，还打过一些仗，但结果如何，我就不清楚了。

地下党活动，不限于党的关系，为要扩大我们的力量，还可以用别的关系。那时，党并非到处都有自己的组织和党员。1927 年以后，中国这样大的面积，剩下一万多党员，不可能分布得那么广泛。所以，有的活动有党的关系，有很多活动只是个人活动，而且搞军事活动也不可能事事都和地方党建立关系。汉中地委整理党史时涉及何戒僧，党内涉及我，但事情好像很不容易弄清楚。据说，有的记载说我已经战死。询问武志平同志的人，听到我还活着，很为惊讶。很可能领导部队起义的人用了我的名字，后来这个人被打死了。何戒僧以一个青年学生成为军阀部队的一名军官，因同情革命而惨遭国民党杀害。汉中党委在整理地方党史的时候，记载这一事件，是很有意义的。我们不应当忘掉那些曾经为人民做过好事的人。

1932 年我进西北，火车只通灵宝，年底出来时，铁路也只通西安。西安以西，不仅没有火车，就是公路也很差，只是土路拓宽，汽车可以通行而已。西安到兰州的大道，还是左宗棠军征西时修筑的，自然也和那时一样荒凉。左宗棠诗中写“首栽杨柳三千里，春风初度玉门关”，说明他利用军队才栽了一些树。我们进甘肃时，这些树已长成到两三人才能合抱。1932 年西北遭受灾害，这些树也遭到严重的破坏，被砍伐了许多。宝鸡、天水这样的重镇、专署所在地，哪里有路？有路的也很荒凉，加上土匪（那些小军阀跟土匪一个样）成群，人民文化很低，生活很苦，只是民性强悍，回家过了年，又出去当土匪，因此，社会秩序很不好。党的工作虽不说是空白，也是自杨虎城部进西北后，才有党的力量。陕北是大革命失败后，刘志丹进去才开始有党组织的。甘肃基本上没有党的活动，当年我在西北那么久，也没有听说那里有共产党。

那时甘肃西部有个青海马家的后代马仲英，他也在搞小兵权，人家叫他“尕司令”。听说他那里也有进步力量，很可能是托派活动进去的，这帮人跑到那里是流落去的。以后才知道陇南属汉中地委领导，可见当时甘肃没有地下组织，有人进去也没有联系。我到西安，中央军委派王大舜与我联系，也没有联系上。我到西安有人给我用假名字写信联系，这人先我或后我而至，也没联系上。交通这样不便而又这样远，那时只靠自己活动。我预备到西北，给武伯昌和刘炳琳联系，就是因为对他们了解，写了信他们也就来了，来了再同组织联系。那时应该怎么做，要自己去考虑。

我们出来很狼狈。好容易三个人才从陇南出来。很耽心鲁大昌的部队一旦回到武都，了解我们从武都走了，会有人来追，后来没有人追。可能他们一直就追那个营去了。

旧社会靠友谊联系，讲朋友，讲拔刀相助。我们离开甘肃后，又在宝鸡附近遇到孙蔚如，孙已经知道何戒僧部队出了问题，但不知其内幕，认为我们从那里出来是由于国民党“排外”。他可能不知道我们在何戒僧部队搞策反的事。他自己也被国民党排出甘肃，而且还要逼他打共产党，他对蒋介石的不满情绪就更明显了。特务跟他是不同的派别，不肯替他做事，否则杨虎城部也不可能发生“双十二”事件了。孙蔚如当时对我表示得很好，说上次你过这里的时候我还有很多事要给你谈，听说你走了，我本来想到前面（一个军占的地盘很大，前面是指他的整个部队的前面）留你，我还有很多话要讲，后来我怕你疑心，就没有要你回来。此时孙提到国民党叫他到通南巴一带作战的任务，他向我恳切表示：我跟共产党是朋友，我们不能彼此火并。的确，他们也是杨虎城拉几杆枪拉起来的。孙蔚如这次又留我，重提沟通与共产党的关系，有心要我给他接线。我向他说：我从陕西出来就到了孙殿英那里，与孙殿英见面后，孙就留我不要我走，我这次去甘肃，给孙殿英讲好了要回去的，我不能留下。而况这正是长城抗战很激烈的时候，孙殿英孤军战斗在热河北部的赤峰（由张家口方面，从北插入赤峰，故称孤军），舆论上有好评。确实，这一阶段孙殿英参加了抗战，而且深入敌后孤军奋战，是很不错的。我此时也想，既然在何戒僧处没有搞成功，北方抗战正紧张，我更应回去看看。这样，我就没有在孙蔚如处留下。我介绍武志平代他到通南巴与红四方面军联系，可能就是这时。孙蔚如也知道蒋介石是不会真心抗战的，他便问起孙殿英部队的实力和今后动向。（孙殿英此时已从华北四十一军军长升成华北第九军团司令）我分析孙殿英去热河时仅带去一军人，其余部队仍留驻在山西晋城，在赤峰作战时又扩充了一个骑兵军，号称十万之众，实际上五万人是有的。我向孙蔚如说：长城抗战之前，孙殿英在山西晋城是不得已，他跟蒋在中原大战中作战失败不得已才走到那里。局促一隅，问题很多，阎锡山就不希望他在山西长待，他到哪里去呢？这次到长城抗战，有上级命令名正言顺，万一战争停止，他从热河撤至察哈尔一带，或再回山西都不是长久之计，他是要找出路的。我向孙蔚如说：他从前想到西北去发展。孙蔚如说：我们赞成他去西北。当时孙殿英如果从赤峰下来，地形上走宁夏就进了西北。孙蔚如讲：他要去，潼关我们把住，不让蒋介石军队进西北。这就对孙殿英帮助很大了，他那五万人决计可以站住。

孙蔚如虽是杨虎城的部下，却以“儒将”自称，他能作诗，还写得一手好字。这次他送我一副亲笔对联，“海内存知己，天涯若比邻。”是希望交一个朋友的。绝不能把行伍、绿林出身的人都看成“胡传魁”。一个人要搞一番事业，就要团结一帮力量，这不是简单的事。我离开孙蔚如部队时，他除写了一副对联送我以外，还送了路费，又给孙殿英写了很长的信，劝他进西北，说他可以把住潼关口子来支援他，共图发展。在蒋介石统治下，杂牌军互相勾结，随时都有对蒋不满的活动。

我与刘秉琳，武伯昌出来，他俩没有地方去，就仍回到他们本来的地方——建设厅赵守钰处，赵对他们一如往昔，照常留用。吴波也在赵处工作。从现在看，当时人物思想的复杂性，好似不好理解。武、刘原在赵处，走了，脱离他了；或是怀疑他们有共产党的活动，可是失败了又回去，又把他们留下来，好似不好理解。其实，正是因当时社会人的思想混乱，不少人不满国民党反动统治，而且国民党本身也不是铁板一块。有这个条件，我们党才可以活动。如果铁板一块，每到一处，都有国民党、特务，连通过都不行，我们还怎么活动？可以看出，我两次到杨虎城的孙蔚如部，与何戒僧接近，何失败了我又回来，与孙蔚如拉扯，就是因为当时社会的复杂才可以进行这些活动。

七、作为孙殿英代表多方活动

1933年三四月，陇南起义失败，何戒僧牺牲。四五月，我从甘肃回到北平，这时，1932年开始的长城抗战已到尾声，主要是蒋介石并非真正想抵抗日本侵略，单凭第一线部队不可能长久坚持抗战。孙殿英四十一军已扩成华北第九军团。部队正由热河北部赤峰一带撤到古北口外张家口以东的平绥线沙城怀来一带，又从沙城撤到包头（当时铁路只到包头）。我在北平稍住，从古北口到沙城又到下花园，第二次与孙殿英见了面，这次留在他部队，策动他参加各方面的反蒋抗日活动，名义是参议。

长城抗战到尾声，惹起了很多人对蒋介石的不满。当时大家都酝酿继续抗日，同时反蒋。当时国民党内部斗争极为复杂，各派各系时而联合，时而分裂。蒋介石则利用反蒋各派系的矛盾，各个击破。我们党就利用它们之间的矛盾制造反蒋，以分散国民党力量，来配合苏区反“围剿”的斗争。这时北方冯玉祥正在张家口联络各方，酝酿号召反蒋抗日，吉鸿昌跟着冯玉祥也在张家口。南方有十九路军蔡廷锴；再向南有广东、广西的部队如李济深等，也不满意。李济深在两广部队中资格很老，陈铭枢、蒋光鼐、蔡廷锴，都是他的旧部。十九路军在福建与苏区有些联系，有个材料讲好几个人代表十九路军到过苏区，那时我党想推动各方面主张反蒋抗日的人酝酿成立福建人民政府，这是1933上半年的事吧。福建人民政府与北方各方面（几个主要的力量）都有联系。在平绥路上的冯玉祥，就联系了韩复榘、宋哲元。平时，他们也不听冯的话，等有了形势，这些旧部就会联合反蒋。我到孙殿英处时，形势已经到了这样。

蒋介石知道这点，已在孙处作了活动。最突出的一件事就是：蒋介石派了何应钦任北平军分会的主任。长城抗战开始，蒋介石已把北平当做重镇，所以派了何这个大员。在冯玉祥酝酿抗日期间，何应钦一度想收买孙殿英，想利用孙驱冯。何一面派人暗把察哈尔省主席这个官职许给孙（当时张家口属察哈尔省），一面要孙派亲信到北平面谈。孙的部队驻在察哈尔省最多，这一着棋是想利用孙将冯驱逐出张家口。当时全国各方面都在酝酿抗日反蒋，冯高举抗日大旗，孙和冯又有历史关系，孙当时认为驱冯这件事不能干，没有接受。孙殿英没有为省主席这个官职迷住心窍，干出对不起人的事，但对蒋介石、何应钦又不能不应付。

国民党给他官做，他怎么对付？很妙，他找我去，告诉我这件事，要我代表他去北平与何应钦方面的人见面。这只是一种应付。此时，全国都在酝酿抗日，这正是福建人民政府建立的初期，孙殿英当然了解我的态度：我不会赞成把主张抗日的部队赶走，自己搞个地盘。他利用我来做这件事。我赞成他不受蒋介石收买，不做反对抗日的事，所以我也愿意做这件事。

我到孙殿英部队时间不长，到沙城不久，没有什么地位，平常有个高级参议的头衔，但不是他的嫡系，如何取信于何呢？所以，在他写给何应钦的介绍信里称我是他的表弟，何提出的所有问题，只要我答应的，他都照办。他对我有个估计没有？去见何应钦我能说些什么话，他有把握没有？我说，他完全相信我要说的话就是他希望说的。我绝不会说出驱逐冯玉祥，解除冯察哈尔省主席的话，我也绝不会接受何的收买向蒋介石投降。做这样一种工作的共产党员会不会做这样的事？做出这种事的还叫什么共产党？孙殿英起码知道蒋介石“限十日之内就地枪决，呈复”的电报；他知道我跑到西北去是策动反蒋的；到他孙殿英这里来，也是受他的掩护才能存在的；如果没有他的掩护，别说见何应钦，就是我在北平住家都不行。这些人钩心斗角，他也懂得掌握矛盾、利用矛盾把一切能用的力量都用上。有些事他不必自己出头露面，利用你来做枪头。而我们这些人在这些问题上是愿意利用这些机会的，比起我们用很多功夫劝他不受收买，不要驱冯玉祥要省事得多。他已经懂得我们的意思，要我们去做。从这件事看，不能把孙殿英当山大王看待。那时当军阀也不简单，并非都是横眉怒目，只知道动刀动枪的人。

我到北平以后，何应钦派军委会北平分会社会部主任，蓝衣社的头头，十三太保之一的刘建群跟我接谈。刘一见面就直截了当问我：老兄，你在孙殿英部队是“车载斗量”，还是“凤毛麟角”？这一问，使我察觉到他们在孙部也是暗中有人的，他们消息灵通得很，根本不相信我是孙殿英的表弟。孙殿英那里他们有人，第九军团北平办事处也可以跟他们通消息。他跟我见面，不问尊姓大名，不谈孙殿英让你来干什么，什么表弟不表弟也不谈。在政治斗争中这样问法，事情就很清楚了，我也用不着再多谈。第二句他接着又说：“请你到南京去好不好？”他是在暗示我：我们知道你这个人，以前是共产党，现在不说过去的事，还是到南京去做官，一起干好了！问题很明显，他是在收买我，他想把我这个人收买过去，听他指挥，跟他一起做孙殿英的工作。他就是这个意思。他认为起码要做到这一点。特务在这一套上很有本事，他知道不解决这个问题，谈什么也谈不出结果，谈给你察哈尔省主席，让你驱逐冯玉祥绝不会有结果，相反，你如果肯投降，跟他合作，什么问题都迎刃而解。我记得那个时候在冯玉祥处有个人叫李世章，可能是冯的秘书长，就是这个时间被收买过去的（在张家口事情失败后到北平市当了社会局长）。但是从孙殿英方面看，他不相信我，他还相信什么人？我要是做到了拒绝收买，也不驱逐冯玉祥，他就满意。刘建群考虑得很周到。听了刘的话，我就清楚了，他了解我，同时想收买我，如这不成功，别的就不必再谈了。我没有正面回答他，扯了几句别的，把他应付过去，要谈的问题一点没谈，就这样结束了这一场会面。回去我告诉孙殿英，也就是这几句原话。孙殿英听了“车载斗量、凤毛麟角”的话笑了起来。孙要我去北平的目的也就达到了。以后和刘建群没有再见面。当时我的家眷住在北平，不是秘密的，他们没有找我的麻烦。1934 年初孙失败后，我才迁居，用金注东化名。

1933 年 5 月，就在和北平军分会会面之后不久，冯玉祥派高树勋到沙城联系孙殿英部，商谈抗日反蒋问题。告诉他冯在张家口要组织抗日同盟军，坚持抗战，邀孙参加。孙殿英为这件事找我商量，对冯的抗日主张表示同情，并提出：冯派高树勋来，他从礼节上也应派人回访，对冯的主张表示个态度，同时想了解冯的抗日计划。他要我跟高树勋一齐去张家口见冯玉祥。

这时，张家口、北平之间形势已经很紧张。华北第九军团撤到平绥线，沙城以西，以北，接近热河都是孙殿英的部队。社会上要抗日反蒋，已不是秘密。我与高树勋准备从沙城到张家口的时候，去张家口的火车已经停开，还是临时要车站派一个机车挂上一辆客车把我们送走的。白天我们从沙城走，下午或是接近晚上到了下花园。车一到下花园，了解到方振武已率他的部队由山西北上，刚到达此地。这样，我和高树勋就到下花园停车，专去看他。一见面，方振武显得极为兴奋，说，“你们来得正好，今天别走了，明天咱们一起去，已接到张家口电台的通知，今晚几时张家口有重要的通电要发出，已经招呼各方面注意接收。”要我们留在下花园等通电。我们听后心里边明白，准是张家口将建立抗日同盟军指挥部的通电。那好嘛，我们就不走了，等晚上看了张家口的通电，一起走。晚间的电报收到后，他叫我们看过电报，即是冯玉祥宣布抗日的通电。我们下车，无非是跟他谈抗战，谈他的部队从山西出来受阎锡山截击的事。见了这个通电，本是早就想做的事，大家都很高兴。

方振武参加过北伐战争，下台以前是安徽省主席，还有第几路军总司令的名义，一度被蒋介石扣留在南京。他参加阎、冯反蒋中原大战失败后，跟着阎、冯一齐下台，他余下的一点部队也与孙殿英一样，一起撤到山西。冯玉祥住在临汾，方住临汾附近，一度离开部队。长城抗战之后，方暗中指挥他在山西的旧部张人杰，把部队从山西拉出来。阎锡山本来希望方能为他所用，现在方要拉部队出山西，阎锡山还派部队截击。方振武在这种情况下，指挥约两三个军的部队沿太行山麓北上，拉到下花园。方振武的态度很明朗，坚决反蒋抗日。

第二天，我就跟高树勋和方振武乘专车到张家口。当天，冯玉祥正式宣布就抗日同盟军总司令职，方振武任副总司令兼前敌指挥，吉鸿昌任张家口警备司令，高树勋也成立了一个军，宣侠父在高部做师长。还开了个群众会。他们宣布就职，就得谈反蒋抗日的事，首先是作战争的准备，主要考虑蒋介石从南口出来用部队打他们。这些部队都是冯玉祥的旧部，但下边部队不多，实力不够。

冯玉祥就职，我准备第二天回沙城。冯玉祥约我单独谈话，要我转告孙殿英：（一）希望孙殿英部把南口这个大门堵住，不让蒋介石的部队从南口出来；（二）同盟军总司令是空头司令，枪支、弹药、粮饷都拿不出来。他要我回去转告孙殿英，把战壕挖深点，胸墙的土培厚一点，防御蒋介石的进攻。对于防御来说，退而求其次，也能起点作用。冯原有些个闲居的味道，现在才拉部队，兵力当然不多。财力、物力自然差点。作战计划和其他都没有谈，我也不便问，就回了沙城复命。在张家口见到吉鸿昌，都希望用孙殿英的部队（冯与方加起来，部队还没有孙多）。

我当天就回到了沙城，转告了冯的意见。孙殿英考虑如参加战争，听冯指挥，首当其冲的是他。打起来后，人员、枪支、弹药都无法从冯玉祥那里得到补充。孙当时不肯作这个牺牲品。孙殿英不愿意跟随冯玉祥，在张家口的冯玉祥知道，在南京的蒋介石也知道。孙这时还考虑：冯此时反蒋能不能成功？军阀是唯利是图的，他们要看是否符合他发展的需要。

孙殿英不接受察哈尔省主席，同时他也看到冯的实力不足，内部有问题。为了摆脱留在察哈尔的难局，同时也是为了乘机去西北发展，一面将部队向包头集中，一面向蒋介石提出到西北屯垦的要求。蒋介石就发表他为“青海屯垦督办”。其实双方都懂得去西北不是屯垦的，国民党是想不使他参加冯的抗日反蒋活动，减少解决张家口的阻力，孙是想去西北发展。

那时，所有的杂牌军，都是蒋的异己，平常一般都有反蒋的联系。此刻福建人民政府正准备成立，成立的旗帜也是抗日，派人到了孙处。孙殿英想趁此机会进西北，就把部队从沙城调到包头五原一带，准备通过宁夏进军西北，配合福建人民政府进攻宁夏，然后进攻西北。他向西去行动时避开了冯玉祥。他从沙城向包头方向移动经张家口时，不进张家口，而特意从张市以南通过，以避开与冯见面。他觉得冯要他堵住南口，而他放开南口向西走了，见面不好说话。孙殿英这时采取的态度也还是不错的：首先不反对张家口抗日，他有缺点是不愿牺牲自己为冯所用。冯当时力量单薄，孙殿英如接受冯玉祥堵南口的要求，起码要担负前线的任务。从军阀的私利来说，他是不愿干的。我们当时想最好促成他参加抗日同盟军，促成抗日战争。万一抗日同盟军有问题，他能去西北，实际也是在西北的一个反蒋势力。

那时，在孙殿英那里的还有个李锡九。到包头，我们两个人都住在一起。李锡九追随孙中山先生革命多年，曾任孙中山大元帅府的秘书，又是很老的共产党员。大革命失败后，他常住北平，等于公开的。我们党内有两个李立三，老李立三就是他，“立三路线”的李立三是小李立三。李锡九是个长者，深受各方人士尊崇，青年人对他尊重，旧军人、旧官僚提到他也都肃然起敬。李与孙的关系很久，孙殿英对他一直很尊敬，抗战初期李老在孙殿英军中起过很好的作用。李跟党内许多老同志熟，以后恐怕也就在恩来同志处取得联系。有件事就说明他跟组织的关系：彭文在湘鄂赣特委被破坏后，经贵州、重庆到了洛阳办事处。她在重庆向恩来同志提出要到延安，他不让她去，要她到洛阳掩护我，怕她到延安暴露了我，到洛阳也不叫她带关系，只叫她跟李锡九个人联系，交代以后她的组织关系由邓大姐负责证明。这就说明了抗日战争时期李锡九与党的关系。解放后，他是中央人民政府委员，地位很高。李已于 1952 年去世了。抗战胜利后，李已近 80 岁，他是经常在孙殿英处的。宣侠父也到孙这里，这些人都叫孙反蒋抗日。

总之，南北呼应。孙殿英从沙城出发之前，要我做代表去青海，名为接洽屯垦事宜，实系与各方取得联系，先到陕西与杨虎城见面，再到甘肃做回民和当地实力派的工作。那时，蒋介石的胡宗南师已经进了西北。福建人民政府准备成立，蒋介石就把西北军队往南调，要打福建人民政府。胡宗南部队从甘肃撤出。

在这以前，五六月，在孙殿英部队从沙城到包头移动期间，我到了上海和组织接上了关系，当时组织派来见面的负责人是刘子华（即刘仲华），还有胡老八（湖北人，五十岁上下），1933 年下半年刘秉琳到了中央特科。从此便建立了经常的联系，约定了通信地点，规定了通信的方法和以后再到上海住的旅馆、用的化名等等。在工作上，主要是策动孙殿英和有关的方面反蒋抗日，我向中央反映关于孙殿英的活动，孙殿英当时的意图：一方面与福建人民政府联系，又同时与冯玉祥取得联系，一方面想趁机进西

1933 年靖任秋、彭文于北平

北去。我记得那时他特别指示：支持孙进西北，配合十九路军反蒋，叫我回去告诉孙殿英，叫他从宁夏向南，朝甘肃打，我们通南巴的四方面军可以从四川向北活动，夹击蒋介石在甘肃的部队，因为孙当时也表示到西北愿意和我们协调行动。当然也考虑到两方面都到甘肃，甘肃的形势怎么办，中央说，先不谈以后的事，先把蒋介石从西北赶出去，还说以后的事情等大家进了西北，两方面碰了头以后再说。中央也考虑到不能背离孙殿英的意图去指挥他，而只能根据他的意图考虑我们如何配合反蒋。孙去西北，中央有这个表示。我记得我也跟孙讲过（中央跟我讲得很清楚，可以跟孙讲）我们去西北也不孤立，川北四方面军可以配合我们。对蒋介石来个南北夹击。此后的组织关系，属于上海中央的情报处，负责人刘子华，后来是王世英。此后为了策动孙殿英反蒋，曾多次到上海作汇报，组织也有指示。

我们说“没有暴露”是指“没有暴露组织关系”，做这些事不能完全隐蔽。共产党员做这些活动要叫人不怀疑，不认为你是共产党，是不可能的。如果他真的不认为你是共产党，你没有这些关系，他也不会用你。他认为你可能是，必要时可以替他解决一些问题，他才用你。他不一定认清你就是共产党，反正你跟共产党有来往，共产党有些意图叫你传达，即使不说你是共产党，但他至少知道你跟共产党有关系，你才能跟他们结合。这些关系很微妙。这是因为，这时蒋介石跟他们是主要矛盾，共产党对他们倒还没有成为主要矛盾。

孙殿英部队向西移动，到包头再向宁夏转移的时刻，我就从沙城先行，去了西北。“文化大革命”审查我时，查出当时《上海申报》登载孙殿英派什么人到西北，连坐飞机去的都登了，我当时不知道。我以孙（青海屯垦督办）的代表名义去西北，先到西安，跟杨虎城见面。原希望在西安先见见孙蔚如。因为孙蔚如过去讲过：孙殿英去西北，他们挡住潼关的路，帮助孙殿英，不巧，他当时不在西安。

杨虎城那时是蒋介石的行营主任。杨到西北来要用蒋的招牌，所以他不敢明目张胆地反蒋，也就不敢明目张胆地支持孙殿英。我这次见杨，没有在会客厅，而是在他办公室里见的面。他态度暧昧，只听我讲不表态。我这次见杨虎城时，他连他的办公厅主任陈子坚，也不让参加谈话，杨此时就是如此谨慎。我谈了孙殿英去西北的意图，希望得到他的支持。他缄口不言，我就不好深谈了。我也懂得，他不到有利时机是不敢动的。孙蔚如此时又不在西安。我没住几天，就到甘肃去。那时到甘肃还没有铁路，只有唯一的一条航空线——即通过西北上空往欧洲去的欧亚航空公司的飞机，这种小飞机，不是客机，有两排凳子。我坐这架飞机，没有什么人，几乎是专机。这时蒋介石已任命朱绍良为甘肃省主席，军队还没有进去。朱是蒋的嫡系，我到朱那里，讲了中央委派孙殿英去青海屯垦，要求他支持，并征求他的意见，“你看走哪条路线为好？”见面一套官话吧。他也不表态，说了一套官话敷衍。我反正表示尊重他，其实我去也不是为此目的，是想从甘肃到青海，能跟回族军队联系上，得到回族军队的谅解。西北这里回民多，马在地方上有基础。我过去讲过青海马步芳有一个师，兰州以西，甘、凉、肃，到玉门关一带是马步芳的弟兄马步青，宁夏马鸿逵有一个师。进甘肃首先遇到马家部队，深进去最有力量的还是马家部队，我那时想去跟马家接头，搞好关系，取得马家谅解。可是，我刚提出拟去青海访马步芳时，朱绍良就表示不赞成，谈话无结果而散。他每天派便衣监视我，活动受到限制。我住在兰州普通的旅馆里，既不能去青海，又不能在兰州活动，很讨厌。但也还建立了些关系。这不是过去就有来往的关系，而是知道来了代表青海督办的人，主动到旅馆来找我的。有一个回族青年马仁山，他是马步芳部队的少将参议，北京大学毕业生，回族当中的知识分子。这个人可以和回族上层来往，他家就住在兰州。这些人朱绍良也不敢动他。与马仁山见面后，我就体会到，他一方面反蒋，同时对马步芳、马步青等回族实力派很不满意。他希望孙殿英部真能进甘肃到青海，希望利用这个力量有点活动。虽然有朱绍良的监视，我与他也还见过几面，我请他到包头参加孙部进西北活动，以后这个人就到了孙殿英部队。关于他到孙部的事，我以后再说。另外找我的还有个三十几岁的壮年人，这种人也在争取之列，我说他先来孙部也可以，等孙进去以后来也行。这些人与当地都有关系，有些活动力量。

我在兰州顶多住了三五天，还是坐欧亚航空公司的飞机回的西安。在西安我也没有多停，孙蔚如不在西安，我也不打算再见杨虎城。在西安又遇到旧友陈子坚、杨的高级参议杜斌丞，他们都是主张反蒋的人士，都赞成孙殿英部队进西北。

福建反蒋是在张家口抗日同盟军失败之后，到 1933 年的 11 月，十九路军才宣布成立福建人民政府，反蒋抗日的。就等于宣布了与蒋的冲突开始。福建反蒋政府成立之前，孙的部队已集中到包头附近，准备配合福建的行动。十九路军宣布反蒋同时，孙开始进攻宁夏，我回去正遇上这个时机。我从甘肃出来，孙的第九军团司令部也到了包头，我在西安未多停留，即赶回包头跟孙见了面。这时，他正紧张地准备部队从包头向宁夏进军。西北方面，包头、宁夏，平绥路一过大同向西，人烟很少。包头人口稍多，但向包头以西，武源、临河就很荒凉。武源以西有很长的路，差不多有几百里没有人烟，走路的人得按站（约几十里一站）走，过站就没法住宿，到站也只有很简单的大车店。越往西骆驼越多，这一带的部队要带帐篷，每人都有一种老羊皮大衣，白天穿，晚上盖，还得有顶皮帽子。大部队行动，军需供应很不简单。

在包头的部队人数很多，李锡九也跟着部队到了包头。因李年事已高，孙本人原不要他随军长途行军的，劝他留在后方，但李老先生壮志未已，还是跟部队一起走。

进军宁夏前夕，孙殿英接到福建将成立人民政府的电信，这是宣布抗日反蒋的信号。孙即要我代表他立即去福建与人民政府建立联系。他一方面叫我走；另一方面叫部队向宁夏出动。

八、见证福建人民政府的最后一幕

回包头没有停留，我即匆忙离开包头，坐火车到上海，向刘子华作了汇报，又改坐船到福建，时在 1934 年 1 月。到了福州，福建人民政府已经成立。我先后见了李济深、蔡廷锴。徐谦此时也在福州，任福建人民政府省府委员兼最高法院院长。我与徐多年不见，这次会了面，总算有点历史关系吧。但是，我与蔡廷锴见面时，问到军事情况，就感到事情不妙。蔡告诉我一句话，至今我印象深刻。他说："我们部队再有一星期就可以到福州集中。"我一听，呀，不得了！当时蒋介石派遣的蒋鼎文部队已从福建北部逼近南平（即延平），从南平沿闽江南下到福州要不了一两天，在福州没有集中队伍固然不行，但在福州打仗也不行。福建山多，南平以北易守难攻，是闽江上游的重镇，最好打仗。如要保住福州，首先就要控制南平以北和以西的地区。你让蒋鼎文的部队到了南平，就是问题。敌军已经到了南平，你还要一星期才集中起部队，问题就更大了。因为我代表华北第九军团，福建人民政府给了我一个参军的名义，在军委开会时代表一方面参加。我从上海经过，跟组织上接了头，知道福建行动与苏区有所配合，可是到福州后，我没有听福建方面谈到这事，对苏区红军怎么跟福建十九路军配合，弄不清楚。可是，蒋鼎文的军队已经到了南平，蔡廷锴的部队还要一星期才能集中，我觉得这不行。果真我来不过一周，形势就变了。

我那时从上海仓促过路，也难以预料在福建住的时间长短，因此没有介绍组织关系，但在当地得到了党组织的帮助。从这件事，可以看出我们党有说不出的潜在力量。我那时在福州关系较少。我先住的是旅馆，各色人等都有，比较乱。我嫌杂乱，就搬到闽江附近的青年会去住，那里比较安静。有一天，忽然有个不速之客来访，见面之后，不相识，他却告诉我他叫什么名字，然后轻声告诉我：国民党部队已经离福州不远，福建人民政府的部队已开始撤退，事不宜迟，他劝我赶快离开。这个人从那儿来的？怎么这么关心我？这实际是福建地下党的人，党组织在福州已有基础，扎根在群众之中。我就是这样离开福州的。我顶多一个小箱子，福州码头在马尾，离福州还有几十里地。青年会离江很近，我到闽江边上找个小船送我到马尾港口，这时福州街上空气很紧张，船家开口就向我要二十元，而平常一元钱也就够了。既是急如星火要离开，怕万一国民党军队进来就难逃了，二十元就二十元。上小船到了马尾，不敢在马尾多留，想找轮船走，偏偏只有一条日本船是到香港的，不去上海。时不我待，到香港就到香港。这样我就上了到香港的日本轮船。

福州反蒋抗日这件事，就这么完了。蔡廷锴绰号“蔡包子”，成立福建人民政府了，他还心不在焉。李济深是光杆司令，就靠蔡的军队。别人也没有实力。另外，跟我们苏区的联系上也有些波折，没有配合好。那时，我们党向蔡廷锴提过怎么作战，在什么地方作战，他不听。以后我听说国民党军队到南平，从闽江过江，在闽江以南我们红军还牵制了他一下，否则到福州更快。总之，福建人民政府方面，虽与我们有所联系，但并没有在作战上真正配合。福建政府失败以后，蒋介石原有的从西北抽调部队出去的打算，至此也不再提起。

1934 年初福建人民政府反蒋失败。就是在这之后，红军开始了二万五千里长征。当然这与王明“左”倾路线有关，但是，军事上与福建人民政府没有配合也有关系。

同时，张家口的抗战也失败了。蒋介石派宋哲元当了察哈尔省主席，国民党收买冯的部下宋哲元、庞炳勋，就用宋哲元和庞炳勋与冯的旧部到张家口，在南口附近一带，赶走冯玉祥。冯玉祥也只能离开张家口，另找出路。冯这就上了韩复榘的地方——泰山。抗日同盟军在蒋介石和日本侵略者的双重压迫下失败。冯玉祥下台后，他的部队如吉鸿昌、高树勋等部从察北拉出来，接近北平，吉鸿昌部曾打到小汤山一带，因为力量太小，各方没有联合起来采取一致的行动，结果到小汤山就垮了。这时武伯昌在高树勋部，刘秉琳在吉鸿昌部宣侠父师当营长。我从香港回到北平时，刘秉琳从小汤山垮下来，很是狼狈，子弹把裤子都打穿了，跑到我家赶快找裤子换。

福建人民政府垮台以后不久，孙殿英进攻宁夏也失败了。孙部接近宁夏省城银川时本来形势很好，马鸿宾师长预备逃跑，部队都已经出了城，此时青海马家增援部队赶到了，马鸿宾又返回来守城。孙殿英部先头部队指挥是师长刘月亭，指挥无能，当部队接近城时，不是指挥部队一鼓作气冲进去，却在近城一二十里的时候，命令停下来埋锅造饭，此时正是马鸿宾又回来守城的时候。一吃饭就耽误了战机。对方增援部队到达，防御力量大为增强，攻城受挫。这样，一时没打下城来。这就失去了一个机会，很可惜。当然，失败主要还是攻坚力量差。但如果有这个机会，进银川城站住脚，还不致失败。就是失败也不会这样快、这样干净。打不下城来，失败了，同时受福建十九路军失败的影响，孙殿英部队就垮了。几个军，尤其是一个骑兵军，搞得很狼狈。宁夏地方，几百里没有人烟，大军一退，没有后勤，没有兵站，就不可收拾。孙殿英从宁夏垮下来后，退到绥远的部队，还有部分在包头的部队，叫山西的阎锡山全给接收了。孙殿英成了光杆，阎又把他收留在晋祠。

这时我在香港没有多留，从香港回上海，时间大约已到 1934 年初。孙殿英还有个代表常住在上海与各方联系，我在孙撤退到包头时，接到孙一个电报，要我到香港找胡汉民接触。

这一时期国内各地的反蒋活动，虽然没有联合起来采取一致行动，但彼此之间仍保持一定的联系。在福建人民政府与张家口抗日同盟军宣布抗日反蒋之前，一同酝酿抗日反蒋活动的还有西南的实力派，如广东陈济棠和广西李宗仁。当时，各方互派代表、互做工作，两广和孙殿英有联系、接触，我在福州时也曾见到四川、陕西等地的代表到福州，和福建人民政府联络。但是，张家口成立抗日同盟军，福建成立人民政府，陈济棠、胡汉民等没有活动。其原因有种说法：说是这里边有共产党，他们才不接触，实际上他们是怕不成功，才犹豫观望，不参加。孙殿英在西北倒参加了。孙与陈、胡平时也有电报往来，孙殿英失败后，请他们帮助解决困难，还是向他们要账，说不清楚。总之，孙已失败，这么大个摊子善后也是问题。所以我刚从香港回来孙又要我去了香港。我跟胡汉民见面后，胡跟广东的陈济棠商量，叫陈给孙汇十万块钱作善后费用。在香港，胡也很无聊，他住在香港山上别墅式的“妙高台”，在那里已住了很久，一个人，做什么活动也无能为力。他早就是个光杆，甚至脱离实际、脱离政治生活。他有老关系，有交往，但是旧部都已坐大，不一定听他的。胡汉民的字写得很好，我离开香港时，胡送我一副对联，现在我只记得一句“万里河山在月亭”，说他胸中有万里河山，或者是万里河山都在他胸中。这不过是无聊政客的自我解嘲罢了。我回到上海，共待了十来天，就又回了北平。那时我的组织关系还是属于中央特科，还是刘子华在上海负责，记得他还说到孙殿英进攻宁夏时，中央和四方面军的电台失去了联系。

那时总的来说，各方虽然联合作了一些反蒋活动，却缺乏统一的行动，都没有成功。冯玉祥领导抗日同盟军反蒋失败后，退居泰山，孙殿英进军西北，在宁夏遭到失败，加上福建事变的失败，几次反蒋活动都没有成功。这样，蒋介石得以集中兵力，继续进攻苏区。福建人民政府垮台后不久，我江西苏区被迫于1934年开始二万五千里长征。那时全国形势变化很大。国民党内部几次反蒋没有成功，红军放弃了苏区，北方的学生运动也受到镇压，革命遭到挫折。1934年，我们党白区的活动也有很大的变化。国民党特务在各地方，对共产党的镇压更厉害了，比如上海，几乎每一个里弄都至少有一个国民党特务。那时，我们在上海活动很困难，机关遭受破坏，党中央也就是这时搬到江西苏区的。在北平，国民党的特务活动也很厉害，有名的是宪兵第三团。回顾这一阶段王明的“左”倾路线给中国革命带来的危害，给了我们极其深刻的教训。中央于此时提出了“荫蔽精干，积蓄力量”的口号，苏区以外的力量本来不是很大，环境如此，我们也不得不隐蔽。

九、在北平搜集情报，策动反蒋

我回北平已是1934年春天。1935年上半年，彭文的母亲去世，我跟彭文回她老家湖南岳阳去吊唁老人，不久即回到北平。从1932年2月到北平，直到1937年抗战开始，我便常住在北平，这期间我住在北京图书馆后西安门内养蜂夹道、勤良巷一号的时间最久，开始也住过鞑子营和南长街，但时间不长。公安局登记的名字是化名金注东。几年的生活主要是靠彭文在两级女子中学教书来维持，有时组织上也稍有接济。

这时，北方各地的抗日反蒋活动仍没有停止。直到1934年，蒋介石的势力虽然发展到潼关以外，又在河北设了行营，但山东是韩复榘的，河北是宋哲元的。宋、韩都脱离了冯玉祥，但还不是蒋的嫡系，蒋的嫡系还没有占领黄河以北。当时日本帝国主义正在加紧其侵略步伐，华北危机，国难日深，人民普遍反对国民党的不抵抗政策，寄希望于中国共产党和北上抗日的红军。

在上海，我的关系属情报部门。上海原负责人是刘子华（一度到了法国或德国，解放后任北京房地产管理局局长，现已故去）。1934年夏秋间，我再到上海，见面的已经不是刘子华、胡老八，这次是见到了王世英（后来的中央监委），这是第一次和他见面，当时他化名老陈。这次与我同到上海的有武志平，非党员，因为他在孙蔚如部队曾代表孙蔚如到川北和红四方面军联系，因此带他到上海和组织谈谈，经向王世英介绍后，王世英也和他见了面。由于上海的环境太坏，到1934年下半年底或1935年上半年，中央特科向多地转移干部，被迫结束工作，1935年王世英率部分干部转移到天津，1936 年成立了华北联络局，负责人是王世英。1935 年他到了北平我的家里，他告诉我以后关系转到天津，由他联系，从此关系属于天津华北联络局，直到 1937 年七七事变后，我离开北平为止。几年中和华北联络局的成员接触的有王梓木（解放后辽宁省委）、南汉宸、陈雷（解放后山东省委）、邹大鹏等，王梓木曾在我家住过一个时期。

西安事变以前这几年，我们虽在北方有些活动，只是实际效果不显著。我在北平主要是隐蔽利用一些社会关系，搜集情报，了解华北各方军政活动，策动反蒋。组织也交给管理过个别人的关系，有时也临时给点任务，如王世英在北平要我给南苑一个学兵团送信，信是送给邹大鹏的。这个时期，杂牌军队仍然有反蒋活动，我们在北方也搞了些反蒋活动，但是，都没有成功。那时，曾利用蒋宋矛盾和华北日本进行侵略的紧张形势，促成宋哲元在华北建立情报网组织。“双十二”前后，经过王世英交给一个比较重要的任务，准备利用张克侠（原林业部副部长）在宋哲元部队（华北政委会）做参谋长的关系，派我打进宋的部队情报处，利用宋在华北的情报组织，建立我们在华北的情报网，由我负责。七七事变之前，我已经和宋哲元的参谋长张克侠接了头，经他介绍和他们的情报处长见了面，可是，还没有进去工作，七七事变就发生了，这些事也就中断了。[叔叔靖实秋回忆：他（靖任秋）于 1934 年春回到北平，直到 1937 年抗日战争开始才离开北平。在此期间我和兄嫂一起居住，共同生活。我知道兄嫂都是共产党员，有时他们在家

1935 年靖任秋、彭文在北平

中开会，我就在门外放哨，常联系的如刘秉琳、武伯昌等我都认识。有一次国民党派便衣到家中搜查，无所获而去——靖叔平］

到了“双十二”，情况才有变化。“双十二”我们得到消息很突然。当时我们这些人在北平有些社会关系，“双十二”把蒋介石捉住，我在北平当天就听到这个消息。一提捉到蒋介石，高兴得甚至跳起来。蒋介石从 1927 年到 1936 年，将近十年，天天屠杀共产党，破坏革命。听到捉到他，真是高兴得发狂。可是，很快就听说要释放蒋介石，那时我们都很不理解，捉到为什么不杀？为什么还要放他？认为应当杀掉。很快，党内就有通知，对争取蒋介石共同抗日，作了很多解释。从大问题看，我们也就清楚了。如果杀掉，正中了反动家伙们的计。何应钦在南京作积极的用兵打算，一是想消灭张学良，更主要的是：打得厉害就不能留蒋，等于促蒋必死。中国必然陷入混战，实现抗战就不可能。内部必先一致，才能抗日，这个道理很清楚。

此时，孙殿英已到了北平，北平正活动反蒋。宋哲元知道孙殿英地下有些力量，就派人把孙找到北平来。孙在山西一点不能活动，等于受到阎的监视，连他要出山西都不行。他要想在得到阎锡山的同意下出山西可不容易，阎把他放到那里看着，必要时再用。

孙殿英离开山西走得很别致，也可以看到这个人工于心计。他不告而别，又怕自己没有武装，万一路上遇到危险，出点问题怎么办？军阀靠武力靠惯了，社会上也确有这种暗杀的事，他就带了两个佩枪的便衣卫士。他的两个便衣，在山西省内没有人检查，可是坐火车离开了山西，到了河北省铁路沿线，遇见检查怎么办？他想，离开太原，他就到了宋哲元的地盘。他索性就自己给自己开了一张护照。你猜他怎么开的？他这时又没有官职，他就利用自己的名气，用“孙殿英”三字，开了一个条子，证明卫兵是他孙殿英带的。出了山西遇到宋哲元的人，宪兵队不承认他，也会知道他，不会轻易难为他，只会向宋哲元报告，一报告就没事了，因为宋正想找他。他的估计不错，他就这样从山西平安来到北平。这些人都有钱，拿出点钱来养活一批人不成问题。他到北平后住北兵马司，房子很大，有几进院子，花园，小楼，花厅都具备，在晋祠的很多人都跑来了，过去跟过他的人也陆续来到，他拿出一点钱来养一批人是不成问题的。宋哲元本来想利用他，也就不怕孙周围人来得多。我那时在北平活动，也沾了他的光。我们在那里活动，带半公开性质，宋哲元也不干预。几年当中我能在北平呆得住，就仗有这么点关系。

“双十二”之后，张、杨很快就与共产党建立联系，恩来同志到了西安，形成张、杨与共产党合作的局面。我党在这当中是具有指导地位的。“双十二”时，除恩来同志到西安，红军也向西安接近。张学良并不害怕，他准备在潼关迎敌，就和红军携起手来抗拒国民党部队。孙蔚如看到这个情况，赶紧给我电报，要我去他那里。从“双十二”到释放蒋，有半个月时间。大体上我是在过旧年时接到孙蔚如的电报，过了年才去的。第一，过去是那么个关系；第二，看见张、杨友好合作，大体还是听我们党的，我想如果我去，对孙蔚如起点影响，对整个形势有利。离开北平前，经王世英决定，将我在北平的关系交给萧明（解放后任北京市总工会主席）。1937年春节过后，我就到了西安。先跟杨虎城见面，接着和孙蔚如见了面。那时，形势已定，蒋已释放，决定一起抗日。南京何应钦派策划内战的阴谋，在蒋回去后，也有所收敛，全国正在酝酿一致抗日的新局面。孙蔚如原来邀我去西安的意图也有所改变。2、3月份，我在西安八路军办事处见到周恩来同志。自1928年在上海见面后，已有七八年没有见到他，我的工作关系在他那里，华北联络局也是受他领导的，他很了解我。

十、参加延安白区活动分子会议及在周恩来领导下工作

这正是延安召开白区活动分子会议的时候，一见面汇报后，恩来同志就叫我去延安参加这个会。有这个会，我就去了延安。那时虽然与张、杨合作，好像国民党部队已在西安？我从西安去延安还带着半秘密性质，记得我坐汽车前还要先换了便服。4 月底在延安参加了这个会议，头一次见到毛主席。记得毛主席用他的湖南口音说到统一战线时很激动，他说：如果不是为了民族利益，为了统一抗日，我们统他个妈呵！

在延安，多年没有见到的同志在这里见到了，我看到八路军亲密的官兵关系，看到同志们精神振奋，备感亲切。张闻天或任弼时还找我谈过一次话。第一次到陕北，沿途所见，荒山很多，树木很少，但是，在延安看得出生气，党员的友爱，干部不管大小都很亲近。有次，在延河边的宝塔山上，遇见一些红军将领，大家比赛爬山，看谁先到顶。我们参加会议的人都住在一个骡马大店，睡一个大炕，和伍修权同住。北平去的还有宣侠父、郭子化。开会住了十多天，跟肖克等一起回西安，坐一个车，吃住也在一起。回到西安，跟蒋介石合作的谈判已经成功，没有什么事情了。我在西安住了半月左右，就回到北平。组织一度要我留在西安做国民党部队的工作，后因宣侠父是黄埔一期的，与胡宗南熟，就把他留在西安担任这个工作，我回北平。宣侠父就是在西安八路军办事处做这项工作时被国民党特务搞死的。他骑个车子上街，他在前面走，后头来个汽车撞了他，车上

下来人把他扶上了车，表面上看撞倒了他，扶上汽车，很自然，实际搞到庙里，装在麻袋里活埋了。

我回北平，大约已是1937年的5月份。没过多久，七七事变就爆发了。卢沟桥离北平只几十里路。我一听到卢沟桥的炮声，就想到抗日战争可能要爆发。卢沟桥是中国的一座古桥，在卢沟桥打炮，从它的名字引起了大家的注意。其实，冀东先发生打炮的事，炮声是从冀东发展过来的。

多少年来要求抗战，现在抗战实现了，还不到第一线去？因此，我们还没考虑过离开北平。可是炮声响后，开始还听到一些好消息，很快卢沟桥国民党就放弃了，日军很快进了北平城。听到日军进城，才考虑离开北平。这时，彭文在教书，我们已经有了三个孩子。日军进城后的第二天我们离开北平。先到天津，此时，铁路交通已很混乱。车站开的已经不是客车，坐火车的人，有什么车上什么车。我们在北平的东西，除书籍寄存别人家以外，都丢了。到天津住旅馆，紧张得不得了，都是从北平跑出去的人，我们只能在旅馆的走廊上打地铺。后来到彭文在武汉女生队的同学的家里住了两天，买了去青岛的轮船统舱票。天气正热，船上人满，甲板、舱里都是人，在船上遇到王世英。后来才知道，邓大姐在北平治病，也是这时候跑出来的。炎夏天气，舱里太热，在甲板上睡凉快。可是，有时外边下雨，一落雨，就得赶快把孩子往舱里送。梯子很陡，一个人把孩子搬上搬下，真够受。本来想从青岛转车去徐州，走到半途，听说青岛已被日本占领，不能去了，就靠了烟台。烟台没有码头可靠，从大船坐小船下去，真跟逃荒一样。从烟台上岸，王世英约我在青岛见面。我去青岛，把组织关系联系上了。离北平前，由王世英决定，把我在平津一带的关系交给了萧明（解放后任北京总工会主席）。

过青岛遇上我弟弟。他在西安城门上受过训（张学良招了学生在西安编成学兵队，受训地点系西安城门上）。那时，学兵队已经解散，他在烟台同学家的商店中工作，找到了他，买票等事就有人帮忙了。我们一家坐汽车沿烟潍路到了潍县，再乘火车到济南，住了一两天，从济南又到徐州。我这个老家，好多年都不能回去了。这是第二次统一战线，我党与蒋介石合作，回家没有问题。同时，北方的战事发展很快，家中是不能久住的。我打算先到西安八路军办事处，然后到延安。

离开北平时，正是组织上要我们利用宋哲元的关系，打进他的情报部门，建立我们的情报网的时候，我们刚刚建立起关系，正要插手就结束了。事变前在北平与孙殿英还有来往，邢肇棠、李锡九都住在孙那里。孙在山西，阎锡山控制他，宋哲元想搞名堂才把他从山西搞出来。孙殿英准备东山再起，孙处客人几十成百来来往往。七七事变开始，宋哲元给他五百支枪，让他组织队伍，当时他家已经住了一两百人。半夜里知道日军进了北平，孙殿英就叫起他家的这些人，把枪背起来，从西直门出了城，邢肇棠跟着他。从北平出来，百十来个人，背五百支枪，经门头沟、房山县靠西山沿太行山向南走。那时，日军进北平快，宋哲元部队，国民党的其他部队都乱了套，正向南溃退。孙避开大道走山边，就以从北平带出来的一点人和枪为基础，以抗日为号召，沿途收容溃散下来的军队和散兵，招收平津流亡学生。孙殿英在北方蛮有名气，不管孙是好人坏人，反正人们都知道他。遇到散兵，他就说：我是孙殿英，你们跟我来，等这么一路上走到石家庄以北行唐县一带，居然收容到了两三千人的队伍，散兵多数还带着武器。按大队编制，先编了四个大队，邢肇棠也当了一个大队的大队长。学生中如孙志远、张磐石、李琦等很多同志都到了他的队伍。孙以一两百人为基础，靠这么五百支枪的家当，就又起家了。反正那个社会，有枪就有吃的。沿途逢村先找村长，不是让他挨家送派饭，就是叫他集中送粮食和柴草。军阀靠着农民，靠着剥削。日本人枪响了，孙殿英走了几百里路就集中了几千人，足以说明卢沟桥事变后华北国民党军队溃散的程度。如果是有组织的整连整营地撤下来，怎能让他收容？十个八个溃兵，自己不敢为非作歹，被孙殿英收容，就能解决吃饭问题。

我从徐州家乡出来到西安去。此时孙殿英已到了石家庄以北的东长寿，蒋介石不得已就委任他为冀察游击司令。这是个实力问题，有了实力，不怕没有人给名义。蒋介石承认以后给了孙名义，他也派人去了南京。我本想先到西安再到陕北，彭文在徐州老家，做不了“媳妇”，考虑她在湖南人熟，她想带几个孩子回湖南去，在抗战工作中，可以起点作用。我想北方的战争还不知怎样发展，就同意她先回湖南。日军占领平、津，河北很快丢掉。我先到郑州下了车，想了解下前方的情况。战事向南发展很快，这时的郑州已经是军事重镇。我听说第一战区指挥所已经设在保定，这意味着保定以北已经失守，又听说恩来同志到了郑州，预备在戏院子召集群众讲演。我想这太好了，单独找还不好找。我就在开会以前早早来到了戏院，找个前排座位坐下。恩来同志在讲话时就看到我了。讲演没讲完，他就叫人找我。开会后，我上台跟他见面，自“双十二”见到他，又快半年未见面了。

“双十二”在西安见恩来同志的面还有件事值得补说。我从延安出来，决定从西安回北平，因缺少路费，留在西安十来天没能走成。有一天，又到西安办事处去看恩来同志。他一见我就问：怎么还没有走？我说：过一两天再走。恩来同志笑了，说：一定是没有路费了。他多了解人！我不好说什么，也笑了。他批了八十块钱给我作路费。那时八十块钱是个大数目，实际从西安买火车票到北平要不了十块钱。恩来同志关怀人，体贴人，想法解决下属的困难，有很多事使人难忘，在他领导下工作，死而无怨。我听到总理去世的消息时，还在干校关着。七十岁的老头子了，坐过牢，遇过极大的危险，从未掉泪，但听到总理去世，我痛哭失声，群众也都很悲痛。我有许多事都受到他的关怀，1957年审干，拖了很久未作结论，以后还是总理作的结论。他处处使人难忘。

还是讲在郑州的事。群众大会结束后，恩来同志叫我去，同他一道的有南汉宸等，说及孙殿英的情况，我就把孙的近况向他汇报了。孙本是反蒋失败下野的，和蒋介石矛盾很大，北平沦陷前夕宋哲元给了他部分枪支，此时实力已成，又以抗日为名，蒋介石不得已给他冀察游击司令名义。他们有专车当晚去保定，恩来同志说：明天我到保定跟一战区司令刘峙见面，你今天想法联系孙殿英（孙已在郑州设了办事处），我明天乘专车，和你一起去看他，约他第二天在平汉路见面。那时郑州很多军阀都围着恩来同志转，他威望很高。那些黄埔学生，哪怕是在蒋介石下面当军、师长的，都称他周老师，都跑去看他。我和孙取得了联系，约定在石家庄以北东长寿车站见面。孙本人已到平汉路西的行唐县，约他到东长寿车站见面，还得骑几十里的马。由于恩来同志的威望，孙接电话后答应在东长寿见面。第二天，我是乘恩来同志的专车去的，同车去的还有南汉宸、续范亭。孙已在车站迎接，和孙见面后，总理谈了团结抗日问题，谈了以后，恩来同志先走，当日即赴保定会见一战区司令刘峙。走之前交代我多留一天，跟孙再谈谈，要争取他坚持抗战，和八路军建立较好关系。并指示我第二天去保定找他。这时候八路军正向华北出动，已经从陕西出来到了山西。我留下来又跟孙谈了形势，谈国共合作抗日。第二天，孙回行唐，我坐车到保定找恩来同志。东长寿到保定，沿路上有军车，我到保定大概是第二天黎明。车站上没有旅客，零零星星有几个军人，一片凄凉景象。进城后空中有敌机，城已空了，街上关门闭户。头天，保定城已遭到十几架飞机轰炸，次日又连续轰炸，城里人跑光了。这时只有个别人出城，而没有进城的人。我想找个店，找到还留有个把人看守的店，也不留客了。商量再三，才答应暂时待待，吃、住都没有办法。但从这里打听到了刘峙的司令部所在地，以及还有那些机关。找去以后，司令部已经撤走了。保定警备司令部还在守这座空城，司令是高树勋，至于一战区撤到什么地方去了，问不出来。到南门跟前挖的洞里找到警备司令部。日机正在盘旋轰炸。高树勋是熟人，找到他了解了一些情况，才知道了恩来同志的住地。到那里一看，恩来同志留了信，告诉我他到石家庄去了，交代要我到石家庄某地找他。在高树勋处吃了饭当天就走。车站在轰炸中，遇到临时向南行的车，爬上去再说，车到中途停了，下来等有车再上去，很幸运，我遇到另外的车。到了石家庄，保定已经放弃了。

国民党军队撤退得实在快。七七事变，我从北平出来转到郑州顶多一个月，一战区司令部已经放弃了保定。军队跟着司令部机关跑，可跑不了这么快。这时，什么人有本事什么人就能收容溃散士兵。孙殿英继续这样干，孙从行唐县过石家庄到了武安，所部已经不止两千。

十一、再返孙殿英部

华北丢得这样快，国民党军队撤得这样乱，等我赶到石家庄一问，恩来同志又走了，留话要我到太原八路军办事处找他，我就这么一路赶。山西地形难攻易守，过了娘子关，走路就不大受战争影响了。赶到太原，才在八路军办事处又找到恩来同志。那时敌机已轰炸太原，进办事处就遇空袭警报，恩来同志和我一起进了防空洞。洞很大，朱老总也在那里，那时八路军不少人在太原。由于重视华北战争，恩来同志对华北可以建立关系的部队都不放松。恩来同志对孙殿英这支力量很重视，一谈便要我利用旧日关系，到孙殿英部队去工作，主要还是做争取孙殿英的工作，交代我任务：争取孙殿英坚持华北抗战，建立跟八路军的友好合作统战关系。交代后，就叫我快些走。总理交代任务时有南汉辰参加。我也把孙和蒋介石的关系及留下和孙多谈一天了解的情况向他作了汇报、请示：孙参加过反蒋战争，失败后同冯阎一同退到山西，1932 年又进攻宁夏参加福建政府反蒋，所以和蒋的关系一直是很恶劣的。这一次孙利用华北抗日的混乱局面东山再起，到石家庄一带后已有三千人上下的武装，经一战区刘峙介绍孙和蒋见了面，蒋介石给孙部一个冀察游击司令的名义，实属万不得已，对孙还是极不放心的，就把孙的部队交给军统戴笠负责控制，指定孙和戴笠建立经常联系。军统派了一个特务工作组带着电台到了孙部，长住在孙的司令部，实际代表蒋介石，负责监视孙殿英的活动，附带作军队的情报工作。这一特务工作的负责人是严家诰，这种情况说明他们还是很对立的，并请示如何对待这个特务工作。对于这种形势周恩来指示（大意）：“一定要和他们来往，能打进去更好。”

抗战开始后，参加到孙部的有不少进步人士和共产党员，在上层能和孙谈问题的有李锡九（共产党员），邢肇棠（1941年后参加共产党）和我。其他如姚亮（共产党员）、李琦（共产党员，较长时间内都是做孙部地下党的负责工作）、张磐石、刘植岩等。

我从太原出来，孙部还在行唐一带，很快我就去了，实际也没有具体工作，等于先留在那里。这时孙的部队已经继续向南撤退到了石家庄以南武安一带。

我初到没有安排工作。而他那里的情况已经变化，孙刚取得国民党的名义，又有特务监视，我初到引起了孙对我去他那里的考虑，他虽然拿不出我是共产党的证据，但他知道我们这些人的言论、行动。这时，孙殿英顾虑我们会不会影响他和蒋介石的关系。他要靠蒋发给军费，补充弹药等，他不肯丧失这些东西。年底，上海失守前夕，他跟我商量，问我是否到南京走一趟，跟戴笠建立个关系，以方便今后工作。孙殿英恐怕我去他那里引起特务的疑忌，如果取得戴笠的谅解，还希望我留在他那个地方。我当时也认为，既到孙部工作和他们是不能不打交道的，而且总理也作了明确的指示。恩来同志的想法是争取各部分力量抗战，对国民党特务我们也不是搞对立，而是争取他们与我们合作抗日。防范是要防范，但不搞对立。根据恩来同志的提示，我想我可以到南京去，便欣然而去。孙在南京早已有了办事处，有个办事处主任叫刘曾若（解放后武汉市政府参事室），是孙殿英的常驻代表。刘还是比较进步的，旧日跟徐冰同志有联系。这个办事处主要就是跟戴笠发生关系，孙要钱，要东西，都通过戴。蒋答应发给时，也通过戴领取，蒋知道孙不好对付，只有用特务组织来控制他。戴的特务组织，把孙的一举一动都报告蒋介石。我跟刘曾若见面，把孙要我来的意图讲了。这时戴不在南京，他的机关报告他，他约我去上海见面。我从南京出来到了上海。戴的办事机构，把住什么地方最靠近戴，都作了安排，我住的地方与他们都有关系，可见所有的活动，都在他们的监视之下。我想，住到这里也好。它对国民党其他特务能带点欺骗性。前面说过，1933年时国民党特务已经控制了上海的里弄。

戴的特务工作，这时已经很有点气候。戴笠和我见面的形式是请我吃饭，在座的有高崇民——民盟副主席。戴笠见面时绝口不谈往事，不谈到我的历史，却给我引见了特务组织中的一些熟人，暗示他是知道我的历史的。我记得看到许××。南昌起义的时候，许是二十四师参谋长，后来投降了国民党，加入了特务组织。戴把这些人向我摆出来，表示我的历史、面目，他都清楚，他请我做事情，看我怎么样。这些都是“尽在不言中”。这说明，那时国民党的特务工作，已经颇为高明。当时正是抗战开始的时候，国民党被迫和各党各派合作，我又是以孙殿英代表的身份和他见面，所以谈话时一般的，只涉及华北的情况，很多青年学生流离失所，到处流亡，应该收容这些青年爱国力量。很多人投向八路军和其他抗日部队，国民党希望青年到他那里去。戴笠请我在华北替他收容平津流亡学生并介绍给他。走以前他送给我一本密码，一支八音手枪，约以后通讯联系。我以后没有和他通讯。

此时，上海战事已很紧急。苏州河以北已被日本军队占领，中国军队与日本军队在苏州河隔岸对峙。形势的发展是中国军队慢慢不能支持。我正在中国部队准备撤退时，离上海到南京。这时，火车也不大通了，我坐戴笠他们的大型载货车。天经常落雨，路途泥泞，汽车翻倒路旁的很多。中途没有旅馆，只能住在人家。在无锡住了一夜梅园，第二天到南京，已是11月中旬。

戴笠这一手，无非是表示我愿意交你这个“朋友”，愿意跟你联系；可以互通电报，希望你把孙殿英的情况告诉我。送一支枪等于文化人送一支笔，表示亲近。密码一本，以备通讯。而孙殿英则表示：这个人过去你们很怀疑，我让他去跟你见面，消除隔阂。去的结果，好像戴笠表示了“谅解”、“信任”。

我离开两天，上海就失守了，南京震动。这时，我党已在南京设了办事处，由叶剑英同志负责，李克农同志当副处长，我设法跟李克农同志见了面。这时南京情况比较混乱，各方人士很多，不是专门派出来对付我的特务，也不会知道我是谁，再说战事紧急，兵荒马乱，情况千变万化，他也掌握不了我的活动。我警惕地找寻时机，把枪和密电本带到了办事处。

李克农同志把密码本抄录报到延安，在审干当中，李克农同志对此作了证明。以后没有和戴通过讯，也没有给他收容过流亡学生。

回到孙部，路过徐州，彭文已经急得不得了。战争发展很快，她急于要走。我回到徐州，她也就回了湖南。

一回到家，就看到外面有许多人，还有出殡的纸人纸马。原来我的祖母病危，几天来就只有一口气，周围的人说：老奶奶不咽这口气，就是等孙子。我进门到她床边，她拉着我的手问我，你吃过东西没有？说着就断气了。祖母对我最好，我当时很后悔没有带些吃的。我是长孙，我父亲九岁上就死了父亲，家里只有我一个小孩，祖母在农村那个条件下，对我尽了她最大的关怀。

战争发展很快，徐州随即沦陷。殡葬了祖母我就走了。孙殿英部队从石家庄以北撤到武安、涉县一带，时间恐怕已到了1937年的年底，1938年春天，又从涉县到了山西的晋城。

去南京这一趟效果不错，我回去跟严家诰应酬了一下，我们两人还曾住在一起。行军不比住家，孙殿英、严家诰和我三个人住在一起，还睡一个炕，睡的地方也是办公、会客、下边来请示报告的地方。邢肇棠这时当大队长，李锡九已经胡子都白了，他长住洛阳。

我从涉县到晋城，当时孙的部队在林县晋城一带。孙殿英这时给我任务，要我到洛阳去招学生办教导大队，为部队培养骨干。白手起家，如何准备？有几个问题：一、学生来源；二、干部，特别是政治干部，到哪里去找？三、地点选在哪里？除了派他的军事干部来以外，孙都不管。这跟戴笠要收容华北的学生不是一回事，这是要在豫西招学生。教导大队队长由孙殿英自兼，叫我当副队长（又称大队副），“全权办理”。

经过选择，教导队的地点定在洛阳以南一百华里左右的韩城（即古韩国地方），六七月份开始筹备。这时，孙殿英的部队已经不是一个大队、一个大队的了，而是团的编制。他的部队在韩城也设了办事处，作为留守的后方，并驻扎了一个团守护办事处。洛阳也设了办事处，完全是个大部队的派头。

教导队的地点最后确定在洛阳以南一百华里的宜阳城三乡镇，8月前后正式成立，这时部队在黄河以北，实际由我负责。学生决定要找思想进步一点的。学生的来源主要是通过党的地下组织豫西特委在豫西给动员的，也有极少数学生，约四五十人是在汉口经孙的办事处（办事处长即刘曾若）招收的。我到洛阳后和豫西特委经李琦介绍在洛阳见的面，见面人在洛阳一个中学校工作。在豫西一共有一千多人报名，我都收下了。那时没有王法，谁都可以招兵买马，占山为王。我把招来的学生一共编成七个中队（每个中队一百多人），其中一个军官队，是孙部旧日军官，六个中队是招来的学生。我曾问过孙殿英，教导队规模办多大？要招多少人？他说：不怕大，你能招多少就招多少。他开这么个口，我就招来这一千多人。李锡九也来到韩城，支持创办教导大队。他原来在洛阳，年高德韶，有些事可以借重，在有些问题上，他向孙殿英说话更为方便。教导大队的队长、区队长等军事干部都是孙部的旧人。还得用孙殿英的人，不然他要怀疑。其他的军事干部和全部政治干部都是和党有关的。这些人从哪里来？如上政治课的政治教官、政治总教官、还有军事总教官，总得有个教育长吧。不久机会就来了。抗战开始，程潜当一战区司令长官，驻洛阳。我们办教导队时，程潜正要从一战区调走，大约换上来的是卫立煌。程潜的政治部当中有一批比较进步的人，政治部主任叫李世璋，原是共产党员，下边也有不少思想进步的人。此时李是不是共产党员，弄不清楚。程潜要走，按国民党的常规，一朝天子一朝臣，换班就得换人。程潜下边那些要走的人，我就都接收下来，安排在教导队。教导大队的组织计有：教育长是徐祖芳（抗战中在新四军牺牲），军事总教官是方执忠（黄埔学生，参加过湘西暴动，解放初任解放军师长，1956 年后任天津警备副司令）；政治总教官是刘啸然（解放初任河南教育厅长）。七个中队都设有指导员，只有张秀中一人抗战时太行病死，其余六人都还在：谢丰（外交部）、马影秋（教育部）、张德甫（曾任武汉水工学院院长）、严辛吾（即严厉，郑州粮食学院领导）、李平民（北京外贸部门工作）、彭庆昭（北京科普协会）。还有一些教官：李琦（曾任教育部副部长）、马国良（教育部）、李汉辉（被俘牺牲）等，其中李琦的公开工作是办《教导》小报，实际是教导大队党的负责人。教育长、军事、政治总教官以及七个队的指导员全是共产党员。

我那时想请个打游击战的内行当教官。正好李琦要到西安八路军办事处，我叫他带个信给林伯渠同志，要个讲游击战的教官。林老果然派了人来，叫李简恭（长征老红军干部，抗战中已牺牲）。

1937年抗日战争开始后，在保定失守前夕，周总理在太原指示我打入孙殿英部队工作，没有让我带组织关系。指示工作时南汉宸（华北联络局成员）在场，此前我的组织关系在华北联络局。1937年底（或1938年初）我已留在孙部，孙部也已由石庄附近南移到武安一带。有一次我到一二九师师部——涉县西北某地，见到刘伯承、邓小平、徐向前，曾向徐向前提出组织关系问题，徐要我找邓小平谈谈，我因为和邓以往不熟悉，觉得不好谈，就没有再谈。

1938年，在豫西孙殿英部办教导大队时，感觉到很多事情需要有组织帮助才好解决，曾通过李琦与中共豫西特委负责人见过面。在和豫西特委接触中，我没和他们谈过组织关系问题。秋天，教导大队开办时，李琦从宜阳到西安八路军办事处去，我托李琦问林伯渠，我的组织关系怎么办。1937年初，我到西安办事处和林老见过面。结果林老跟李琦说：不要管他。李琦回来也没谈我的组织关系问题。看来林老是对的，我要是在孙部与组织建立了关系，以后我这个人就没有了。李琦是李锡九的外孙，抗战以前李锡九一直是和李琦一家同住在北京的。那时我们经常往来，就认识李琦。李琦抗战开始后随李锡九到了孙殿英部队，在接触中了解到他是共产党员，他对我只知道我和李锡九很接近，什么事情也敢对我讲，至于我是不是共产党员，他并不知道。后来周恩来去了重庆，别人不了解情况，此后我就没再找。

豫西特委在洛阳，可能活动有些暴露，于是就搬到三乡镇，而且连电台也搬去了。当时孙殿英正在扩充部队，壮大实力。好在严家诰只有一个情报组，虽然常驻孙部搞情报工作，但没有更多的人深入下去。我们教导队跟严家诰隔着一条黄河，同我们还有二三百里路的距离，他们也搞不清楚我们这里教导大队的内情，初期还相安无事。

可是，教导大队只成立不到半年，事情起了变化，三乡镇终于暴露了。一战区司令长官卫立煌打电报给孙殿英，声称要解散教导大队。孙殿英不愿意解散，解散于他面子不好看。孙殿英从洛阳来到三乡镇。军队习惯，这个部队的头头来了，照例要请他检阅、训话。他看见不到半年，这个部队已经很像个样子，更不同意解散了。他找人给一战区交涉：年底离开洛阳一带，调到黄河以北孙的防地。

1939 年初，这个部队就从三乡镇调晋城（孙殿英部队驻晋城）。这很麻烦，我们要过黄河，工具就是木船。黄河水流很急，这倒没有什么，但是一过河就是敌占区，过道清铁路后，进入山岳地带走一段路才到目的地——晋城。如果过河时让敌人知道，“中流击之”，这是兵家所忌。纵然渡河敌人没有发觉，我们的人过河后也不能暴露。前面敌人来打，后面有黄河挡住，也很讨厌。要在夜晚走，从道清铁路穿过才能上山，靠近山边就不怕了。

开始把教导队向黄河以北调，大家估计：很多学生可能跑掉。有些本地学生平时就不愿离家，过黄河那边，还要打仗，有危险，学生会跑掉一些，是应当有充分估计的。但是，我们到了晋城，检点人数，几乎没有开小差的。说明那些学生的思想进步很快。

我们从三乡镇过河之前，向黄河边上靠拢的时候（渡口点已记不得），有意绕过洛阳。那里很多人要解散我们，我们就绕过他，避免途中出事。我们先在河边跟管渡口的单位接洽好。千多人只能分批陆续地渡河。还好，敌人没有发现，人都上岸了。一上岸，即派部队向道清路日军方向警戒并封锁消息。我们封锁了沿河的村庄，外边来人扣留，里边人不许出去，以防走漏消息。我们在驻地放了哨，白天休息，晚上吃饭，黄昏时开始过路，越过道清铁路封锁线。先派警戒部队到两翼警戒，然后留后卫，没有暴露目标，越过道清铁路，上了山，全部人马通过了封锁线，安全到了晋城。

教导大队这次带学生是很成功的，国民党部队里开小差是常事，从后方渡黄河到敌占区，没有发生开小差的部队恐怕很少。再说。这支部队当时没有什么武装，人虽有一千多，枪只有几十支，要是真打，还真没有战斗力。但是，我们把全部学生都带到了晋城。

到了晋城，教导大队还是被迫结束。这里有两个原因：一、这支部队在黄河以南时，一战区就让解散，给了很大的压力；二、孙殿英也不想把这支部队再保存太久，他知道这里有共产党，怕出问题。因此，到了晋城就办理结束。结束的方式也很妙。这时（1939 年），蒋介石已经把孙部改编为新编第五军，委任孙殿英为军长，把部队从晋城调到河南的林县。当时，从陕北来的抗大一分校就驻在晋城与林县之间的凌川（离晋城大约有一天的路），教导大队的许多人都开小差到抗大一分校去了。我带教导队到晋城，连休息都没有休息就被孙调走。孙就给我一个参谋长的名义，让我赶紧到林县，为新五军和林县地方上接头，安排孙部调到林县以后的防地和给养（那时部队主要吃地方），实际上目的就是让我先离开教导大队。我带上跟我的几个人，到了林县。现在来看，离开教导大队去林县有好处，因为在教导大队结束时，学生好多都去了抗大一分校，我在就有嫌疑和责任。我去林县，离晋城有近三百里的路程，学生走了我方便一些。孙殿英对教导大队的学生去抗大一分校事，采取眼开眼闭的态度，他把其余的学生分配到他自己的部队。最好的当连指导员，少数当排长，一般当班长，也有在团、连做政治工作的。不仅学生到抗大的多，政治干部去抗大的也多，教育长、总教官都走了，也有到太行军区去的。1940 年我跟何长工见面，他问我：你那个教导队有多少人到抗大？我说搞不清楚，几百人总有。他说上千了。那就是说差不多都去了。

教导大队给我党输送的人，解放后有的到了大区书记处工作，有的成了部长级干部，如教育部副部长李琦就是在教导大队办《导报》的，至于在我军部队中，各级都有教导队的人，教导队的教育长是在我新四军中牺牲了的，当时的连指导员现在许多是司、局一级干部。

办教导大队期间还有过搞游击战来开辟根据地的想法。在三乡镇期间大约 1938 年 11 月，敌人从武汉方面沿平汉路进攻，很快占领了信阳。我们估计，敌人如再北犯郑州洛阳，豫西可能沦陷。豫西特委一度搬到三乡附近，并且豫西特委要李琦告诉我做准备：豫西一旦沦陷，即以教导大队作骨干在豫西开展游击战争。豫西特委就介绍当地比较进步的有武装力量的开明绅士和我们建立关系，希望以我为主搞游击战。三乡地区附近有一个姓贺的绅士贺澍三，有些武装。他的儿子贺崇升（原长江航运管理局长后任交通部副部长）参加豫西特委，就曾经介绍他父亲给我。我想，

靖任秋任国民党新编第五军第四师副师长时留影

敌人来了也好，如果敌人到了信阳、郑州，我们就以教导队这一千多人为骨干，在豫西开展游击战，成立根据地。为此也做过一些工作，例如派过参谋检查进山道路，地方交通、村庄情况。我跟地方实力联系也是准备在敌人进攻时，以三乡为基地组织武装。但是，敌人到了信阳就没有北进，洛阳市平安无事，我们的活动没有搞成。

1939 年我到林县后，孙部冀察游击队正式编成新五军，邢肇棠任副军长，我任第四师副师长，四师师长由孙殿英兼，以后国民党派了个叫康纪鹏（又叫康翔，与康泽是本家兄弟辈，是个胆小好利、酒色财气俱全的人）的来任师长。孙殿英的部队虽编为两个师，实际两个师的师部都没有成立，实际由孙本人统一指挥。把部队直接交给别人孙还是有顾虑的，孙殿英给康纪鹏以师长名义，生活上给予应有的照顾，但就是没给他指挥部队的权力。我还是住在军部里，做孙殿英的工作。1939 年初我到晋城不久，孙殿英部队移防到林县（晋城以东河南境）以西直到东阳关，面向平汉路布防。铁路线属于敌占区。孙部除两个师外还有些支队，以东住到平汉线以东冀南地区。林县以北直到涉县都是八路军。孙是一个封建流氓军阀，是在矛盾中图存以及求得发展的，在华北就是利用八路军和蒋的矛盾。我们在抗战初期所以能和他建立关系，能在他的部队进行工作就是这个原因。当时华北的抗战形势，在我们党的正确政策领导下，有日益壮大的八路军在他的周围，形势对我们是有利的。孙很懂得蒋介石是不会要他过黄河以南的，要在华北就不能不和我们和好。他此时完全是采取保持实力的方针，对日本不主动出击，对八路军也不得罪。这当然与李锡九、邢肇棠和我都做了工作有关。我过去说过，恩来同志一开始就向我交代：要策动孙殿英坚持抗战，与八路军建立比较友好的关系。我在此时期，主要做这个工作，包括以下几件工作。

第一，建立孙部和八路军的统战关系。我曾经几次到八路军去，跟朱总司令和刘伯承师长、邓小平政委见面。我到孙部后曾陪同孙殿英和朱总司令在太行见面，并与一二九师建立了联系。一直到 1940 年，新五军与八路军的关系，党中央评价过（据彭副总司令说），认为国民党军和八路军的统战关系，从全国说孙部是最好的。这一期间也利用新五军的关系，给八路军做过不少工作，例如，1939 年初掩护八路军东进纵队（只有百余人），通过孙部到平汉路东开辟工作，这也是何长工布置我做的。部队由抗大的副校长某率领，要我做孙殿英的工作，一是让这部分通过孙的防地林县一带到路东去，二是到路东后和孙的部队不要发生问题。我做了这个工作，除东进部队（人数很少）安全通过林县过路外，还电知路东，记得是崔振之支队，要和八路军东进部队搞好关系。其次，根据地有一段时间没有制造能力，必须从敌占区采办军工器材和无线电通信材料，以及医药卫生材料。我们利用孙殿英在敌占区的关系，通过秘密与公开结合的办法在天津、北平一带利用新五军的名义代八路军总部搞了不少这些东西，甚至八路军到国民党后方洛阳、西安等地活动时还可以利用孙部的证件（护照）、服装等。当时八路军时常有人到孙部，记得八路军前总王伯屏就去过一两次，八路军也替孙部解决过问题，如 1940 年送给孙部冬季全军棉衣等。

第二，1939 年利用孙和豫北国民党政权的内部矛盾，打了国民党在林县的豫北行政专员公署。专员姓吴，很反动，有三个营的地方土匪武装。我由河南武安调动牛瑞亭支队以移防为名到林县打的。

第三，铲除孙部所在地最坏的反动地主武装头子李光地。李是武安的大地主武装头子，彭城镇一个煤窑因为不满足他的勒索，一次就在煤窑里害死 13 个人；在这一带也和八路军闹摩擦。利用孙和他的矛盾，打击了这个地主武装李光弟支队，将李扣押撤换。牛瑞亭就是接替李的支队司令。

总之当时的统战关系是不错的，一直到 1940 年。这些工作是不易隐蔽的，隐瞒不了国民党的特务的，因此要想同时和国民党特务工作接近是有很大矛盾和困难的。而当时没有出问题，主要是孙殿英的态度还没有完全倒到国民党去，他的部队虽然有特务监视，然而在抗战初期孙并不受特务的影响，蒋对他也无可如何。

十二、在反磨擦斗争中

1938年10月，武汉失守以后，敌军停止对国民党正面战场的进攻，转移其兵力“扫荡”华北抗日根据地，在政治上对国民党采取诱降的策略，促使其加紧反共磨擦活动。1939年底，蒋介石悍然发动第一次反共高潮，由阎锡山首先从山西动手。阎锡山在发动“十二月事变”之前，曾经叫嚷：天快下雨了，赶快准备“雨伞”。意思就是要准备进攻在山西的共产党、八路军和牺盟会、决死队的力量，党组织及时派人到延安，向党中央汇报。毛泽东同志就说：阎锡山准备雨伞，你们也赶快准备嘛！

迎击这次反共高潮，事前我们有了准备。战斗一打响，首先粉碎了阎锡山对晋西北和晋西南的进攻，接着又打败了他们在晋东南的进攻。这里边突出的事情是1940年3月份，刘伯承、邓小平亲自指挥的涉（县）武（安）磁（县）林（县）战役，彻底解决了国民党部队朱怀冰一个军，沉重打击了蒋介石的反共气焰，迫使第一次反共高潮告一段落。当时的军事态势是：习惯上，华中华北常以黄河分界，河南省在黄河以南，应属华中，但河南省在黄河以北还有几个县份，最北的地方是武安。1940年国民党还有三个军在豫北一带，朱怀冰的二十七军在林县东北的武安，孙殿英的新五军在林县，庞炳勋的四十军在陵川，深入到华北。朱怀冰制造磨擦，破坏抗日统一战线最为积极。朱怀冰部驻在武安这个地方，从地理形势上看，可以说是个突出的地方。武安以西就是涉县，涉县从东阳关出来就是武安。武安以南是林县，孙殿英的部队驻在这里，面向平汉线布防，北边驻到任村，驻有新五军牛瑞亭支队，同时八路军也有一部分驻在任村，西边邻接陵川县，驻的是国民党庞炳勋部队四十军。朱怀冰部队与后方联系，主要靠武安以南的孙殿英部队。由此可见，从武安到林县这一带的朱怀冰、庞炳勋、孙殿英三个军，算是国民党在黄河以北突出的力量，他们防地毗连，可以守望相助。就国共两党的形势说，朱、庞、孙部队驻防的也是华北最重要的地方。日本投降后，国民党发动内战，头一个活动就是打通华北的交通要道平汉线，国民党在华北保留这支力量的战略意图就显而易见了。这里对任何一方都有很大战略意义。另外，国民党驻黄河以北中条山区的部队，有九个集团军，连同游击队和杂牌武装，号称二十万，由于第一战区司令长官卫立煌坚持和共产党团结抗战，在反共高潮中这一部分国民党军队，除胡宗南系统的范汉杰第二十七军以外，其他部队很少卷入。国民党发动第一次反共高潮后，1940 年二三月间蒋介石指使朱怀冰军从武安、沙河一带进攻太行解放区。我们党准备打击国民党这股反共气焰时，就下决心首先搞它突出的这一军，彻底解决一贯搞磨擦的朱怀冰部。我记得是在正过旧历年、照例唱年戏的时候解决朱怀冰的。我八路军总部事前估计到，在武安打朱怀冰，他支持不住时，就会向林县孙殿英部队靠拢，如果孙军从林县来支援他，就是朱、孙两个军。孙军一来支援，很难不影响朱另一面靠着的庞炳勋，如果庞军也行动起来，就成了三个军，和三个军作战，事情就扩大了。而且，武安、林县、陵川三个军一挨上，我们也就不能打了。我们讲团结抗战，不是要破裂，破裂对抗战不利。为了打击反共气焰，不得已时要打击其中最顽固的一部分，但要迅速解决战斗而不使其扩大，目的还是维护团结抗战的大局。所以，在武安打上之前，八路军太行军区的军分区司令员纪德贵就受命跟我取得联系，约我到任村附近见面。通知是李琦传达的。孙驻在地的姚村，在任村与林县之间，稍为偏东一点，距任村不过二十多里。任村已是山区，是一个较大镇子，驻有两方面的部队。我到任村后，同牛瑞亭一起到任村以西十多里，山沟里的一个小村子和纪德贵见的面。以后我和纪德贵单独密谈。纪司令员告诉我，要在武安一带打朱怀冰。他提到，估计朱挨打后会向孙部防地靠拢，拉孙下水，要我准备万一朱怀冰跑到林县，能够争取使孙殿英采取中立态度，不卷入这次战斗，以免战事扩大。这是组织上告诉我的形势和给我的任务。

见面后当晚我就住在这个村上，第二天赶快回到姚村。我考虑这个任务很不好完成，朱怀冰当时说起来是蒋介石的亲信部队，孙殿英、庞炳勋原属西北军系统，在蒋介石那里都是杂牌部队，不过庞对蒋靠得紧些，而孙对蒋还是若即若离。从防地位置上说，孙殿英处在朱、庞两军的中间，万一朱怀冰靠近来了，不支援他，让朱受了损失，都是国民党部队，孙如何逃脱这个责任？可是，孙殿英也要考虑，孙的生存靠自己的实力，如果在支援朱怀冰时，他自己蒙受了损失，蒋介石是不会给他补充的。而且，他跟八路军的关系不错，他在这里是在国共之间苟存，在当时条件下也不愿同八路军破裂，因此，他是不愿打的。他顾虑的是，如不帮助朱怀冰跟八路军打，将来蒋介石一定要怪罪他。这些正是我当时考虑的事。我回去后，因为是个军事行动，不能和孙讲，只能个人在思想上做点准备。孙已经知道朱怀冰在武安一带和八路军冲突，因为地方距林县还有几天的路程，看他的态度没有考虑到朱怀冰败退到林县来的打算。我也只和他谈了谈在华北应该协同抗日，要打八路军怕不会有好结果，仍和往常一样鼓励他和八路军维持友好关系。

可是，事情很快就到眼前了。经八路军反击，朱怀冰果真从武安向林县孙殿英防地撤退，意图会合孙部，迫使孙殿英援助。孙殿英本人驻在林县城北约二十里的姚村镇，我和孙同住在姚村。3月6日这天早饭后，忽然听到报告，说姚村东北方向有部队从小山坡上冲下来，向孙殿英司令部所在地姚村接近，又有人报告姚村西北方向也有部队过来，向姚村接近。我和孙殿英得到报告，马上出村去看情况。一出村西口，就看到西北来的部队已经接近了姚村，已经可以识别是八路军的部队，不过，东北方向来的部队也很快接近姚村，已看清是国民党军队。这时情况已经可以判断，是八路军在追击从武安溃退下来的朱怀冰部队。八路军部队接近姚村后，从村外直插村东，抢先在姚村村外占领了阵地，也能判断是要采取超越追击的办法，截住朱怀冰撤退的部队，不让他和孙殿英部队联系上。八路军到了村边，驻在村里的孙部警卫部队不知道是怎么回事，赶紧拉到村边警戒，另外的部队也上房警戒。姚村这时孙驻有警卫营和教导团，紧挨着姚村附近还有两个团，如果参加进去也很讨厌。村里的部队上了房，看看两方部队都在往村子这边来，真紧张！　这时，我跟孙殿英都还在村外。由于事出于仓促之间，孙对发生的这件事没有准备，一时态度犹疑拿不定主意，显出焦急难办的神情。孙处境非常为难，既不愿牺牲自己支援朱怀冰，也不愿在当时的条件下，破坏以往和八路军的关系，又要考虑不支援朱怀冰，如何向蒋介石交代。在这两难的关键时刻，我揣摩孙殿英的心理是不愿打，但是双方万一都到了村上，不管哪一方先进村，哪一方后进村，只要在村上打起来就不好办！朱怀冰部一进村，他跟朱一见面，他就不能不管，不参加他对蒋介石不好交账，事情就很难应付了。这是我最大的顾虑，这种情况必须立即处理。在孙犹豫的片刻中，我乘机向孙建议：现在这种情况，无论哪一方面的部队先进村，在姚村打起来我们都不好处理，你留在这里处境很困难，不如你带着卫队向西山根靠，躲开这个地方，把姚村和附近的部队交给我负责，我来应付这个局面。

时间很紧迫，孙殿英马上接受了我的意见，也没集合队伍，就带着他身边的卫队离开姚村朝西走了，只叫参谋传话，姚村附近队伍统听我指挥。他刚一走我就命令各部队（姚村卫队营、教导团和姚村南面二三里处的一个团）：一律进家、关门、上房子，如果双方打进村来，只要不砸门、不上房子，一律不准开枪，有任意开枪者唯该部负责人是问。孙殿英还没有离开或是刚刚离开，村东已经打响，八路军追击部队先头赶到了姚村村东，朱怀冰部队来得迟一点，但也接近姚村村边了。幸而八路军在姚村村外就截住了朱部，双方在村外接触的时间不长，朱的队伍被击溃，全部被歼灭，朱怀冰也就在这里一人只身落荒逃走的。八路军对朱部超越截击，是很有利的行动，使得战斗在姚村外面进行，很成功。我们党希望孙殿英不要参加战斗，这样做也就帮助孙作了不参加的具体部署，如果双方打着进村，我们还可以“坐山观虎斗”，如果不在村外截住他，让朱部先进姚村，到了孙的司令部，我就难处理了。

朱部向林县撤退之先，已在武安受到很大打击。败兵被击溃后，八路军也没进姚村，他们当然了解我在姚村的情况。因此，在消灭朱怀冰的战斗中，能使姚村保持平静，从而达到了中立孙殿英的目的。

战斗过去，稍平静一点，我就往西山靠，找孙殿英向他报告。出姚村不久，就碰上李达参谋长，他知道孙部在八路军消灭朱怀冰的战斗中保持了中立。闲谈之间，这件为难的事就算过去了。

朱怀冰部队受八路军追击，往姚村逃来时，还有个插曲。当时去村边观察的还有很多人，例如第四师师长康纪鹏，一听到打枪，他就往西山跑，接近西山后还想往庞炳勋部的防地走。八路军的追击部队，除了向姚村追击的以外，还有沿着西山边向南追的小部队，康纪鹏一出来，带着几个卫兵，就遇上了追击的小部队。八路军叫他停他不敢停，这个小部队就朝他开枪，把他的一支胳臂打伤了。

孙殿英回到姚村，已经平静无事，但还有些善后的问题。第二天接到朱怀冰送来的信。大概八路军追了一阵不追了，他走到一个村就住下来，找老百姓给孙送信，说他在什么地方。这个时候，孙殿英就不能不管了。孙派靠近朱怀冰住村的团长杨克猷把朱接到团里，杨用电话报告接到了朱。很有趣，孙殿英叫我去杨的团部看望朱怀冰。我大概是在姚村战斗发生的第三天去看的朱怀冰，朱一见我就说：唉！我知道八路军是打死狗子仗的，盯上不放。实际他被八路军追得落荒而逃。当时，追他的人离他并不远，看他只一人就没有认真追他。如果认真追，他早就作了俘虏。他说的话是替自己遮羞。

这时还有一件事，八路军打朱怀冰时，朱正派人去洛阳刚领来一百挺轻机枪。派的大概是小部队（一排或是一连），领到机枪后正向他的部队送，当机枪送到林县南部时，朱部已经从武安败退。林县南边是孙殿英部的驻地，孙就把这一百挺机枪扣留了。军阀之间，你搞我，我搞你，互相吞并，大鱼吃小鱼是常事。不要说枪，就是部队也能给你吞并了。这不是一个小数目，按当时国民党军的装备，一百挺机枪是正规军武装两个团的武器。

我看朱怀冰回来，告诉孙殿英，朱要去洛阳，要求孙派部队护送。孙这时要处理两件事：一、派人送朱怀冰去洛阳，二、一百挺机枪问题。

送朱去洛阳本来可以经晋城、怀庆府（即沁阳），过黄河到洛阳。道清铁路上有敌人，但是可以在夜里偷偷穿过。一般人都走这条路线，但朱怀冰他们是从平汉路经敌占区，通过郑州到洛阳的。到敌占区本来不容易，但此时孙殿英已经跟日本人有勾搭，日本人在安阳给孙殿英挂了个公馆牌子，在敌占区竟可通行无阻。从日本人来说，这是在造空气，争取孙殿英。空气放多了，使得你站不住，也是一种手法。不过，孙殿英送朱怀冰去洛阳走这个路线，可以证明他跟日本人的勾搭，已经超越制造空气的阶段了。孙殿英送朱怀冰是向朱表示他的好意，你失败我收留，还利用特殊关系送你回洛阳。同时，走的这条路也使朱怀冰以后说不了坏话。关于一百挺机枪的处理，孙殿英也很聪明。这批机枪既是朱怀冰的，朱是与八路军搞摩擦被八路军解决的。领枪的这支小部队虽然没有接触八路军，但它总是朱怀冰的一部分，这枪应该是八路军接收。他不敢惹八路军，就准备把枪交给八路军前总。他要我到八路军前总找彭德怀司令员送这份人情。战斗结束后，我就到太行武乡八路军前总去汇报，当时前总是彭德怀负责，跟彭总见了面，当时罗瑞卿、左权参谋长、杨尚昆、王伯屏等都在。见面后彭总赞扬了孙军和八路军的统战关系。我告诉彭总姚村打朱怀冰的经过，我说，稍为追快一点就能捉住朱怀冰了。彭总笑着问我：你把他俘虏以后怎么办？彭总接着又说：朱怀冰反共我们不能不教训他，但要做到有理、有利、有节，不能打这一仗以后把关系搞破裂，影响抗日。经他一说我就懂了，这是在执行党中央规定的方针——使斗争适可而止，争取蒋介石集团继续抗战。他又接着说：朱怀冰的家眷在武安，我们俘虏了，也要送给你们，还得请你们想法送回洛阳才行。后来，彭总让人把朱怀冰的三姨太和小姐及贵重物品送给我们，我们又派人给朱送到洛阳。

蒋介石历来歧视杂牌部队，对在黄河以北的孙殿英部队，和他的嫡系部队在待遇上（饷、服装、枪支、弹药）不同。前方的服装不能从洛阳后方领取，只能就地买布买棉花自己制作。打朱后国民党对孙有相当的压力，在服装材料的购买上有一定的困难。武安地区出土布，在外边做生意的人多，富户多。我给彭总说，孙殿英想派人来武安买土布做军服，因为林县没有。彭总不仅慨然允诺孙部来八路军的防地武安买东西，还主动提出送给孙一个师棉军服的布匹和棉花。解决朱怀冰军能这么干脆利索，当然主要是八路军的力量，但是，能够不节外生枝，孙殿英采取中立态度也很重要。太行总部认为当时全国和我们的统战关系最好的要算孙殿英部队。

彭总此举实际是对孙保持中立的酬谢，所以，双方关系很好。八路军在反共高潮开始后还可以过黄河到洛阳活动，就是孙部的掩护。孙部服装有它的特点，比如帽子是用毡子就地制作的，八路军就拿着孙部的护照，穿着孙部的服装过河活动。

我这次去总部还遇到何长工，教导队解散后，有千余人去了抗大一分校，教员学生质量很好等话就是他这次向我说的。

我去总部时，还有点有趣的事。总部设在黎城、武乡一带，我从林县走要经过涉县，那时边区政府和一二九师师部都在涉县。我一接近村子，就看到欢迎靖任秋副师长的标语，边府主席杨秀峰还请我吃了一顿饭，他们费了不知多少苦心找来海参，可是海参没有发透还是硬的。回来时一二九师又由朱穆之同志出面招待我。我带了十多个骑兵去，招待我还专门杀了一口猪。到了前总，彭总虽未特殊招待，住在那里吃得还是比别人好。总部那里办有合作社，合作社还有川菜馆，他们让王伯平同志找我，要我请客在合作社川菜馆吃一顿，我们真的吃了一顿。回到姚村，八路军把朱怀冰的家眷送了来。我告诉孙殿英，到武安买东西不成问题，彭总还送了一个师的棉军装。我还告诉他八路军俘虏了朱怀冰的家眷，要我们送回给朱，孙也不能拒绝，朱的家眷遂由孙派人送回洛阳。

这次我到武乡八路军前线总指挥部和彭德怀见面时，见到左权、杨尚昆他们，我请他们在一个合作社饭馆吃了一顿饭后，我到了杨尚昆的住处，我向杨提出我的组织关系问题。他随口就答应说是特别党员。

打朱怀冰的事情，我只是适逢其会，对孙做了点工作。但是，这段事过去以后问题就来了。1940 年打朱怀冰事件，打国民党专员公署以及冬季八路军送给孙部棉衣这些事件使蒋帮大为注意。朱怀冰事件对孙有所责难。朱怀冰军的三个师就是在孙殿英的防地，孙驻在地姚村的村外最后解决的，我们坐视不救。这是国民党第一次反共高潮中的重大事件，问题明摆着，“坐视”歼灭朱怀冰军之责任只能找孙殿英，如无孙的同意，别人是办不到的。打专员公署事件，一战区派军法执行总监到孙防地去检查过。蒋介石加紧了对孙殿英部队的压迫和收买。不过，他们不敢对孙殿英下手。“杂牌”向来是独立的，除非你有实力可以包围它加以歼灭。可是孙处在华北敌后战场，又靠近八路军，不免投鼠忌器，加上国民党在敌后的力量薄弱，朱怀冰已被消灭，仅仅剩下庞炳勋这一点人在太行山附近，所以国民党也不敢再对孙动刀兵。不过，国民党可以想法对孙的左右“不可靠”的人下手。

1939 年和 1940 年在新五军驻地林县附近，国民党军统、CC 系和别动队几个特务系统都有活动。军统特务严家诰是 1937 年孙殿英刚一成立冀察游击司令部时，就由军统公开派到孙部活动的。这个工作组最多不过五人，公开出面的只有严家诰一人，其余是电台工作人员和通信员。严家诰是云南人，一直在孙军负责。别动队系统头子康泽的武装特务人员也是驻在孙的防地里。如徐静远，1940 年他从洛阳运武器到林县，过黄河时翻了船，徐淹死在黄河里。和徐静远一同活动的还有个特务叫盘石，东北人，从他们的活动关系看，像徐的副手，他们经常住在靠近林县城、国民党豫北行政专员公署附近，一同活动的人数稍多。另外，CC 也常派人到河北，到后来也是驻在孙处，如谢质如，是个专员的名义，不是地方行政专员，是 CC 组织用的名义，地位可能相当行政专员。这个人不是长驻在孙部和林县，只是有时去，住上一阵就走了，去时也没有多的人。还有康翔，又名康纪鹏，四川人，黄埔五期学生，别动队头子康泽的弟弟（不是亲兄弟）。抗战初期经一战区司令长官刘峙介绍到孙殿英部工作，在新五军第四师作师长，后来又作副军长，实际上军的工作孙是不让他过问的，第四师师长也只是一个名义。新五军两个师的司令部全没有成立。孙的态度是四面八方，不计好坏，来者不拒。敌军工作本来就是向敌人做工作，我和孙同在军部，对这些人虽然不可能希望他们进步，但也必须和他们应酬往来，以减少他们的怀疑。在孙部和我们作对的主要就是康纪鹏和严家诰，我认为我以后被捕是军统特务和他们合谋的。我在 1938 年办教导大队，1939、1940 年发生的几个事件中起的作用，都是很难隐蔽的大事，国民党是不难了解的，这些事虽然当时都有一定的条件和孙殿英个人的意图，但总都是我们在那里参与以至具体做的，因此引起国民党的注意。国民党带电台长驻孙军部的军统特务严家诰、刘峙的人康纪鹏等，会把这些事报告蒋介石的。所以这些件事以后，我的面目暴露了，又加 1940 年冬天，八路军总部支援孙部一个师的棉军衣等事件，更加暴露了。国民党特务对我们的反对态度逐步表面化了。

在共产党的力量发展得日渐强大的情况下，华北国民党的力量却逐渐少到微不足道了，孙殿英害怕了。过去他是在国民党和共产党的矛盾中成长的，现在他要正面对待和八路军的关系了，是积极抗战呢，还是不抗战呢？再加上国民党的压力，华北以及欧洲战场上的不利形势，种种情况使得他对我们的态度有了变化。孙殿英对我们的态度日益恶化，新五军的情况日益逆转。不久，他们就开始搞副军长邢肇棠，搞法是蒋介石电令孙殿英，调邢去重庆中央训练团受训。你去受训，他就可以摆布你。邢表示不去，不去也有困难，国民党要施加压力，你总是他的部队，因此，怎么处理很难设想。孙殿英为了能把这件事平安对付过去，以求摆脱责任，他也愿意牺牲邢肇棠，所以他主张邢去。邢考虑若去受训，只好听其摆布，就一直不愿去。无形中间，孙和邢有了隔阂。原来邢在孙的军部办公，主持军部工作，后来孙殿英就不要他这个副军长主持，让参谋长主持。还利用孙部师、团长公开攻击邢肇棠。有天我从临淇住处去孙处（在武安本来与孙、严住一个炕，后来分开单住），走到村外就碰上了孙，他说我们到司令部去。我住在孙处的西边，相距一二里路，司令部在孙的东边二三里路。去司令部的路上，他就讲到“今天会上有些团长要给邢过不去”，还说今天大家见见面谈谈。我一听，觉得这是孙拿下边的团长来搞邢了。这很不好，可是，孙邀我，我不能不去。路上，我想这会使邢面子不好看，走到司令部外边，我停下没进去。李琦住处靠近司令部，我就很快地到李琦处，把这事告诉了李琦，让他赶快去向邢说，请邢作点准备。我终于没有参加这个会，经过邢肇棠的住处我也没有进去，因为进去了更有嫌疑。邢本人听到这事，没有去参加会。这场风波算过了。孙殿英过后对我说：下边的团长、包括师长对邢有意见的事我已经知道，我绝不会叫他们对邢有什么不好的表示。孙向我说这个，我考虑他很可能怀疑到他先跟我说过，以致使邢有所察觉，他现在这样说一方面向我好，一方面怀疑我与邢通气。经此一事后，孙殿英还是要邢肇棠去重庆，可见这是孙殿英搞的鬼把戏。他那个新五军根本不准许下面这样“提意见”，这是他示意，人家在执行。

像这样搞法，再相处已经很困难了。大约是到了秋天，邢肇棠借去林县北部点名的机会跑到太行根据地去了。他走前没有明说，好像通过李琦对我有个表示：这个地方不可留。我记得有天早晨到了孙殿英那里，他很沉默。我坐下等了一会儿，他还不开口，房子周围有些卫队、副官，神情也好像有什么事，等一下孙殿英才说，“邢肇棠走了”。我听了以后，感到邢应该走，但是他走了以后我的处境会更困难。

十三、面对戴笠的收买政策

我与孙殿英，从 1937 年抗战爆发到 1940 年是合作的，1940 年春关系开始破裂。邢肇棠走得很磊落，他把骑去的马、带走的枪，让警卫员送回孙部。这当然与八路军处理慎重有关。在这以前，邢并非共产党员。在孙殿英部队中工作的党员也有离开的，李琦就跟邢一道走了。李琦的走，影响到孙殿英与李锡九先生的关系（李琦是李锡九的亲外甥）。这种变化了的情况，到冬天就落到我的身上。自邢走后，矛头转向我，我的处境更为困难。先是在军部政训处出版的小报上公开对我进行攻击，孙对我也戒备起来，他给我派了个副官，我当时理解，来的人名为副官，实为监视。跑了邢又再让我跑了，显得他太无能，加上“坐视朱怀冰被打”的事，总要有个着落。国民党一方面对孙施加压力，同时设法对付我。1941 年初，国民党军委调我到重庆中央训练团受训。对于他们的意图，我知道是以“中训团”为名，到重庆以后用其他手法来对待我。孙殿英也同意我去重庆。以后我了解，他打算叫我去重庆，一则对重庆可以表明他的态度，二则借此让我离开他的部队，一举两得。我当时考虑过离开孙部不去重庆，但这时彭文也在湘鄂赣特委发生了问题，组织决定已经动身从湖南经重庆到我这里来，我已告诉她过重庆时住到孙的重庆办事处，我如果走了，她会出危险。而且她们在路途上，我也无法通知她们说来了有危险。她们来了，我只能不走。邢肇棠脱离孙部前，李琦曾向我讲过要离开孙部的事情，我和李琦讲了这件事，暂时没能走。而且，邢肇棠走后，孙对我有了戒心，脱身已经不太容易。我既不能走，又不能不去，否则国民党会以抗命论处，是要加罪的，孙殿英也可以采取各种办法配合（其实，这就是孙殿英与国民党配合搞的），孙殿英是什么事情都可以做得出来的。再者，也考虑到孙殿英的态度。我去重庆受训，就是因为在孙部一段工作引起他们的怀疑，但考虑孙当时对我确实尚无伤害之意，只不过是想表白他的态度，缓和重庆对他的压力。我考虑，只要孙无恶意，因而去重庆尚不至于有危险，等我家眷到后也好一同设法走开。为了能够再坚持下去，看看情况，便决定去重庆。开始，我没有表示，后来表示去，这时我正在卫立煌办的一战区为时两星期的师级干部训练班受训，总共只有几十人，编成一个队。我是新五军第四师副师长，是孙殿英派的，第三师去了个参谋长张季良（实际在军部做参谋处长工作）。我带两个通信员薛集敬和李吉庆，两人各带驳壳枪一支，我带一支小手枪（即 1937 年戴笠送的）。去洛阳是同警卫营一部分队伍一同走的。我跟孙殿英说好，一战区师长训练班结束后我去中训团。

去重庆前，孙殿英写信要我过西安时会见胡宗南，到重庆后会见戴笠和张厉生。打朱怀冰之后，庞炳勋、孙殿英两个军已经编成了廿四集团军，庞升任集团军总司令，孙殿英部归他指挥。庞政治上与中统有较密切关系，当我要去重庆受训时，孙殿英让我到庞炳勋处去一趟，并要庞炳勋写信给洛阳胡××（估计是中统河南比较负责的人），由胡写信到重庆后会见徐恩曾。不知是不是孙想借此向庞说明，他那里的人不是共产党，只不过是跟共产党接近，为此才叫我去中训团的途中从庞处一过，叫庞把我向有关方面也作些介绍？庞炳勋在我去找他时，就给我介绍了长驻河南的中统（CC）特务头子胡××，让我到洛阳跟他见面。这个特务又介绍我去重庆时见徐恩曾。

我到洛阳时大概是 1941 年初春节前后，以后彭文从重庆到洛阳来了，同来的还有他的弟弟彭轶黄。这次是我先到洛阳，她后到的。抗战开始她到了湖南，后接关系到岳阳当中心县委书记，并参加湘鄂赣特委。1939 年夏国民党制造了平江惨案。湘鄂赣特委遭到破坏，国民党对她发了通缉令。她把孩子丢在岳阳乡下老百姓家里，一个人跑到宁乡她二妹利华处躲了一阵。1940 年 10 月，她请人挑着九岁的伯文，七八岁的玉仲，五岁多的叔平，从岳阳到宁乡，然后经西南公路而贵州到重庆，在八路军办事处见到恩来同志。她是湘鄂赣特委介绍她到办事处的，南昌起义时，彭文在前敌军委会恩来同志身边工作过，她汇报了从湘鄂赣特委跑出来的经过，就提出要到延安。恩来同志因为我在孙殿英部队，没有同意她去延安，说那样会使我暴露，要她到洛阳掩护我。又讲她到洛阳不能带组织关系（我在那里也没有组织关系），只跟李锡九来往见面，将来她的组织关系由邓大姐证明。所以，彭文只有到洛阳来。她从湖南逃出来，带三个孩子，由宁乡、贵州、重庆而洛阳，辗转数千里，过西南公路的吊死崖，崖下白骨累累，在下一个大坡的时候，她们坐的汽车前轮子掉了一个，真是间不容发（靖平附记：到了重庆以后，我们三个孩子一个接着一个出麻疹，也无药可医）。可是，她们到洛阳后，我想跑也不能跑了。我去洛阳第一战区师级干部训练班受训，先住在孙殿英洛阳办事处，她们到后，我们移住到城郊瞿家屯，又碰上敌机经常轰炸。这时，我的处境已经不是只考虑一个人，而是要考虑一家人的问题了。

彭文在湖南宁乡从事党的地下工作时与子女留影。前排左一为玉仲，左三为叔平，左四为伯文

我到洛阳，先到一战区司令部报到。洛阳训练班为期只有两个星期，没有遇到什么特殊情况，照他们的说法，目的是“让各师负责人在此彼此认识，便于今后配合作战”。这时战区司令是卫立煌，训练班队长是赵寿山（解放后任陕西省长，当时在孙蔚如部当军长，也是临时调训性质，可能此时国民党对他也有点怀疑了），他在训练班结束时请吃饭，我也参加了。我知道他这个人，但不知道他的政治态度。从赵寿山也可以看出来，我党的打入工作，各处都有。

在洛阳会见了胡××，由他给徐恩曾写了信。我们见面没有谈其他问题，以后也没有再见面。此外，在洛阳和李锡九一同到CC（中统）特务谢质如家看过他一次，也只是一般的应酬。

那时还有个特殊关系——从新五军洛阳办事处了解到，一战区军统负责人是国民党少将特务头子岳烛远，正在洛阳。我非跟他见面不可的原因是多重的。这个人我们原先彼此是熟悉的，我们是1925年在南京党内认识的，我在东南大学入党时，他在南京省立第一中学读书，也是党员。当时南京一共二十多个共产党员，他当然知道我那时是党员，这也是过去的一点关系。从1926年我去黄埔到1940年底，有15年的长时间，我们没有见过面，1941年初我到洛阳才又见到面。隔了这么多年，他叛变当了特务，当时任一战区调查室少将负责人，我是否还是共产党员，他既有怀疑，又不能肯定；岳这时正在一战区负责军统特务工作，我在的孙部正是一战区指挥的部队，与岳有关，不见面不好；我在孙部的情况他们可能知道，不见面也不好；我到重庆主要问题在戴笠那里，我到重庆去又要和戴笠见面，岳是戴的战区负责人，和岳见面请他能和戴先打个招呼，可能要更方便些。愈是这样，从麻痹他出发，我还非跟他见面不行。这是不能回避的，我就主动先去看他。我去是在岳住的地方，门上没有机关的牌子，经过传达到了岳的房子，见面时没有其他任何人在场，只岳一人。见面中我对他只作一般的应酬，只谈华北抗战的情况和我去重庆“中训团”的事。我向他表示和孙殿英的关系很久，抗战前一直是在北京住，我告诉岳我这次是去重庆中训团受训，准备和戴笠见面，以后有些事还请岳帮忙。岳当时表示能帮忙的一定帮忙，谁也不谈过去历史，政治问题他也没有向我询问过。以后，岳到孙的办事处来看我，只是一般的谈谈。后来我请他吃一次饭，就更没有多谈什么。谈话时有可能表示我已不是共产党了。我和岳烛远还一齐到过谢质如的家里，他们两个都是军统和CC的招牌人物。

1941年我从林县前方去重庆，初到洛阳时，岳烛远对我是有警惕的，对我是用了一番侦察功夫的。在洛阳遇到一件事，我认为就是军统布置的对我的侦察。新五军在洛阳的人员一般都住在瞿家屯，但在洛阳城里设有办事处，城里的办事处处长叫王松筠，他是为孙殿英贩卖大烟的心腹。我住在瞿家屯，时常到城里办事处去。那里有很大的房子，前后院子好几重，各方面人来来往往，吃喝应酬很多。有一天我刚到那里，一进客厅坐下，就说有人要来见我，还要“面交”一封信。我就出去，有个人交了一封八路军驻洛阳办事处处长袁晓轩的信给我。这封信是干什么的？打开一看是袁晓轩约我在洛阳有空袭警报时到北大街一个十字路口见面。当时洛阳经常有敌人飞机空袭。1937年底抗战开始以后我和袁晓轩在太行见过面。当时他在八路军总部作参议室主任，曾经代表八路军总部到过孙殿英部队，我们见过面。按照一般情况，我是共产党，他是可能知道的，幸而抗战后是由周恩来直接指派我做敌军的打入工作的，而又采取了单线的关系，因而袁晓轩不知道我的身份，见面时也并没有组织关系。我到洛阳后也并没有和他见过面。我这次去重庆是有警惕的，等打发这个送信的人走了，当时我心里有点奇怪：组织上我跟他并没有关系，从组织关系说不应该建立这样的联系。袁是公开的八路军办事处长，我到洛阳袁可能会知道，按我们当时的身份，如果他有事需要见面，完全可以采取公开的形式到办事处见面，我们可以单独谈话，什么问题也不会有。我当时考虑，以我们公开的身份，不容许这样公开的秘密活动，不应该采取秘密的方式，特别是约我空袭警报后到大街上去见面，更容易暴露。空袭警报后大街上除军警特以外，路断人稀。在这种情况下，他是公开的八路军驻洛阳办事处长，是军警特注意的重要目标，我是一个着军服的高级军官，两人在十字路口见面谈话，必然引人注意，彼此身份很容易暴露。这样见面很不妥当。我就没给他回信，也没有去。隔几天又和上次一样，也是我刚到办事处，有人送信来要亲交，又是袁晓轩约我见面，还是约空袭警报后，只是地方改在城南离洛阳五六里路的洛阳名胜洛阳桥。这次我注意到，两次送信人都正好在我刚到办事处之后就来了，怎么这样巧？现在想，我在洛阳期间是有特务盯梢的。尽管郊区人烟稀少，我仍然考虑我没有跟他见面的必要，如果我跑到这种荒郊野外的地方，出了事情也无人知晓，会搞个下落不明，这样更不妥当。所以这次我仍然没有照他的约会去见面，也没回信。过几天又来了第三封信邀约，约定的见面方式变了，以战区的名义要我到长官部去开会，约定某日某时在一战区长官部会客室或会议室。是不是信里还提出开什么会，已经记不清楚。在一战区司令部公开见面可以，我去了。我到时已有三四位先到，其中有李锡九老先生，其余的人我都不认识。因为有前两次约会，这次又有李锡九，我更加有了警惕了。当时还没有想到袁叛变，只考虑怕有人监视，只和李老互相打个招呼，也没有多说话，等了一刻，袁晓轩未到，我即匆匆告辞。这仍然是个圈套，约你单独一个人，你不肯见面，就约几个人，约了李锡九，我看李锡老也是糊里糊涂地见这次面。后来我被捕越狱到了解放区，才知道袁晓轩早已叛变投敌，是个叛徒，但当时组织还不知道，仍然在洛阳做八路军办事处长。又回想起在洛阳他的三次约会肯定是岳烛远给我设下的圈套。一、袁晓轩既然叛变了，岳烛远一定会向袁晓轩查问我的政治情况，我和袁晓轩虽然在太行地区见过面，但从无发生过组织关系，又无党内私人介绍，袁晓轩是不可能肯定我是共产党员的；二、岳为了进一步查清我的政治情况，采取了极为阴险的手段，利用袁晓轩还是八路军办事处长的身份，采取写信约我会面的办法，侦查我的政治面貌；三、可以肯定袁的这一活动必然是岳的指使，因为袁既已叛变，不会还为了党的工作去找我，只能是受岳指使对我阴谋进行侦查；四、岳可能经过两次警报约会没有结果之后，才又第三次用在长官部公开见面的机会，再次窥察我对袁晓轩的态度。如果我去了起码暴露身份。幸而我考虑得多，避免了这三次约会的圈套，没有上当。相反，我还得到相当好处。岳烛远对我的三次阴谋侦察，不仅没能查出我的组织关系，相反给他造成对我有利的错觉，岳烛远已确认我不是共产党员了，成为他对我从怀疑到相信的转折点。当时我要不慎重考虑，后果真不堪设想。

从这以后，岳对我采取了比较接近的态度。在我告诉他去重庆，请他以后多帮忙后，他给戴笠通了信，还提出要我过西安时介绍我和×××见见面。1956年审干中，才知道他给戴笠写信保我做师长。当时说请他多帮忙的话，不过只是作为对他的应付，可能他对我请他帮忙的理解就是从副师长到师长，但是1941年新五军的情况，已经不是做不做师长的问题，而是还能在新五军存在不存在的问题。

一战区训练班结束，中央训练团十四期已经开学了，我就到重庆报到。孙殿英交代我路过西安时见见胡宗南，并给胡宗南写了信。我到西安，拿孙的信去见的胡宗南。信的内容是一般的问候，也说到我去重庆是到中训团受训。见胡是在西安东厅门、胡的住处，也是他个人办公的地方，门外无卫兵，门内有警卫。通过传达先交的信，后见的面。这次见面除先替孙问候他外，说到要到中训团受训，因为先参加一战区集训，时间已经耽误了，估计到重庆时将迟到一周左右，不知报到会不会发生问题？他说他的副司令陶峙岳也在中训团受训，你到后如有困难可找陶峙岳想法。胡宗南给他的副司令陶峙岳写了封信，要陶加以关照。陶也在中训团受训，当大队长。反正教育长之类的人，都是他们一伙，报到迟早，他们点头就行。从当时情况说，既是要去重庆，和各方面见见面，可能有助关系上的缓和。我在西安住的是西北饭店，第二天或第三天胡宗南请我去吃饭，可能发了请帖。这次吃饭除我以外还有三四位客人，有一位像似学校的教授。

我到西安还会见了岳烛远介绍的×××。当时意识到这个人可能是军统比较负责的人，但没能做进一步的了解。会见只是一般的谈话，未涉及具体的问题。和这个人见面时，还有个徐州人，也是黄埔学生，好似有意在我跟前亮相似的，从会客室门前面走过，他走过时向会客室里看了看我。这个人原先跟我是熟的。我跟他只是点头招呼，没有讲话。

后来，我还会见了西安战干团团长江雄风，他也是黄埔学生。从战干团的性质说，江雄风大概是军统特务。在他请我吃饭时，有个徐州人，叫韩继汉的黄埔学生，显然是军统特务，突然也来吃饭，有意向我亮相。我和韩继汉在广东党内认识的，又是徐州同乡，人很熟，本来应该打招呼，邀他一同吃饭，因为他来得很突然，又在我和江雄风一起的时候，一时转不过来没有招呼他。江雄风和他点头招呼，我是1927年离开黄埔的，离这时已有十年，我就装成好像不认识韩似的，让他走过去。他在同一间房子里的另一桌上坐下，见我不予理睬，也没好过来。一间房子，三个人，又都认识，分在两下里，一时搞得我很被动。饭后也便各自走开。

过成都，会见周遂初，四川人，在军校时我们同队，他是队上右派的头头，和伯良、李厚如都比较亲近。当时在成都四川国民党省党部负重要责任。除请我吃一次饭外，这次会见没涉及其他问题。

那时西安到重庆交通还靠长途汽车，时间很难掌握。到了重庆，中训团早已开学，中训团受训共四个星期，我已经迟到了两星期。从洛阳到西安，我已经是在特务的包围圈里了。孙殿英要我到重庆，主要是让我去和戴笠见面。我去之前，孙打过电报给军统，我又带着孙殿英给戴笠的信。我也考虑到，到重庆后主要麻烦是戴笠那里，因此我报完到，就先把孙的信送给戴笠，并讲了不能不先去中训团报到的理由，所以迟了。并讲明，受训结束后再来拜望。实际上，你自己不讲，他们也知道。军统、中统在中训团也有专门做工作的人。

我去中训团首先找陶峙岳，陶对胡宗南的信当然照办。中训团是一个集训军队团长以上、政府县长以上的干部训练机构。中训团长是蒋介石自己兼的，教育长是王叔铭。训练时间每期四个星期，我因为迟到了两个星期，只在中训团两个星期，因此开学时举行什么仪式，我没有参加，到后也没有打听。中训团的规模有两个大队，每大队三个中队，另外还有一个独立中队。大队和中队的队长、副队长统是由调训的干部担任，大队的队长、副队长由集团军和军的干部担任，中队的干部由军、师干部担任，独立中队的中队长是由兵监部的一位中将训练总监担任，大概姓徐，另有三个少将级的副中队长，其中一个是白崇禧的副官长，我在独立中队也是副中队长。他以后跟白崇禧讲了我去受训的事。白崇禧、李宗仁跟孙殿英的关系很久，为了孙的关系，在我从中训团毕业时，白崇禧在请客吃饭时也请我参加了。这个期间，遇到不少过去黄埔的同学，无非都是见面约吃饭。

我到中训团是被指名调训的，进去只要带军的介绍信即可，不要其他手续。中训团没有写自传这种办法，只填履历表，主要是现任职务和级别，也有出身，他们要填的出身是你从什么军事学校或行伍出身等，其他材料和表格的填写没有。

训练团的生活，每天早晨要集合一次，由中队向团的值日报告人数，就解散了，是否还有早操等活动，记不得了。上课的内容无非是一些官样文章的讲话，我记得上课的多半是政府各部门的负责人，讲各部门有关情况的多，如孔祥熙去讲过财政情况。训练团的秘密活动，从国民党特务工作的分工设想，我是军队系统，应该是军统特务的活动对象。因为我一到重庆就先在军统特务头子戴笠那里挂了号，这就到了顶了，可能因此中训团的特务就没有人再向我啰嗦，比如搞调查、填表什么的。

中训团这一期结束的形式，是召开了一个大会，蒋介石亲自到场讲了话，内容已经想不起来了。有一个印象是很深刻的，在蒋介石一到会场上台后，站在他背后的，大概是王叔铭就立刻指挥台下欢呼，有的把帽子扔到房顶，台下本来站的是队形，队伍也乱了套了，直到蒋背后的指挥示意停止时，才安静下来。结束时还每人送了一张蒋介石的相片；蒋介石请少将以上军官在嘉陵宾馆吃了一次饭，到场的有五六十人。吃饭的前后蒋并没讲什么话，大家先到坐好，等他到后就吃，吃完他先走，大家也就散了。

在中训团受训结束后，我按原订计划前去跟戴笠见面。是戴笠约我的，地点在嘉陵江边的另外一个地方。前面讲过，抗战开始，在上海我跟他见过面，他还送过我密码本和手枪。这次见面，先替孙殿英问候他，他也问候了孙殿英，孙殿英部队和前方情况很少谈，至于打朱怀冰这类的事情我不谈，他也根本不问，其实彼此心里都明白。只说了几句闲话以后，谈到孙部情况，戴便开门见山地提出："新五军这个部队应该由你负责，中央没有问题，我完全负责。"意思是中央没问题，他可以代表中央负责。接着他又说："你这次来要见见校长。"黄埔学生都称蒋介石为"校长"，以示都是嫡系。我当时对于他的这个话感觉很突然。我当时考虑，戴对我对孙同样是不能信任，对我则更不能信任，戴的用意是两个，一是对我收买，是想以新五军作诱饵，要我先上钩。我过洛阳时曾和岳烛远笼统说过请他帮忙的话，可能他理解为帮我做师长的忙，戴的话或者与此有关。而戴更比他高明，等于直接说：你应该当军长。他的意思很简单：从今以后，你听蒋介石的，听国民党的，我利用你把孙殿英的军长取消，"中央没有问题"、"中央我负责"，很干脆；这是戴进一步拉我下水的手段，要我见蒋介石，那是对我用了最大的引诱，争取我归顺，企图在蒋介石"召见"的情况下，用封官许愿的办法，促我下决心，这便解决了政治上一系列的问题。二是我当时还意识到，蒋介石的中央军一贯是以消灭杂牌队伍为目标的，他专搞互相兼并，大鱼吃小鱼这一套。他企图利用我在新五军的关系，从内部来搞垮孙殿英，解决对付孙殿英的问题。因为孙从南京政府成立以来，参加过多次反蒋活动，一直没有好好听命过，这次抗战重新再起，也不是事先得到蒋的同意，而是先自成武装，造成既成事实，南京政府才不得不同意的。对我进行收买，同时利用我来从内部瓦解孙殿英部，他们是想一举解决两个问题，是一箭双雕的险恶用心。当然对我也有考验、试探的意思，我接受以后就只有俯首听命，我不接受，便再作进一步的对待。从当时的情况出发，我们是不能这样做的。搞垮孙取而代之不是一件坏事，可是如果在国民党的指导下搞这件事，就是很大的错误了。国民党的用意无非是让我和孙增加矛盾，他们从中渔利；而且在孙的部队里也还没有取而代之的基础。我当时未置可否，既没有表示同意，也没有表示拒绝，没有明确表态，只含糊应付了事。因为如果明确表示同意，必然下一步便是具体化的做法，同时便要政治上投降，俯首听命；我是不能这样做的，就是周恩来指示过“能打进去更好”，但这个事情，根据我当时的具体情况，是做不到的；我到孙部后的一系列事实，没有相反的实际行动表现，说空话是骗不了像戴笠这样的特务的，因此我就没有考虑这一点。表示不同意则于我不利，因为这样表示就会造成困难，甚至我在重庆就会发生意外，因此只有含糊应付过去，婉言说明在孙部我毫无基础，对孙部没有控制力量，这样含糊推卸了。谈话不长便结束了。这次见面，他又送我一本密电本，要求今后多多联系。意思是：以后经常联系，你回去给我想法搞孙殿英。

十四、和蒋介石一语谈崩

跟戴笠见面后，又去看过徐恩曾，他是庞炳勋和洛阳中统头头介绍去见的，回去以后还得向孙殿英有所交代。所以我到重庆跟戴笠见面后，还得拿着洛阳胡××的介绍信去见他。他已经知道我和戴见过面，孙殿英的部队又属军统掌握，他也不便插手，所以他见我面，好像对一般客人一样，随便谈谈，没有什么内容。只是，看来特务都有个办法，像我在西安与特务见面一样，会客室门前走过一个人，在他走过时有意地停步看看我，同我点点头。我见到的是胡汉杰，苏北宿迁人，一个我在徐州读第十中学时的同学，当时私人关系很好。这人比我高两班，同过一年学，以后他也在武汉军校（或黄埔）读过书，1927年潮汕失败后，在上海还见到过一次，那时知道他是共产党，不过，我跟他没有组织关系，以后再没见到。这人就在这想不到的时刻，在我面前穿过。他们特务的会客室好似专门用来干这个的，我思想上又是毫无准备，只是勉强和他点点头招呼了下。没有进一步的表示，那个人就走过去了。

共产党叛变了的，敌人一般都派作特务。从西安特务头子处遇到黄埔三期的韩继汉（1926年我到广州把组织介绍信交了，代表组织上约我见面的就是此人），在徐恩曾处又遇到胡汉杰，他们采取的手法都一样，特务用这种手法是要让你知道：你过去的事我们都知道，借此要你好好就范，老老实实听他们的。你不老实，“你的情况我们都知道”。我当时没有正视这个问题，采取了置之不理的态度，从以后的发展看，这是有问题的。这件事和我回到洛阳后，在被捕之前朱秋白去看我，统是有联系的。朱秋白也是宿迁人，和胡汉杰同乡。

这次会见之后不久，戴笠就通知我去和蒋介石见面。从中训团受训的学员说，高级军官蒋一般也是要见一次面的。他替我准备了汽车，门上的警卫实际就是戴的特务，当然他都布置好了。我本来住在江北孙殿英驻重庆的办事处，过江上坡后汽车已经等着我。见蒋介石还有套装束：服装整齐、挂上皮带、军阶、鞋擦得锃亮，戴上白手套。去时门上警卫似乎先知道，只通了姓名便被引进去了。蒋在一个会客厅里，我进去后一坐下，他便问华北情况怎么样。没料到第一句话就说崩了，把蒋介石搞翻了。新五军驻林县、黄河以北国民党已经没有什么队伍，那时华北只有八路军在抗战，谈华北首先得谈八路军，这是客观存在。我的语言也只有在华北的习惯语言，所以一开始便说华北共产党、八路军……一句话没容讲完，他就怒气冲冲，怪叫："奸党、奸军"，连叫了两三遍，我的话就说不下去了。我考虑我正没法说，说八路军好不行，说坏，我怎么说呀！他一发脾气，我沉默了一两分钟不说话，他看我不再说话了，就没有再往下问，拿起一支红蓝铅笔在一本便条上勉强晃了几晃，批了一个两千块钱的条子，送我路费，我便就此退出。蒋送师长级军官路费是有惯例的，分两千、三千、五千三种。这个见面就这么结束了。事情发展成这样，坏处是局面搞僵，好处是不致于再深陷在这个特务圈内。这件事发展下去，很清楚是让新五军跟共产党搞磨擦，或是他们搞孙殿英。这张条子是拿到办事处交给刘曾若派人去取的。我还提出把这钱交给办事处，用电报也报告了孙殿英，后来刘不愿收，我便作了回来的路费。

会见张厉生，是孙殿英有信要我去看的。这次和他见面是和刘曾若一同去的，是一般拜会的性质，代孙向他问候，没有涉及具体问题。孙殿英每月由刘曾若从办事处给他送一千块钱，这也算是他们之间的一个经常关系。在重庆还见到伯良和樊××，都只见到面，一般的谈谈。樊××是川北师管区司令，我们以前都是同队，他们也都是同队中比较反动的。

从中训团出来到与戴见面之后，各种力量我都接触了，大体情况已经摸到：他们对我想采取收买的办法。原因有几个：一、在洛阳岳烛远对我的侦察，没有搞清楚我的真实情况，他判断，我很可能跟共产党已经没有关系，虽然我还倾向共产党。他们不是不考虑采取各种手段，比如让我脱离部队，或把我除掉，但只根据他们当时了解的情况，还下不了这个决心。二、同时，这也还牵涉到孙殿英的表态，孙不表态他们不好动手。三、他们对孙也不相信，想从内部把孙搞垮。他们想采取收买办法，把我收买过去以后，进一步利用我在孙的内部搞孙。说什么"新五军由你负责"，由我负责把孙殿英摆在什么地方？可是，我跟蒋介石见面的情况不好，我只讲了一句话他就翻了。他把八路军当奸党、奸军，我在谈话中，对八路军没有采取这个态度。看来，谈得很僵，要想恢复过关系来，非得我有具体表现不行。如果我没有反动表现，要搞好是不可能的。那时已经形成这样的局面，我就算是把底摸透了。

我到重庆必须到红岩村向八路军办事处周恩来同志汇报，因为我到孙部工作是周恩来同志指示的，工作关系又是他单线联系的，长时间无法汇报工作，这次到重庆便非去不可。我考虑我在重庆的活动，国民党必定有些侦查布置，一定搞盯梢来看你跟什么人来往，你去了哪里；我反复考虑去八路军办事处怎么个去法。我到重庆是1941年三四月间，住在孙殿英驻重庆的办事处里面，办事处在江北靠近江边不远的地方，是租用的一所民房。办事处长是刘曾若。我的行动对处长刘曾若是很难避开的，我去办事处也不可能完全不让他知道。好在刘过去对八路军态度还好，他跟徐冰七七事变以前就有关系（徐冰即邢士廉之弟，又名邢西萍，邢士廉一度为北洋军阀组阁，出任总理，抗日战争以前邢家一直在北平住。由于邢士廉的关系，有利于掩护邢西萍。抗战开始后的一段时期中，邢西萍在重庆八路军办事处工作，解放后任统战部副部长）。我考虑抗战以后刘曾若不会与徐冰没有了关系，一同去还可密切刘和八路军办事处的关系。另外，重庆雾季，清晨有时伸手不见五指，这个条件有利于我的活动。我就利用一个大雾的早晨，约刘曾若同去红岩村八路军办事处。

我们住的新五军办事处在江北，过江上岸，就是曾家岩。从曾家岩到红岩村距离相当远，雾中也不能坐车，我们两人就走路去。走许久，到红岩村雾就快消了。进红岩村附近山口，两旁都是树木，小路旁边有个席棚似的临时建筑，我们不知道这就是国民党特务专为监视八路军办事处搭的棚子，一帮特务就住在那里。重庆的山水顺坡流下，天气正热，有几个人在那里接水洗脸漱口。我们找不到红岩村的进口，以为这些人是老百姓就向他们打听，一问八路军办事处在哪里，这几个人惊奇得瞪着眼，光看我们，也不回答。我们马上联想到这是国民党在办事处周围布置的特务，急忙循小路上坡而去。其实，向里只走几十步就看到一排临时房屋，一看到里面的人，就能辨别出这里就是八路军办事处。这时，天还早，恩来同志还没有起来，进去通名报姓，提出要见恩来同志，同志们就来招待我们坐下。向恩来同志报告后，很快他就起来了，这时邓大姐也起来，张肖梅也看到了，徐冰负责政治工作组，军事工作组是王梓木负责，七七事变时王住在我的家里。办事处里边还有很多熟人，早饭我们就在这里吃的，恩来同志约我谈话，刘曾若很聪明，一听说恩来同志找我谈话，他就表示：起身很早，已经很累，要跟徐冰谈谈后，找间房子休息。就给他找了一间房子让他去休息了。实际他是避开。

谈话时是恩来同志、董老和我三个人。我向恩来同志汇报我在东长寿车站跟他别后到孙殿英部工作的经过和华北的情况，几年来孙部和八路军的关系，以后说到在孙部配合消灭朱怀冰的情况。讲到打起来以后，朱怀冰在武安被击退后，退向孙殿英驻在地姚村，八路军超越追击抢先占领村外阵地，我怎么向孙殿英建议，让他把姚村附近的部队交我指挥，孙殿英上山走后村外就打响了，我当时的处理。讲到这里，也提到这时情况很紧急，万一双方打进姚村怎么办？恩来同志很快就说：进家、关门呵！我就说：是呀，我当时就是这么做的，进家、关门，我还加了一条上房子，我下令说只要部队不打门，不爬房子，在门外搞巷战我们一律不许过问，谁先开枪唯他是问。后来我又说到在村外把朱怀冰击溃了，以后我到了前总与邓小平等见面的情况。我讲到打朱怀冰以后的变化，国民党调邢肇棠到重庆中训团受训，他与李琦就向边区跑了，现在，他们对我打主意以及我到重庆的经过。说到中训团受训后会见戴笠，戴笠阴谋对我进行收买和会见蒋介石的情况。我最后表示，孙殿英的态度和新五军的情况一天天变坏，我在新五军面目已经暴露，国民党原已十分注意，这次到重庆情况又很不好，没有缓和以往关系，无论前后方的情况，我都不宜再回孙殿英的部队了。同时我说，戴笠他们有心收买我，现在结局这样，他们不会容许我再继续在这个部队待下去。我向恩来同志请示，我是否不回孙部而到延安？可是，此时也很为难，彭文已经带着几个孩子到了洛阳。我跟恩来同志讲这些话时，他没有同意我的要求，很快就说：展望战争形势的发展，将来至少黄河以北是我们的，你还是要回到孙殿英部队去，坚持下去，准备将来接收这个部队。恩来同志这么一说，我就不好再多说了。

我去重庆前，彭文已经经重庆到了洛阳，彭文告诉我，在重庆时也曾要求去延安，都未批准，恩来同志指示她不要到延安去，要她到洛阳掩护我的工作，并且不带组织关系去，以后组织关系当面交代由邓颖超证明（解放后才告诉我，到洛阳后只和李锡九一人取联系）。因此我体会周恩来的意思还是要我单人在那里工作，也就没有提出在孙部的组织关系问题。

红岩村对面的山

大概谈了一个上午，中午该吃饭时候才结束谈话。邓大姐招呼吃饭。在谈话时，我们的同志就到这里汇报，说山上有人拿着望远镜向这里观测。谈话的这间房子在山沟底下，特务就从东边山坡上向这房子里看。山上的特务可以用望远镜从窗子中看得见。天虽热，我们也只得把窗子关上。中午和邓颖超、王梓木、张晓梅等同志一同吃的饭。吃饭时，那房子山墙上也有窗户对着东山。我记得，邓大姐把我放在长桌子头上，按会客的规矩，等于在主位上，面向里，背向东山。特务做这样活动，就因我们通过山口向棚子里面的人打听办事处暴露了，所以跑到东山上用望远镜侦察。我们担心出去，还不知特务怎么对付，中午吃了饭又随便谈谈，到下午三点钟前后才走。办事处的同志不要我们从原路回去，以便避开来时遇到的那些特务。同志们引着我们出办事处向南，转到东山，就是特务用望远镜窥测的地方，这时特务已经跑了，我们在他们的引导下，顺利地离开了八路军办事处。

十五、被捕——孙殿英借刀杀人

中训团受训结束，对于蒋介石和戴笠的关系已经到了难以应付的程度，今后的工作恩来同志也有了明确的指示，因此，回到新五军办事处，我就考虑离开重庆回去。恩来同志要我坚持，党的事业需要我保持孙殿英部的这个位置，我不能不听呀！但是，我先得给孙殿英打电报告诉他“中训团”已经结束，我准备回去，问他重庆还有事没有？孙殿英很快回了电叫我不要回去，就留在重庆。这时我明白了他的意思，是要把我送到重庆来表白他的态度。我想，我在重庆住，算个什么？如果我在重庆住，跟军统的接触就要多了，这很难应付，最好的结果也只能一无所为。再是恩来同志交代，要我回孙部坚持，准备将来接收这个部队，因此我决意早日离开重庆回前方去。

在重庆时也估计到到洛阳后回不了前方，在和恩来同志谈话时，他一定要我回孙部去，我表示：我办教导队，里面成千的豫西人，回不了前方，我就以这些豫西的人为基础，在豫西利用各种关系搞武装，搞个游击队。恩来同志不同意，他说：你在豫西搞不过孙殿英，尽管你是有一套，但是，你也搞不过孙殿英。因此我就不再做其他想法，只想到早点到前方去。

孙殿英不让我回去，刘曾若态度很好，他主张我仍回孙部，这使我减少了阻力。如果刘的态度不好，我走就有困难。他甚至可以联系有关方面如军统等，阻止我走。有了刘曾若表示的态度，我就准备回去。

我到重庆来，孙殿英介绍我跟戴笠见面，是他应付戴笠与蒋介石的做法。我要不要在走之前和他们见面？因为我和蒋介石见面的情况很坏，考虑再和戴笠见面很不好谈，同时也怕再见到发生其他的问题。我考虑见了万一他们不让我走，我就走不了了。走必得经过成都、广元、汉中，一路都有特务机构。我就下决心不顾一切，也不见他们，不辞而别，突然离开重庆，等他们知道，我已经走出四川省。我果真就这样离开了重庆。

路过西安时已经发现有了问题。后来晓得，离开重庆没有跟戴笠见面，戴很不满。我到西安，岳烛远介绍的西安特务头子（可能是管华北若干省的）见到我，告诉我戴笠有电报给他，要他将戴笠给我的密电本收回。这事表明，他们本想和我"建立关系"，现在，我走不见他们的面，他们不满意。对我已经不作什么希望才要回密码，断了这个关系。这显然是戴笠不满的信号。我过西安，胡宗南也只跟我见了一面，不像去时还请我吃饭。了解了他们对我的态度，我感到情况向坏的方向发展了，但是还没有十分重视。这时我跟孙殿英的关系表面看还没有破裂。孙不管力量大小，是独立起家的；孙殿英的力量虽不大（他有两个师的编制，实际不止两个师），但此人花样多端，不好控制；我认为靠他这支部队的力量，只要孙殿英不表态，他们还不至于马上下手；而对于孙殿英在打朱怀冰以后一系列的变化和要我去重庆以及后来阻止我回去的各种态度，过于忽视了。

五六月间，我从重庆回到洛阳，彭文母子都在洛阳。我在此住了半月一月的样子，我急于回前方去。恩来同志交代得很清楚：坚持下去，要起点作用。要起点作用，做点工作，就要回前方部队。我从洛阳办事处发电报给孙殿英，已由渝到洛准备即去前方。可是，很快就接到孙的复电，他不要我回前方，让我"暂勿返防"。我从重庆动身前给孙去电就说我要回去，那时他回电要我在重庆暂住。我没有按他的电报办，自己回来了，到了洛阳又发电报要回前方，他又如我在重庆一样，复电再次阻止我去前方，要我留在洛阳。从洛阳到前方与从重庆到洛阳不同。现在要过黄河，要经过敌占区，要有武装，起码也要有支小部队，防止遭遇敌人。单人过不行，遇到敌人没有抵抗力。跟我到洛阳的只四个人：两个勤务兵，一个伙夫老杜，一个马夫贾其华，伙夫去重庆时留在家里，只剩下两个勤务兵，一个马夫，这点人力，没法回到前方，便不好强行了。孙殿英经常有一个班或一个排的小部队，每月从前方来洛阳一次押运部队的饷项物资，回前方需要随部队才能行动。我倒可以利用这些机会，可是我如不得孙本人同意，回去会出问题。

前面说过孙殿英的为人是很阴险的，我参加洛阳一战区办的作战人员训练班时，还有个孙部的人叫张季良的，是三师的参谋长（孙殿英第五军就两个暂编师，三师和四师）。我在训练班结束后去了重庆，这位参谋长跟随小部队回前方，在路上被打死了。据说，他在前面骑马走，后面有人打枪把他打死的。这很明显，是这支小部队自己打的。这是孙殿英的命令。没有孙的命令，他们不敢打，不要说打枪，遇到事，部队也得保护。他被打死，传说是这人到洛阳后与各方面来往很多，受到孙殿英的怀疑，因而把他打死。虽然是传说，但可能性很大。

孙两次阻止我回去，是要我脱离部队的，本来应该有足够的警惕了，而我没有正确对待这些问题，反而主观地硬要回前方去。给牛瑞亭（孙部一个支队司令）的信就成了问题发生的导火线。前方一位支队司令牛瑞亭得到我的信，我在信中表示了我对不能回去的不满。我的信中有句话："被拒于千里之外"，这就出了事。审干时才听说，牛瑞亭把我的信拿给孙殿英看了，孙殿英向来是让参谋读，他听。他听至此，大发雷霆。就打给一战区司令部一个电报控告我"原有共产嫌疑"，"畏缩不前"，"鼓动军队"等罪名。我就这样被捕。教训是不能随便对这些人发牢骚。其实，问题还是出在打朱怀冰后，国民党给他压力；我到重庆后又没有改善关系；到洛阳又不听孙的话，爆炸是由此点了火吧。

我在洛阳被捕之前，朱秋白到我家去看我，是张默夫陪同他到我家的。回想我和朱秋白以往并不认识，他这个人我知道在什么地方见过面，他去时还给我一张片子，印着他的官衔是豫陕×三个省的税务视察职务。一般说老熟人是不会用片子再介绍的。从他的公开职务看，这个人是中统比较上层的人物，他这次看我，现在想起也不是偶然的，很可能与我和徐恩曾的见面有关。我在重庆只和徐打一个照面，以后就没再见面，他们是不会这样放手的。总之我和徐恩曾一见之后，事情并未应付过去，朱秋白此来很可能有使命，是要继续做我的工作的。

当时我在洛阳即令不被捕，环境已经很坏，也是很难应付的。我也自问，一开始做这部分工作，总理就指示过：“要同他们来往，最好能打进去。”可不可以打进去呢？经过 1938 年办教导大队，到 1940 年打朱怀冰，经过种种，他们已经对我十分注意了，其所以不下手，就只是因为孙殿英的态度还不明朗。我要进去，他们会要，但必须付出高价，这是无法对付的。

我被捕是 1941 年 8 月间，逮捕是采取召见、扣押的方式。我是住在洛阳近郊瞿家屯村，头天晚上得到办事处王松筠转来战区长官部通知，要我第二天上午到战区司令长官部去，说是战区司令长官有事找我谈话。我当时奇怪，战区找我谈什么呢？但又想，也可能找我谈谈。以后回想，孙殿英的洛阳办事处长找我说：明天不能不去啊！这话很有意义。孙殿英给一战区说我有共产嫌疑的电报当然是洛阳办事处长转的，他知道要逮捕我，就安排我一定要去。我事后回想，当时不去，跑掉可以不可以？我想，不可以。他预备逮捕我，一定在我住的村子附近布置监视，有监视就跑不掉，甚至可以是一种试探：给我留一个时间来观察我怎么样，如果我想逃跑，罪证更确切，更证明是共产党。不过，我当时还没有这样周密的考虑。

被捕不久就到了中秋节。第二天早饭后我去了一战区长官司令部，先到的副官处那里。副官处长姓刘，和他见面之后，我看他态度冷冷淡淡，上下打量我，我感到有点不对头。我进去时他正站在房里同一个人说话，我向他通报姓名以后，他向我说：你坐坐我就来，便出去了。他刚走顶多一二十分钟，就来了个军官，背着一支驳壳枪。进屋后告诉我：有点事情，请你到军法执行监部去对证一下（即军法处，称第一战区执法总监部，总监是余典枢）。他这一说，我就明白出问题了。便同他一同到了军法监部。他们还算客气，没有采取逮捕的办法，而采取让我自己去，他们扣留的办法。当然这不是为我这个人，而是对新五军的少将副师长，不要做得太难堪。

执法总监部和司令部一起都在西宫营房里，从副官处到监部通过后院一块场地就到了。西宫是个兵营，从前吴佩孚在此练兵时修建的，地方很大。到监部时军法总监余典枢和一位主任军法官已经在他的办公室坐等。后来知道，审讯我的就是那一位军法主任。余典枢人比较高、胖，络腮胡子，当时年岁已有五十上下，南方口音，没有和他说过话。主任军法官的姓名，当时问过同监的犯人，现在也忘了，北方口音，中等身材，面貌无什么特点，白净面皮，像个知识分子，年岁四十上下。“文化大革命”当中审查我的专案组，在青海省偏远的浩门农场，找到了这位当时的上校主任军法官，他还叙述了当年审讯我的情况。

军法执行总监已经得到电话，我去后他们也是上下地打量了我一番，然后问了我的姓名，说：有些问题要在这里对证一下。平时，去战区司令长官部是要服装整齐的，这时他们就要我解除我的少将领章、武装带。我把领章武装带取下来，还让我穿着军服。这时候进来一个人，要我跟他走，后来知道这个人就是看守所长，便把我送进了军法监部监狱。不过，还不跟一般犯人押在一起，给我住的还是一个比较宽敞的房子。监房也就在他们办公室靠近不远的地方，共两个同样大小的牢房，一个朝西，关有二十人上下，睡在地上；我是关在朝东的房子，很大的房子只住有五六个人，可以放床。和我同住在这里的人可以自己烧菜，吃酒，生活比一般犯人优待些。这个房子门不上锁，另一个房子是上锁的。院子经常有宪兵看守。看守所长身个不高，大约三十多岁，北方人。还有一个宪兵排长也是北方人，口音像似河北的，普通身材，也只三十多岁。我一去同监的人提醒我，给看守所长点钱，要他给你找张床。我就拿了二十块钱给了看守所长，请他给找一副铺板。他接钱后随即拿了张床来，又主动要我给他开个地点，给我向家里送信，取行李。记得是李吉庆——我原来的通信员，给我送来的行李和换洗衣服等用品。隔了些日子，我又叫李吉庆买了点东西，打听好这位所长的家在哪里，给他送去。

我考虑，我这次发生问题的原因有以下两方面：首先是出于孙殿英。明显看出是孙殿英态度变了，表态了，一战区才下手的。他打算断绝和八路军的关系是可以肯定的。以后听说我在洛阳被捕时，他在前方也大批逮捕进步青年，我在前方的住处也同时被他们和特务一同搜查了，由此也就可以证明了。孙的变化也有三种原因，一是打朱怀冰事件之后，国民党、特务对孙有相当大的压力。二是1941年正是第二次反共高潮之后，也正在1940年“百团大战”之后，在华日军调集主力转到华北，主要矛头指向八路军，孙部也在河北，受到日寇的压迫，已经动摇。再加当时欧洲战场盟军失利，在这种情况下，孙错误估计了形势，认为形势不利，共产党以后的困难很大了，甚至也不必再交往了，因此便向国民党屈服了，对我们的态度大变，屈从特务指使，对我下了毒手。[靖叔平注：1942 年 12 月，孙对文强的自我表白说明了他那时对共产党以及对靖任秋的态度和复杂心理："一年前有人在洛阳告发我的副军长邢肇棠、副师长靖任秋等都是共产党，庞老总（指庞炳勋）乘机找我的麻烦，说我养了共产党想造反，甚至说任过孙中山大元帅府秘书的李锡九老先生也是共产党。我是一个老粗，哪里分得出青红皂白，只好将靖任秋扣押起来，邢肇棠我正要交出去，谁知走了风，他带着副官、勤务兵一道逃走了。李锡九老先生现在洛阳，住在七里河我的办事处，要人有人，什么时候也不会跑，他究竟居何党派，我是分不清的。可恨的是调到重庆受过训的靖任秋，委员长是何等的爱护他，从我保存的这封信上就可看出来。人心难测，谁料到他是共产党，真是该死的东西。……还希望有便时……为我好言一句。"见《文史资料选辑》，第六十四辑] 三是他既然表态，为什么我去重庆前他没有加害我的意思，而我从重庆回来以后他才下手呢？我认为他最初只是想把我送到重庆，向国民党表示他的态度，同时可以使我离开部队。所以我在去重庆前以及到重庆后他都当面和用电报表示过要我暂住重庆不要回部队。我到重庆后没能满足他要我见戴笠和戴搞好关系的意图，也没有按照他的希望留在重庆，回洛阳后孙又来电要我住洛阳不要回前方，我曾写信表示不满，可能问题就发生在这里。正好这时前方又有一个团脱离了孙殿英，便成为导火线。其次是出于重庆。和戴蒋两次见面的情况都不好，再加我去红岩村办事处时被特务发现，可能因此发生了问题。

我在一战区被捕时情况很紧张。孙殿英要搞我就是要搞死我，让我活着出去，等于他树了敌人。孙殿英是阴险的人，他要这样做是肯定的。我关进去以后想，一定是因为共产党的问题，被捕后情况不会好，关在这里时间不会久就会遇害的。因此当时不仅没有考虑设法营救的问题，连彭文要去看我，我都没有让她去看。彭文住的瞿家屯，离西宫不远。我想既已如此，我和她何必见面，彼此徒增无益的痛苦，所以那时已不愿再见彭文。

我的勤务兵李吉庆还在我家，允许家里送点菜，还允许他给我送换洗衣服和行李等，我就要他告诉彭文不要来看我，免得在这种情况下见面后大家动感情，彼此不如不见。孙殿英也认为很快要将我处决。李锡九老先生那时也住在瞿家屯，担任孙部顾问，又是河南省政府委员，他在北方声誉很高，大家都把他当长者。孙殿英知道李锡九跟我关系很好，让李锡九知道他搞我，一是李会设法营救；二是我如被处死，李会很痛苦。为了不让李先生过问我的问题，孙殿英就下令给他的办事处，派人送李老先生到嵩山去玩（这是我后来知道的）。我对于可能牺牲，处之比较泰然，甚至考虑到把我绑赴刑场时我应该持什么态度，因此毫不觉得惊慌。

十六、狱中岁月

没有很快处死出乎意料之外。在军法监部只经过一次审讯，时间大约在我拘押了一二十天的时候。审讯时只有一位军法官，就是我初到军法总监那里见到的那人，另外有一位记录。审讯的房子和我住的监房是在一排房子上的隔壁的，营房的上边没有天花板，梁上都是通的，那边审问这边都可以听到。法官去审讯，要走过我们的房子前边，我们可以看到。记得审讯之前，同监的人看到这位法官，曾经和我打招呼说：这个家伙可很厉害，有时还打人。审问时这位法官的态度是慎重的。一开始这位主任军法官照例先问问姓名，以后就明白告诉我，孙殿英有电报给一战区司令长官部，就宣读了孙殿英给第一战区长官司令部的电报，电报很长，我只记得主要是提了三条罪状：一、原有共产嫌疑（叔平附记：据妈妈讲，靖的共产嫌疑还包括“不嫖不赌”这一条）；二、逗留不前，这一条在抗战时期可是重罪；三、鼓动军队。第三条是指策动第四师的团长王天祥带一团人跑到铁路以东投敌，以后日本人把他编为“东亚同盟军军长”（这事也确实与我无关，1944 年我倒是真到王的部队策动他起义到我方）。电报全文很空洞，全都没有提出事实，共产党的问题也只说原有嫌疑，并没有肯定我是共产党。审讯时，主任军法官的态度还不坏，没有用凶狠的态度对我。我辩白说，这三条都不确，第一，我原来是共产党，可是好久前已不是了。我要是共产党，为什么任用我做副师长，我和孙殿英有多年的关系，他从没有提出过我有共产党嫌疑，为什么我刚从重庆受训回来，还没有到部队，就说我有了共产嫌疑？我想，岳烛远过去跟我一起过党的生活，现在，你们不能查出任何证据能证明我是共产党员，而我任暂编第四师副师长的任命则是国民党正式下达的；第二，逗留不前更不是事实，孙殿英前不多久，在我请求回前方时给我的回电，我还留着，明明是我要去前方，孙殿英要我留在洛阳，不要去前方，我对此还不满意，反而告我逗留不前，可以证明是诬告；第三，我也没有鼓动军队，因为我从重庆回到洛阳不久，回来后，才听说王天祥带着部队跑了。我既没有回到部队，一没有和任何军队的负责人有来往，二也没有鼓动军队的通信往来，怎么鼓动法？是我派人去的，还是写信去的，有没有证据？如果这三条，孙能找出人证、物证，我甘愿承担责任。可见全是诬告。在审讯中连不赞成共产党的话也没说过。问到这里，他只要我以后将电报交去，再没有往下追问，这次审讯就这样结束了。审讯中，除宣布孙殿英告发的电报，我作了简要的表白外，他们既没有提出任何事实和证据，也没有对我进行追问。第二天我叫李吉庆从家里把孙殿英发给我的电报让我不要回前方的证据交去。

在军法监部大约有四个月上下的时间，军法监部问过这一次就再不问了。

把我拘留之后十多天还没有处死我，这时经过审讯，我看情况不是预想的那么严重，李吉庆来告诉我，彭文一定要来看我，我才答应彭文来看我。彭文每次都告诉李吉庆她要来看我，在军法监部几个月，也只去过两三次。但是也还没有想到托人营救的问题。

到军法监部看我的人有李锡九、王松云、康翔等，他们只去过一两次，彭文、李吉庆（我原来的通信员，河北行唐人，当时还留在我家里）去的次数多些。彭文的弟弟彭轶黄也在洛阳，我的印象中好像没去看过我。当时看管我们的宪兵连长靖广松，是我本家一个叔，以后他知道了我，也去看过我一次。去看我的人没有带东西的，只有我家里有时做一点菜给送去，有时送去衣服被褥用品等。转到政治部以后只有彭文、李吉庆去过。在孙殿英部队，康翔和严家诰二人是和我作斗争的主要人物，我们也旧日无关，他们是不会营救我的。康翔此人胆量小，为人很不正派，他不肯也不敢为我负责。他到监狱看我，我在口头上也说请他帮忙，这同他看我一样，仅仅是互相应付而已。其居心是叵测的。彭文和他见面，做些请托是可能的，但不会期望他能营救我。

在年底之前（疑似秋时）严家诰从前方去重庆，路过洛阳到军法监部看我，我正好给战区参谋长郭寄峤写了一封信，由于他是去重庆见戴笠的，也就给戴笠写了内容相同的一封信，请他带去。审讯之后我已经了解逮捕我的原因是孙殿英去的电报，考虑三条罪状不仅全无证据，相反逗留不前显然是诬陷，因此信的内容是和我被审讯时的辩白一致的，都是表白我既不是共产党，也没有鼓动军队，更不是逗留不前，说明我是受孙殿英有意陷害，申诉我无罪受冤，请他们主张公道。我和郭在1941年初在一战区集训时见到过，此前不认识。郭这封信是由看守所长代送的。我当时的用意一面是向他们表白一下，同时也是向他们指出，他们是没有证据的。这两封信全没有反应，郭季峤只给了一个盖上"×山樵夫"闲章的收到条，是用便条纸写的，既没有具名，也没有公章。

我考虑，影响他们对我处理方法的，不是我的信，专凭信，说得再好他们也是不会相信的，而是以下两件事可能起了作用：（一）岳烛远对我的阴谋侦察失败，给他造成了错觉，起了有利的作用。以前我是共产党员，岳是清楚的，因为我们就是1925年南京党内认识的。但是抗战前我所属的组织华北联络局以及一些有关系的人，全没有受到破坏，我也没有暴露过身份，所以抗战时期我是否还是共产党员，他们是没有掌握到我的材料的。这是一个他们需要考虑的现实的问题，也正好可以解释他们对我进行侦察的原因。岳烛远为了搞清我的面貌，阴谋利用袁晓轩的叛变对我进行侦查，是比较有力而且阴险的手法。袁晓轩抗战初期是八路军前总参议室的负责人，是专做对外联络工作的，也和我见过面，但是他不知道我的组织关系，对我的共产党身份既不敢否定，也绝不能肯定。他阴谋的两次约会，再加上后来在长官部的会面，我对袁都采取了不亲近的态度，侦查起了反证的作用。这之后他错误地认为他对我已经确切地了解了，认定我已经不是共产党了，才对我从怀疑转而采取相信的态度，才敢于向戴笠作保，并且在戴那里起了作用，采用升官许愿的办法对我进行收买，甚至也关系到我被捕后他们所以不能按共产党处理我的主要原因。这倒是我对他们应对的效果。我对岳也做了些工作，如请客吃饭，表示接近等，于是旧日关系可能就向好的方面起了一定的作用，而且又经各种证明，他可能更加自信了。因此他对我的态度一直没有什么大的变化。（二）以后知道我在洛阳被捕的同时，新五军在前方搜查我的住处，又在部队逮捕了几十个人，这肯定是孙殿英伙同特务严家诰主持干的。这说明孙殿英不是对我一个人，而是他对共产党的态度变了。但是在我前方的住处也没搜查到什么我有关共产党的秘密，听说我的房东老太太连我的几本书也给收藏起了。党在我的组织关系问题上，布置是很周密的，我没有横的关系。在前方逮捕的这些人，有的不一定是共产党，总也会有共产党，但是在这些人中间，不会有一个人说出我是共产党的，因为我在新五军没有组织上的关系。连彭文过重庆去洛阳时，周恩来为了掩护我，都不让她带组织关系，只叫她到洛阳后和李锡九一人联系。这是正确的组织路线的胜利。因此他们的这一罪恶勾当，没有达到目的，相反又一次给我造成有利的作用。严家诰去重庆过洛阳的时间，在我被捕已有两三月之后，显然是在孙殿英部队完成这一罪恶勾当之后，是在前方搜查了我的住处，并逮捕了大批干部，审讯全未查出我有关共产党的材料之后，向重庆去汇报请功的。

对于我的情况，他们是一定要向戴笠反映的，这些事可能起到了实际作用。这两件事说明他们虽然认定我是共产党，但是毫无证据可言。从具体活动上，他们也很难对我进行追究，即以打朱怀冰为例，1940 年邢肇棠跑了，我调重庆受训，我看基本是从这件事引起的。但是很微妙，谁都不谈这个问题。这件事如果追究起来，势必追究到孙殿英身上。他们顶多只能说我倾向共产党，对孙殿英起了影响作用，但是决定作为的还是孙殿英，孙不表态，我实际上也是不能自行决定的。这一点他们是能懂得的，所以他们不能对我进行追究，追究起来，我就要推到孙殿英身上，他们反倒不好办。我只能负这点责任。因为已经打响，仓促之间我在村外和他说了这句话，建议他走开，他不说别人不会知道，他说也说不出口。我在孙殿英那里的其他活动也都有类似的情况。因此他们对我的处理，一方面因为告发我的三条罪状缺乏事实，无所依据；再加在我被捕之前和之后，他们利用袁晓轩对我的侦查，搜查住所，在部队大批逮捕和审讯，毫无结果反而起了反证作用之后，无法肯定我是共产党，无法定罪；另一方面，即令如此，他们也并没有把我放过，依然对我不肯放手，仍然是长期监禁不放。而且我看对我的处理基本是在一战区解决的，因为转到西安以后，随即送到终南山脚的道峪监狱，再也无人过问。

在监部和政治部对于去看望的人都是有人监视的，去的人只是讲讲一般看望的话，有关案情的问题是不好讲的。岳烛远的情况不同。岳烛远在军法监部审问我以后，来拘留处看过我。这次见面他首先向我表示，他到南阳去了很久，最近才回来，逮捕我的事情他不知道。我当时认为，这不过是以前熟人见面后的应付话。据解放后的文史资料了解，这次逮捕我的动力之一还有汤恩伯。据文强称，1941 年反共高潮期间，蒋鼎文初到一战区做司令长官，就和汤恩伯、胡宗南、戴笠商定对付中共武装和地下组织的计划和布置，因而蒋到职不到两个月即逮捕了新五军副师长共产党员靖任秋云云（见《文史资料选辑》第三十二辑）。当时汤是一战区副司令，驻军正在南阳，岳是戴笠军统一战区的负责人，在戴笠和一战区合谋的活动中，不可能没有岳参加。岳烛远说的，逮捕我时他正在南阳，那就很有可能岳在南阳对我的问题和汤恩伯共同策划了的。当时我向岳表示，我这

国民党在长安县白道峪关押革命者的秘密监狱。靖任秋是唯一幸存者，1983 年重访旧址

次是受了冤枉，孙加给我的三条罪名都不是事实，是没有根据的，首先我现在不是共产党，鼓动军队更没有事实，逗留不前更是笑话了，在我被捕前孙还有电报要我暂留洛阳可查，显然是陷害了。我当时要他帮忙，他表示愿意帮忙。我当时考虑这证明情况还不太糟，如果很严重，就是说他们已经掌握了什么材料，认定我是共产党，岳烛远就不敢去看我，要看我去就是收买或威胁、利诱。但是，岳烛远来看看我就走了，这可以供我揣测形势。

到1941年底，到了12月初的时候，就把我从军法监部拘留所转移往一战区政治部。从政治部的工作性质设想，很可能是到政治部解决“原有共产嫌疑”的问题，但是去政治部前和到政治部后，统没有人向我宣布去政治部的原因和到政治部以后要我做些什么，到政治部后我也只见到一位科长，这位科长什么也没和我谈过。这时政治部主任是陶峙岳。送我去时，有个带枪的兵押着，先到政治部办公处所在的一幢小楼去，在他们以外的院子里等着。以后出来一位主管我这案子的科长，瘦高个子，南方口音，瘦长脸，年近四十的样子。他们事先都是准备好了的，没有多讲什么，他便要一个警卫的宪兵排长把我带到和他们办公室对面的一处平房的地下室去看押。洛阳、西安有种地下室，类似窑洞的挖法，向地下挖很深，这里冬暖夏凉，有钱人家才能挖得起这种地下室。新五军洛阳办事处长王松筠的后院就有这种洞，可以避暑和防空。关的那间房子像是原来宪兵住的，两边摆四张床，以后这位排长和我一起住在这间房里，同住在这间房的记得还有一位。排长是北方人，河北口音，中等身材，只有三十以上年纪。科长把我交给宪兵时，同时叫他们给我送了一本三民主义，一本建国大纲。我到那里，实在看不下去。看管我的宪兵排长也跟我住一间屋，他有好些小说，如三国、水浒，我便从排长那里借来天天看这些书。他们把我往这里一放又无人过问了，从我去到我离开，这位科长没有和我谈过有关我案情和思想的问题，政治部除看押我的一位宪兵排长外也只见过这位科长，再没有人和我谈过话，也没有受过审讯，这位科长和我见过两到三次面，统没有多讲话。家里可以去看，在一战区关着时，来人看还填会客单，在这里就到住的屋子里看。生活也不坏，每饭大概有一菜一汤，在送我去西安以前，由这位宪兵排长监视，出去洗过一次澡。可见形势对我还好。我当时想大概问题不像初来那时严重，他们没有抓住什么把柄。他们之所以没有采取什么野蛮的刑讯，这与当时我还是一名国民党的少将副师长的身份有关，对有这样身份的人用刑，他们认为也不像话。但是，战区的执法总监部对犯人是用刑的。这以后我才第一次要彭文找皋海澜向这位科长说情。皋和我本来素不相识，但当时洛阳实在无人可托，利用皋是徐州濉宁县人，那时徐属八个县，在外称徐州同乡，皋当时是战区兵站总监，是一个旧军人，就以同乡关系去找他帮忙。以后皋回复说，那位科长说我看不起他，皋还推测说，是不是他想要点钱。我被捕后家中生活已很困难，更无钱送他，这件事就如此算了。

在政治部大约有一个月上下的时间。快到冬季，旧历十一二月了吧，岳烛远又去看我一趟，是那位科长送他去的，送到他就走了。岳烛远这次见面才说：这里反映，给你送三民主义、《建国大纲》看，你不看，每天只看《三国》、《水浒》。岳说这话也不是认真怪我才说，只是随便说说。岳当时确实认为孙殿英有意加害于我，“文化大革命”中，他向专案人员说：“靖任秋是共产党员，我早就知道。”但在1941年见到我时他认为“新五军是戴笠向蒋介石担保成立的，内部有戴的军事特派员和随军调查人员，绝不会允许一个共产党员靖任秋充当他的师长”，“我断定他已不是中国共产党党员了”，“因此，我才敢于以黄埔同学的关系将靖介绍给戴笠，并请戴引见给蒋介石的”。岳还向专案人员说：“我感到孙殿英怕靖任秋走在他的前面（指1941年秋见戴见蒋），今后不仅不能为他所用，一旦发生事故，就有取而代之的危险，所以孙殿英才诬告靖任秋是共产党员”，“当时，我想孙殿英是个老狐狸，有意破坏军统局的威信，真是可恶已极”，“因而，我给了一个电报给戴笠，要求戴笠电请长官（指胡宗南）释放靖任秋……我又以全家性命保释靖任秋的函件，寄给胡宗南”。岳烛远因为当年有这些认识，所以才在这次来政治部关押我的地方看我。岳烛远也是在这次看我时告诉我说，最近要送我到西安去，他并诡称：你的问题到西安后就解决了。是什么问题，怎么解决，并没有说明。实际无论是戴笠还是胡宗南都没有回答过他保我的函电。从岳烛远对我的谈话看，我到政治部以后的处理，岳烛远是参与了的。从他对我的讲话看，对他还不是不可以利用的，我大约是在这以后要彭文去找他设法营救的。

说到一战区政治部要把我解送到西安，我就做去西安的准备。

我的生日旧历十一月二十六日就到了。加上，到西安看我就不这么方便，我生日那天，彭文搞了些菜，炖了鸡装在一个大瓦罐里送来，还把三个孩子都带上，大的伯文1931年生，刚刚10岁，二的玉仲只8岁，三的叔平就6岁多，她那时已经怀孕，大着肚子，就要生第四个孩子季洛。这天，她带孩子们来到我住的屋里，放下菜，我听见彭文对孩子们说："你们开始……"起初我还不懂她说什么。见几个孩子听她说"你们开始……"就一齐跪下，给我磕头。彭文对我说："今天是你的生日，不晓得你这次走，什么时候出得了监牢，让他们给你磕个头，记住你这个爸爸。"我听到这话，心里真是难过。这到底是生离死别吗？勉强忍住才没掉下眼泪。这个下跪磕头的告别，孩子们在三十几年后的今天还记得清清楚楚，这是他们一生中唯一的一次磕头，实际上也是生离死别的一次（叔平附记：姐姐回忆，在去的路上，我们三个紧紧跟着走，路程很远，有十多里，天寒衣单，肚子也很饿，默默无声。妈妈说："我们去看望爸爸，我们去给爸爸过生日，见了爸要给爸爸磕头。"……爸爸见孩子们都来了，很惊喜。待舅舅放下挑子，妈妈对我们说："给爸爸过生日，你们开始吧！"我们三个就一齐跪下，趴在地上给爸爸磕头。妈妈站在一旁对爸爸说："今天是你的生日……"妈妈没有流眼泪，我们也没有哭，在那种时刻从没有见过妈妈流眼泪）。她要我给没出生的这个孩子留下个名字，靖季洛这个名字就是我和彭文分手时，在洛阳监狱里给留的名字。记得到西安道峪监狱后，做过一首打油诗："洛阳抛妻子，长安作楚囚，重圆莺梦早，岁去春不留。"

旧历十二月份，我被解送西安。总之，在洛阳期间，军法监部未宣判我的罪状，政治部也没有人和我谈过我的问题。解西安前，岳烛远又去看我一次。我问岳：我去西安怎么个送法？他说："我那里派人送，没有什么。"解送的时候，的确没有戴手铐。有个看上去像副官的武装人员押送，在特务机关搞什么的不晓得，他带有武器，坐的客车，还包了个软席房间，就我和押解的人坐，这总算客气。我解走那天，李锡九老先生和我两个通讯员也到车站送我（他们当然也会知道那一天解送我走），还让我们随便讲话。岳烛远说的定心话，“到西安就解决了”，我还得考虑各种情况来到怎么应付。一到西安，先在一个小旅馆停留有一两个小时，以后就送到胡宗南的司令部，经胡的参谋长派人送到胡宗南办公的地方（胡不在一战区长官司令部住，他带机要参谋另住一个地方）。这个地方我是熟悉的呀！我去重庆时候，跟胡见过面，吃过饭。通过门上警卫，进得门来，放下行李，这次去是做的坐监狱的准备，胡宗南这时候当然不会跟我见面。他住南房，北房住的机要参谋。我就进了机要参谋的屋子，这位机要参谋，此时 30 岁左右，我进去他的态度很不自然，像是很踌躇，有话要讲又不敢讲的样子。我那时是个“犯人”，他虽只是个参谋，但是他当权，应该有点气焰，起码也有点气派。为什么他这么不自然？好像有话要说又不敢说的样子。当时只觉得奇怪，等“文化大革命”专案组审查我，找到这位当时胡宗南的机要参谋，原来他是我们驻墨西哥大使熊向晖，后任总参二部的负责人，当时是我党打入胡宗南处的地下党员。据说熊在西北时，给党提供了不少军事情报。

我当时只在这位机要秘书这里等了一二十分钟，就有卫兵来要我出去。从这个院子后门出去就是禁闭室，到了禁闭室才了解这里监房很小，一个南房，里面分成三四个、顶多五个小监牢，是专关他们团以上干部“自己人”的地方。把我关进去，门就锁起来。没有铺，只有些草，我在这里住了一夜，第二天就送我到西安道峪村一个监狱去了。在西安期间，从未审讯，更无判决。

在这个监狱我是单锁在一个房里。在这个监狱遇到一个在押的熟人，叫黄宇宙，东北人，抗战初期在林县附近的水冶镇杀死伪军司令李福和，率小部队伍起义到了林县，当时孙部正在林县，我和他在林县见到认识的。他们的房门白天统是不关不锁的，他们可以在室内室外任意活动，卫兵不在时可以到我住的监牢门外说几句话。第二天一早押送我去道峪，准备押送我的一个卫兵，他们已经很熟，可能是个班长。他介绍我和这个班长见面，托付这个班长路上照顾，我就是经他介绍才送了这个班长一只表，沿途和到达道峪监狱时得到不少方便。这人大概姓阎，二十多岁，中等以上身材，身体很结实，北方人。

大约1965年，由交通部转来黄宇宙一封信，是由组织部马万杰转交给我的。内容是一般问候，也提到西安监狱中见面的事情，此外没有其他内容，也没有说他在哪里，只在信封上看到有养老院的字样。以后我没有回信。

道峪村在西安以南六十里路的地方（地图上只有一个汤峪口）。押解我的人是带着盒子枪的勤务兵。我还有些行李、铺盖，一出禁闭室我就给押解我的人说：我们是不是先到小饭馆吃顿饭，雇个马车才走？他没表示反对。走在街上雇马车的时候，在卖豆浆烧饼小店的门前，我巧遇胡公勉（解放后国务院参事）。他大革命时是共产党员，在杭州当教员，教过胡宗南。胡宗南上黄埔军校也是胡公勉帮助他的，他跟胡宗南有这些私人关系。北伐时他任北伐军总司令部副官长，蒋介石叛变，大革命失败，他脱离那里，后来在上海，党又派他到浙江，可能是1930年在浙江组织暴动，失败被捕，可能还是胡宗南把他保释出去的（我对此并不确实知道，是听说的）。大半我在西安遇到他时，他已经与党组织脱离关系。因胡宗南关系，他又曾在山西或甘肃当行政专员，我在西安碰到他时他又在西安已经做了官，彼此之间还有旧日感情。和他认识是1929年在上海，和他的夫人彭漪兰认识得早，她1927年在武汉中央军校女生队做副队长或指导员，从那时候认识的。她跟彭文很友好，大革命失败后，1929年在上海又见到，是到他们家去看彭漪兰，认识的胡公勉。彭漪兰没有听说被捕过，也没听说自首，可能已经离开了党的组织。我从重庆回来过西安才知道胡公勉在西安，到他家里去过一趟。这次我见到他，仓猝间和他说了几句话，便抓住他让他送信，我把被捕等情况和即要押送道峪村监狱都告诉了他，请他夫人彭漪兰去信告诉彭文。以后彭文多少知道点我的消息就是这个关系。后来在道裕监狱里曾活动一位医官，向他家里送过一封信，请他设法营救，后来无回信，也无结果。以后我也利用胡这个关系跟彭文写过信。押送的人已经雇好车，看到胡公勉与我谈话也不干涉，我们坐车走了一天的样子，到了道峪村。

道峪村坐落在终南山脚下。这里山接山，山连山，通过崇山峻岭中的峡谷，向南可直达汉中。《三国演义》讲诸葛亮五伐中原，路途难行，魏延建议出褒中，循秦岭以东，当子午谷而投北，不过十日，即可到长安，近是近了，可那主意是冒险的。诸葛亮说："此非万全之计"，假如对方利用道路难行，预先稍为布置一点兵，就要吃亏。从这里转到宝鸡、清水，一出宝鸡，就是所谓的栈道，终南山上都是栈道，从陕西到甘肃边缘，都修上栈道才能走过，所以诸葛亮累次出兵，采用的是"明修栈道，暗渡陈仓"的办法。我们从西安出发，打西南走到蓝田的回龙镇，六十多里路就到了道峪村。把我押送到这里天已经晚了，他们给顿饭吃还算不错。吃完饭，把我送到牢房关起。

我到了这所监狱，已经不同于洛阳了，虽比一般犯人还优待一点，可牢门关了，同样不能出来。这里犯人很多，一间南房关着二三十以上的人，我住东房，只一个人，房里有些土坯，垫得比地稍高一些，加些柴草，讨厌的是关起门后没法小便。离开洛阳是在我的生日阳历 1 月 1 日之后，进到这间东房牢狱，当天或是第二天就是 1942 年的旧历除夕。牢房的门是一根根木棍子做到一起的，外面可以看你，你也可以看到外面。终南山下，无门无窗，睡在草上，可以远远看到终南山头，积雪银白，真冻死人，"千里冰封，万里雪飘"，虽不贴切，但是，门敞开迎着凛冽的西风，这情景倒是真的。正过旧历年，他们监狱还挂红灯，我新去，给我门前房檐也挂了一盏红灯，这种玩笑，叫人哭笑不得。

这所监狱规模不小，是个大庙改的，庙靠山边，门向北，一进庙就是大殿，有个院子，两旁厢房，是那些看守管事的人们住的，正殿空着未用还有菩萨。向东向西有两个小院，算是两个看守所，我先关在东院，后又移到西院，最后越狱就是在这个西院。进大门向西再向南转东，还有一个院子也是关押人的，有两排看守兵也是住在那里，这个院和我住的西院的中间有大块空地。监狱的周围有三个碉堡，围墙以外，东北角有一个，东南角好像也有一个，西南角，就是我在的那个所的斜对面，在围墙里边也有一个。监狱组织是个看守组，组长可能姓朱。下边至少是分两个所，可能是三个所，看守这个监狱的部队有两个排的武装，两个排长兼两个所长，两个看守排轮换担任看守。我初到时住的监狱看守排长姓卞，听口音是北方人，另一个是浙江人。这个姓卞的是我一到就碰上的所长。我初来时要检查随身所带的衣物。国民党这套我是知道的，我就在检查时以请他代为保管的方式送给卞排长一个金的怀表、一支派克钢笔。因此他对我好些，给了我不少方便。我的门可以不总锁着，让我出来放放风，一般的放风时间我不放风，一般不放风时我可以出去。这里一般犯人，一顿发两个馒头、一桶水撒点辣椒面叫做汤，没有菜，普遍都吃不饱。我在那里，吃的是专门给看守排长做饭的人单给我做的饭，馒头可以让我吃饱，有的时候有点菜。我记得有次送的菜是七根豆角，比起吃辣椒水来，已经算是优待。还有一个有利条件，他们都知道我是一个师长，对我态度客气点，不像对那些犯人一样，大声呵斥，甚至打人。让我不跟大家住在一起，单分开住，好意坏意，天才知道。我利用这些有利条件做过几件“违法”的事情。第一次是初进去时，活动一个看守兵给彭文向洛阳发过一次信，被发现了，一度取消了“优待”条件，过一段时间又恢复了。监狱中也有医生，有个青年医生有正义感，他看我不是一般犯人，我就托他给彭漪兰送去一封信，让他转信给彭文。这次没被发觉。彭漪兰的地址是我1941年由重庆回洛阳路过西安时知道的，告诉医生由医生送到她家的。后来就和看守兵陈立朝拉上了关系，第三和第四次信都是由陈立朝代发的。另外，还给岳烛远写过一次信，请他设法营救。信中纯以私人关系向他请托，信交给了看守所。据我了解他们没有给转发。

我1942年关在道峪村监狱时，见到朱雅林已经关到这个监狱里。我初到时是关在这个监狱的东院，以后移到西院，朱便已经关在西院的监狱里。这个监狱（西院），一般都是几个人关在一个牢房里，个别的也有单关的，如有一个已经疯了的；有一个女的；还有一个人，可能是这个女人的爱人，都是单关的。我和朱雅林都是单关的。我和朱雅林是在大革命时认识的。南昌起义时他在十一军政治部做科长，大革命失败后，我们便没有关系了，这次在监狱里才又见到。我只知道他叫朱雅林，他也只知道我叫靖大康。有时看守不在，大家还是叫老名字。这监狱是只关不问的，“犯人”的表现是不大能看出的。只在作风上，有时看到他对那位女“犯人”态度有些不好，如女的晒被子，他有意向她的被子丢东西，是不好的。

这里是个特务监狱，对外是保密的，监中不准向外通讯，也不准外人看望，和外边断绝一切关系。犯人都是没有经过判决的，也从来不加审问。监狱是个阴森森的地方，我从1942年初进去，到1943年越狱出来，只见过活人进去，死人抬出，从没见过一个活人出去过。监狱归胡宗南管，由他本人的卫队长，少将级的刘大钧负责管理。由于这个特殊地理环境作屏障，这个特务监狱跟外边是完全断绝关系的。

这样关了很久，与外边无法通任何消息。我托卞排长给我找点书，他找来了四书五经、佛经、道德经之类的书，我自己带一套王阳明全集。孙殿英本以为我会很快处决，断绝了我家的粮食供给，还把我骑的马、带的枪都收了回去，做得很绝情义。以后看看我没有很快处决，执法总监部又把我送到政治部，政治部又把我往西安送，临走李锡九和办事处的人还可以给我送行。有这些事，孙对我的情况就迷惑了，甚至他产生了错觉：怀疑我跟国民党特务有了勾结，国民党要利用我。及至把我送到西安，又转送到终南山特务监狱，对外隔绝，连孙也得不到消息，他反倒顾虑起来。他想留个后路，并且做给他部下的人看，春节时他竟然要驻洛阳办事处给彭文送去了两万块钱，旧军阀的诡诈多端竟至如此！1943年初彭文托彭漪兰转给我两千块钱，通过胡公勉（利用他跟胡宗南的特殊关系）送给了卞排长。当时只通知我送来两千块钱，也没讲清谁送来的，我很耽心是彭文到了西安送钱来的，又怕她到西安后同样被捕，也作了首打油诗：“去年岁暮冰雪天，君扯儿辈西渡关，薪桂号寒家国破，忧怀同运奋志坚。”我并没有见到这钱，监狱里两次替我买去过二斤花生。

我在这所监狱里一直待到1943年的四五月份。这里只是监押看管，既无人审讯，也无人过问，就连一般集中营搞的欺骗宣传也是从来没有的，更没有人宣布过罪名，也没有人宣布如何处理，和外界断绝一切来往，真正是一个特务监狱的典型，是一个监禁到死的鬼地方、死地方。监狱犯人都没有裤子穿，有的有件单衣，有单衣的也是衣不蔽体，我进监狱那天，关很多人的南房就冻死了一个。因为正是旧历年，监狱里不愿过年抬死人，就放在原处，和活人一起，过了初三才抬出去，就在终南山脚扒个坑埋掉。

我还记得1942年有个犯人，也是死在监狱里的，没死以前，已经双目失明，送给他吃的馒头上，常常有蛆在爬，他吃的时候，有蛆也不知道。等他死了抬出去，蛆都爬到了隔壁房里。这里的跳蚤更遍地都是。我在考虑，关在这里只有死路一条，逃跑则要冒九死一生的危险，怎么办?

以后我听说：我的问题是蒋介石批的“永远监禁”。不审不判不放!这就是无期徒刑。他不杀我，把我关起，也考虑到那时国共合作并未完全破裂，正是在抗战嘛!我恐怕是沾这个光，否则也早杀了。

十七、越狱

在终南山下道峪村的牢狱中，我一直在考虑怎么办。后来想跑，但是，跑也不容易，没有卫兵协助，牢门都开不开，怎么跑？监狱院子很大，大门有门岗，三个监禁犯人的小院都有值班，各个犯人监牢的门上又都落锁，四周岗楼上有卫兵，围墙上架有铁丝网，戒备森严。如果想越狱逃走，人就是不从大门走，也难逃值班看守的监视，一越墙，岗楼上的哨兵就能看得到，是难以逃出去的。但国民党的弱点，在监狱中也暴露出来，后来出现了一个有利情况：国民党部队历来欠饷，到1943年时期，更为严重。物价飞涨，领到饷也买不到东西，官兵生活都有困难，士兵的思想很动摇。国民党部队中营私舞弊很普遍，此地正在终南山脚下，进山就有很多树木，为了给当官的搞钱，驻这里的两个排就私自用部队进山伐树，然后运到西安卖钱私分。伐树要人工，我注意到两个排的六个班当中，经常有一个排和一个班出去。一个排就三个班，六个出去四个，家里就剩两个班站岗放哨，还要担任其他采买、杂务。国民党部队又吃空饷，班内的人数是不足的。两个站岗的加一个带班的就要三个人，三个炮楼占三个人，这就去了六个，两个班统共才有二十来人，白天、黑夜四班人倒，就得要用廿四人，怎么派岗？！派不出人，看守的力量很薄弱，碉堡已经无法设岗。我看着这情况就想越狱。注意看，后墙很矮，墙上虽有铁丝网，不好上，不过总可以想法从这里跑。在这种情况下我决心冒死越狱。可是就这么一个条件也不行呀，还得要人。国民党士兵的生活很坏，他们时常流露出不安心的动摇情绪。在这种情况下，他们又多了解我以前是一个高级军官，而看守的两个排是从一般的部队抽调的，并未受过特殊的严格训练，不少人对我有同情心，比较客气，比如打骂囚犯这是常事，对我则从未打骂过。正好看守兵中有个年轻的甘肃永登县人，叫陈立朝，对我特别客气，每当他当班时，在生活上就有很多方便，有时还给我送点菜来。这个人的性格比较粗犷，大胆泼辣，对于他们部队的生活很不满意。我考虑要冒险越狱，这个看守兵是个难得的动员对象。有天，他站岗开饭，他用手掌朝上，几个指头托个盘子的俏皮姿势，给我送了个炒鸡蛋。在这里吃炒鸡蛋可不容易！我看这个人在对我表示好感和接近，我就跟他拉近乎，从他那里了解了监狱的不少情况。搞了两三天，关系正热乎，我就和他说：这个地方真困难，在这里干什么，咱们一同走吧。我这么一说他就同意了。以后走的时间路线等等，都是我考虑的。我告诉他还要把大门站岗的这个卫兵换成自己的朋友，因为这大门卫兵还充当带班的任务，可以到监狱来检查，同时下一班上班也由他叫班，有这样一个人一同干就更加安全了。所以还得活动一个人才行，否则我们走，万一碰上不好办。他居然做到了，活动好另一个老兵（山东人，年岁比他大），那个人也同意一同帮助我越狱。我考虑得趁热打铁，他认为和我关系好，正在冲动，稍停一停，随便那里有点事变化了，就跑不成。我考虑一两天内就跑。不过，只考虑人还不行，还得考虑越狱选择什么时间。越狱只有在看守人员睡觉之后，但刚出去就被发现，也跑不掉。最好是跑出十里八里，甚至一二十里，他们才发现，才能跑脱，要选择时间。这已是 1943 年靠近端午的时候，在西安天已经热了。士兵们睡觉总要到晚上九十点钟，人总要十一点钟以后睡熟。我想跑总得在十点以后，甚至十二点以后，天明以前总得离开监狱三五十里地才行，离监狱太近，容易跟踪打听来追。他们交班时间一般都是十点、十二点，我就选择了在夜里十点钟岗哨交班以后。我多留半个或一个钟头，让上一班有半个钟头上床睡觉，十一点刚睡着，下一班没有接班，不容易发现有人逃走。十一点钟走，到十二点钟交接班时，已有一个小时，我越狱出去也可以走十多里路了，他们要四下追捕也不易追上。如果可以逃脱，离天明也有四五个钟头，可以走出三五十里，这就追不上了。我就决心选择晚上十一点钟这个时候：就利用机会将陈立朝二人安排十点钟同时上班，陈立朝在我的这个所上岗，另一个人带班，我这个所就不会再有人来查问了。另外，牢房门上的锁要开。陈立朝一上班，正好我这个所的所长是那个浙江人（姓卞的走了，排长换了人），年轻荒唐，出去搞男女关系，陈立朝先从他那里偷来开牢门的钥匙，开了锁，再把钥匙送还原处。出了牢狱往哪里走呢？这不仅关系到能逃脱不能逃脱，也关系到出去以后的工作。道峪出去向北六十里是西安，经过西安北上就是陕北，最好是能逃到陕北。可这条路是走不通的。夜间十一点钟出走，天亮以后正好要过西安，西安是国民党当时在西北的政治军事中心，胡宗南总部的所在地，经过那里无异是自投罗网。那时从西安到延安一路有好几道国民党的防线，没有特殊关系是难以通过的。所以向北是不能走的。向东是陇海路，这是一条最方便的交通线，然而顺铁路跑，快倒快，但是他们发现犯人跑了，必然首先从铁路上追捕，不仅从后面可以追，还能发电报打电话，从前面布置人来截，这条路肯定是他们的主要追捕线，因此不能走。往西走，是进甘肃的路，一则那里一无亲二无故，毫无社会关系，而当时的民族存亡，关键在于取得抗日战争的胜利。越狱后的大事仍然离不开抗日，抗战在华北、华中、华南一带，上西北跑干什么！向南是汉中，前面说过，都是崎岖山路，很不好走，而且和向西同样，是脱离实际的。东南西北都不能走，上哪去呀！后来想到个出路，出监狱开始沿终南山边向东经蓝田，出黑龙关，顺商洛大道绕道豫西奔卢氏县再到洛阳，利用旧日关系，暂时落脚，了解一下情况，再定下一步的行动。这条路不易使人注意，到豫西后还可以找到一点关系。而且大路容易被人发现，山边小路较为隐蔽，万一有人搜捕，可以上山。1943年我卅几不上四十岁，身强力壮，爬山还可以，跑到蓝田就上了到商洛的公路，从公路再插到豫西，这样就绕出了陕西。即使很快被发觉，他们也拿不出很多人来追赶，因为他们只有一个排，人数又不多，至少需要留半数看家，只能拿十多人出来，东西南北判断不出追赶的方向，是很难追查的。这是经过精心考虑的。因为很清楚，万一跑不成，那是必死。逃跑虽有九死危险，还有一生的希望，不跑的话，十打十的死。后来事实证明，解放战争中，所有关在道峪监狱的人都被他们一把火烧死了。（靖玉仲补充：38年后，1981年爸爸又去过西安远郊终南山下的白道峪村，还有幸见到了当年为囚徒剃头的师傅。据当地群众介绍，解放前夕，狱方命令在押的犯人在山坡上挖坑，待坑挖好，把犯人推下坑活活埋了；有一部分则是赶进了砖窑，活活给烧死了，竟无一人幸存，真是惨绝人寰。）

当时下这个决心，还有一个有利条件：我在陕西杨虎城部任过中校参谋，对陕西地理熟悉。抗战几年中，我对国民党在陕西的兵力布置与北边延安的关系有所了解，才选择走这条路。

这段经历，其实用一句话就概括了，叫作越狱成功。从守备森严、关押政治犯的集中营越狱逃跑，然后千里迢迢，经过反动统治的地区，一般说，成功的机会是很少的。而且，当时我是独立活动，和组织上没有联系，外边没有接应，更加重了逃跑的困难，所以说成功带有很大偶然性。可是，仔细想来，也还有些必然性的因素，耐人寻味。比如说，素不相识的国民党士兵，肯于冒性命危险和我一起逃跑，这就说明被强迫当兵的农民是善良的，他们把国民党军队看成牢狱，一有机会便冒死逃走。因此，我不避烦琐，把一些细节也追忆如下：

在做好一切准备之后，有一天我了解看守的两个排，又有四个班上山去砍树了，监狱只留两个班看守，四周岗楼也没设岗。我认为时机到了。1943年5月19日晚上，陈立朝按照预定计划，和别人调换了值班的时间，上十点到十二点的岗，另一位约好的看守兵上门岗。到十一点钟，监狱的看守和卫兵都已经入睡。在这寂静的夜晚，陈立朝给我打开牢门。我相信那时同我在一个大房子（大房子内又隔成几间小房子）里的难友们一定有人醒着，开门他们是会知道的，但他们都默不作声，没有一人声张，给了我最大的支援，使我得以顺利地出走。从被关押的院子出来，到西南角碉堡附近越监狱外墙。陈立朝在底下托了我一把，我不顾刺疼，抓住铁丝网上的木桩，跨过铁丝网跳了下去。接着，陈立朝也跳下来，相约同跑的那个带班的老兵说，他要从大门出来。他有条件，当然可以。可我们出来后，不见他人影，此时一发千钧，在那种情况下不能容许久候，只在附近稍停一下，我和陈立朝马上就沿着终南山边向东走了。因为越狱前，我不便将越狱后的路线告诉他们，就失去了联系，再无下落。监狱就在村边上，夜深人静，经过村外，远远地只听到几声狗叫和山边一路上小溪的淙淙流水声，除了这两种声音，没有别的动静。我们走得很急，一会就感到口干舌焦，俯身捧些小溪的水喝，继续再走。因是乘夜沿终南山逃走，也作了首歪诗：“夜走荒山僧尽眠，囊空路迢饮清泉，白骨遍野缘甲马，金玉朝堂炽寇焰。”我边走边想，这些蠢猪可能向北去了。他们会以为，共产党一定朝陕北跑。半夜的时间，我们顺着山路跑了四五十里。即使山路崎岖，也该走出三四十里了。看看东方发白，天快要亮了，我们就不敢走了。白天走路容易暴露，距道峪又不算太远，暴露了就会出问题。天亮前我们就上到半山坡上，看见这里有两三户人家，再往前半里之遥，路旁有一个大半间房子那么大的小土地庙。走到庙前，看见庙内仅有容下两个人睡觉的地方，我们就在庙里面藏起来，睡了整整一天。在庙里躲了整一个白天，没吃东西，因为神经紧张，也不觉得饿。直到夕阳西下，太阳快要落山的时候，才出来找吃的，做点夜间上路的准备。这几家居民很穷，我们身上一个钱也没有。想找饭吃，怎么个找法？好在从监狱里跑出来时做了点准备，带了包衣服，为的是出来后可以换装，一路费用也可以卖衣服解决。这家男主人不在，便从包袱里拿出一条便装裤子，跟女主人商量，用裤子换一顿饭吃。那个妇女很老实，接了裤子就走去给我们拿了几个窝窝头。天黑了，我们又上了路。

十八、千里逃亡

我估计路程，决定继续向东走。就从山坡上下去，仍然沿着一条小路向蓝田方向走去。这时天色已晚，路上很少看到行人。我跑出来的时候，还带了个指北针，因为我是军人，随身带着这个玩意儿，这时用得上了。待到商洛公路时，天已经是到了夜晚，路上更是行人绝迹。我们还是避开大道，按朝东的方向，沿着从蓝田去商洛的公路旁的小路向黑石关走去。连夜赶路是很累的，此时已是旧历四月的天气，农村麦收已经上场，我们就在村边麦场的麦秸堆上躺一躺休息。走了一夜，没有吃东西，只能在路边的小溪上喝点溪水。第二天天亮，就离开大道更远些找偏僻的路走。天亮后又走了半天，一夜带半天，估计至少走出一百二十里了，走出这么远，没有出事，心里平静多了，白天也敢走路了。第二天的晌午，肚子实在是饿了。我们在树荫下休息，考虑吃饭问题，不吃饭不能走路了，但是，一个钱没有。我穿的是西式衬衫，这样装束的人去讨饭，人家会奇怪。我仔细观察周围动静，发现离树不远有所房子。很多小学生进进出出，估计是一所学校，到了中午放学的时候。以往农村的习惯，办学，不一定能在本村请到教员，往往是从外地请来教员，就住在学校，由本村富裕点的学生家里轮流给教员送饭。我了解这种山村学校的教师更是从外地聘请的多，更是要由学生各家轮流送饭了。另外，乡村中专门有人挑担子来卖纸、墨、笔、砚，叫“串馆”的，这种人多少有点文化。他串到了村时，学校往往留他吃饭。我虽跑了一天两夜，衣服还算整齐，看上去还像个读书人。我想只有在这个学校打点主意，找顿饭吃。看看太阳，快中午了。我们就进了学校，我的盘算全用上了。几个教师都很年轻，见我们就客气地让坐，攀谈起来。此时已到放学吃午饭的时候，他们也就按照农村的习惯，问我们吃饭了没有？我向他们道了麻烦，老师就交代管饭的学生：“多送两个人的饭。”我们就混上了一顿饭。

下午出了学校继续赶路。仍旧沿着公路边的小路走，山路崎岖难走，但路边有条小河，我们慢慢地便走在小河的堤上。傍晚的时候，一问行人，说前面就是黑龙口。我记得这一带有个关口，叫黑龙关，是陕西、河南交界的一个关口，西边靠山，中间是条河，沿公路去商洛避不开这个关口。这里还没有走出胡宗南的管辖范围，驻有军队盘查行人，确实是个难关。看看堤上的路没有了，下堤就是公路，再一打听，说离黑龙口只五六里，我们不敢前进了，便停下来在路旁的茶棚中休息，考虑如何过黑龙口。当然，最好能绕过关去，可是，右边是河，没有船过不去，考虑涉水过河，但过河后有没有路能绕过黑龙口，情况不明，不敢冒险。左边是一溜山脉，有的山距河很近，远远可以看到山上驻军放出的游动哨。河、山都不能爬过，黑龙口是唯一的通道，我很踌躇，太阳西沉了，还是想不出主意如何闯过关去。这时，已近黄昏，突然阴云密布，有点要落雨的样子，这一来心里真高兴。落雨，卫兵一偷懒，就会进屋去避雨而不在露天放哨。乡下用油灯。关卡上就是点的油灯，光线昏暗，雨中更看不清楚，冒雨闯关麻烦就会减少，这正是闯关的好时候。我们匆忙赶完到黑龙口的五六里路，果然下起雨来。黑龙口像个镇子，有条街通关口。雨越下越大，我们拿件衣服蒙在头上，冒雨急速通过关口，卫兵果然不在岗位上，走进屋内躲雨去了，居然侥幸闯过了黑龙口。

本来，行人应当在黑龙口住店，出了黑龙口，住店就困难了，但我们怕查店，不敢留在黑龙口。我是这么个说文像文说武像武的样子，陈立朝一看就像个当兵的，他是甘肃口音，我又是一种口音，一查准得出问题，我下决心冒雨赶路。走出黑龙口四五里路，路旁居然有个小客店，虽是农村小店，住宿吃饭也还可以，是专供推车挑担的人住的，问题是我们没钱，打开包袱看看，还有一双没穿过的新袜子。一看店外有人，我拿着袜子走上前去说：我们走路断了盘缠，袜子是新的，你给几毛钱就行。那人看到便宜，就给了几毛钱。农村住店过夜，一个人顶多一两毛钱，这也就解决了当晚的食宿问题。进店一打听，说这里距黑龙口很近，每天驻军都要来查店。当晚因为落雨，军队也没来查店。闯关一次侥幸，住店未被查二次侥幸，两次都是沾了这场雨的光。第二天一早上路，按照店里人告诉去豫西的路线，想奔卢氏县去。我们顺着公路走不多远，便转向向东的路走。这一带是山区，人烟比较稀少，中午走到了一座山脚下的庙里，这时已经饿了，又是吃饭的时候了。我就打庙的主意。和尚吃八方，我们这顿吃和尚了，我闯进庙，正好和尚端碗吃饭。前面说过，农村的习惯，端碗吃饭的时候，就是路过的生人，也要招呼他吃饭的。我们进去，和尚一招呼，我们毫不客气地坐下就吃，我说：我们走在这地方，找不到饭吃，只好打搅。和尚的招牌是以慈悲为本，以方便为门，他的话已经说出口，也无法收回。我们就趁机在这里吃了饭，这顿饭把和尚吃愣了。他一面给我们吃饭，一面看我们。

饭后继续赶路，天又黑时路过一个镇子。我们本来打算路上不能住镇子的，可是一打听，过了这个镇子就要进山沟了，进山沟以后走上一天也没有人家。没办法，只好在镇上找个小店住下。原来有两个顾虑：一是怕有查店的，出麻烦；二是没有钱。今晚住店，明天又要走路，都要钱，再说以后也是问题。结果，正是这两个问题引起了麻烦。

我从监狱跑出来，还带有一件灰布军服皮袄。这时只好卖掉，换几个钱作路费。我考虑要卖就由我卖，陈立朝是当兵的，为人性急莽撞，容易出问题。陈立朝他们的生活和他的性格我只提两件事就可说明。一是他连吃一顿饭的钱都没有，可见他们的生活状况了；二是因为路上没有钱吃饭，他和我说要截路，我劝止了，性格如此。我嘱咐他千万不要出面拿去卖，可是，路上穷困的情况给他印象太深了，他避着我拿皮袄出去卖，正遇上民团的人，因为卖价争执，引起了麻烦。等他回来，我才知道陈立朝闯出祸来。卖这个东西，很容易被人发觉卖主是军人。军人怎么跑到这儿来？再遇着民团，他敲诈你，你也惹不起他。我见他已经这么做了，就叫他别出去。小店隔壁是个小药店，里边有个五六十岁的老先生。看样子是个老中医。考虑在农村看病的老先生都是有点名望和地位的。我便有意跑到药店去，“子曰”“诗云”地扯了一顿，让他知道我是个读书人，谈话之间，天就黑了。我们刚睡下，外边就有人打门，里边说“已经睡觉了”。打门的在外向店主大嚷：“你们店住有两个卖皮袄的，可不能让他们走掉！”陈立朝没有经过事，一见这阵仗，就沉不住气发起愁来，不住地唉声叹气。我有心事，他更暴露，我还得安慰他，不要长吁短叹，免得店家怀疑，边安慰他边想怎么应付，一夜没有好睡。丑媳妇总要见公婆，躲是躲不过的，我想到白天与药铺的老先生谈得不错，他可能是镇上的头面人物。托托他，看看能过关不？我一早就去找他。老先生也起得很早。我向他说：跟我一起来的人拿皮袄去卖，大概要价得罪了人，区公所的民团通知不要我们走，我问他能否一起去跟民团说说情？老先生很好，陪我们一起到了区公所。区公所的头头没起床，我说我们是走路的，要到卢氏去，到洛阳绕得太远，坐火车下来还有一两百里，这里去近。越狱前，我考虑得很多。也想到万一路上遇到麻烦怎么办？我在中训团受训有纪念章，有蒋中正签字的照片。进监狱时我想拿它作护身符的。我把这些东西拿出来给老先生看，他说：拿进去给他们看看。居然生了效，加上有老先生陪同讲话，区公所就叫我们走了。好险呀！过了这一关，进山往前再走，这一带两边山中间距离很宽，当中的空地也没有种东西，看去满目荒凉，据说这地方过去是土匪出没的地方，既无村庄，也无庄稼。走到中午时分，才碰到孤零零的一户人家，房子是新盖的。我打定主意，要在这家找顿饭吃。接近之后，看看大门里边，槽上拴着一头骡子。院里有两个人，一个像主人，一个像长工。我想，这家人家像是在山里开荒起家的样子，光景不错。开两年荒，有些收成，盖上房子，买了牲口，落下户，当然吃穿不愁。在社会上混久了，三教九流都接触过，很容易随机应变。他看我们是过路的人，又停在大门口不走，就招呼我们进屋坐坐。我琢磨着怎样开口说吃饭的问题，进得院子不由得两眼看着主人出神，也不说话，这引起了主人的兴趣。他也打量着我们，猜不透我们是干什么的，就问我：“先生，你是不是会看相呵？”我就顺口回答说：“懂一点。”乡下人很相信相面，主人竟不放过机会，硬要我为他看相，说：“你给我看看！”我说：看你这个家，这里不是你的祖业，是这两年白手起家呀！他听了点点头，马上就叫家人端饭，饭端出来了。他一边让“吃饭”，一边伸出手来让我看。我说：不要说了，你以后的日子一天比一天好，不会缺饭吃。讲罢，我们真的坐下就吃饭。他听了大为高兴，主客相处得满愉快。我的女儿玉仲以后听我说起这段故事，她说我是按辩证法看的相。这是句玩笑话，但不夸张，我确实是要混一顿饭吃才替他“看相”，可也没有胡说八道。

一路走来，四夜四天，每天跑路上百里。卖裤子一次，卖袜子一次，吃学校老师一次，吃和尚一次，加上在镇上卖皮袄和看相，一共混了六顿饭。饭后上路。从这里再往前走，近黄昏时还没有出山口，又到了住宿的时候。正巧又遇着一所小学校，便找学校借宿。因为已经比较接近城市，这学校稍大一点。我们又闯进学校。我的样子也像一个读书人，又到这样一个荒山里来，学校教师不知怎么以为我们是上面派来“查学的”。我们也不加分辩。只说走到这里天黑了，只好在你们处住一晚。他们既把我们看成是“查学的”，就根据这个错误认识，亲切招待我们住宿、吃饭。这是越狱后的第四天晚上，我们将错就错，又混了一顿饭吃，并借住一夜。第二天，出来不太远就到卢氏县。我们还是避开热闹地方，从县城北边插过去，走荒山野地。卢氏的公路直通洛西，中间经过洛宁县。从卢氏顺公路走一天，约有六十里，经过洛宁，再顺公路走四五十里就到宜阳县三乡镇。前边讲过，这是我原来办教导队的地方，过去，豫西党组织曾给我介绍过当地一个拥有武装的开明绅士贺澍三，他儿子贺崇升，在豫西特委工作。我和他父子都见过面，这是个有用的社会关系，他的家就在三乡镇以北约二十里上下的地方，村名好像就叫贺村。三乡镇外山上有座大庙，我们大队部当时就设在庙里，庙的住持是熟人，到他那里住一夜，不会遭到拒绝。我们打定主意就在这庙里过夜，可是走去一打听，这位住持死了，好在庙里还有人认得我。天色已晚，这里又不靠店，就留我们住下，也不好意思不给准备饭。

在三乡庙里住了一晚上，第二天就奔三乡镇以北贺澍三的家去，一打听贺家都知道。越狱后走了几百里，一路囊空如洗，形同乞讨，很狼狈，到了贺家才得落脚。贺崇升的父亲正在家，见面很客气，但说贺不在家。我的目的是住几天，了解一点外边的情况，再找点路费。他家是士绅，住宿管饭都不成问题，我就住下了。

在狱中我就想过，我跑了，会不会影响在洛阳的彭文和孩子？因此暗中写信给她，想要她离开洛阳。信中托词跟她说：我住院已经一两年了，看来，病情很难好转，等病好出院，怕时间太长，想最近勉强出院。信上又说：你在洛阳已无可留恋之处，还是早早带孩子回徐州老家好。这信是叫陈立朝发的。到越狱准备就绪，又发了一封信，通知她我要设法越狱，希望她快点走。大意说我的病不易全好，我已决心这几天就勉强出院，让他们不要在洛阳等我。当时我也想到她会有很多困难，如洛阳的环境和上路的路费等等，但是先告诉她让她尽力而为，做点准备还是好的。现在我想在这里停停，给她个信，说我已安全脱险，到了她们附近，再从她那里找点路费，也就想找个落脚之地了。

我以前在新五军时的一个勤务兵薛集敬，在三乡以东十里的韩城镇（“文革”时秦王大队）住，人还忠实，他跟我那几年还不错（叔平附记：“文革”中，我到洛阳出差时，约他在洛阳见过一面，“文革”后，他来上海看望过爸爸）。我被拘留后他们也被收枪回了家，我让陈立朝去找他。薛集敬很快就赶到贺家来见我，他是个廿多岁的年轻人，过去相处不错。我向他了解了洛阳我家属的情况，就把越狱的情况告诉了他，要他去洛阳给彭文送信，告诉她我已经跑出来了，让他们做点思想准备，并从她那里搞点路费。彭文那时生活困难得很，去陈子坚夫人那里搞了点钱，交薛集敬带给我，她弟弟彭铁黄也随同来看我。知道她们没有发生问题，又有了点路费，我就放了心，并了解到陈子坚在国民党部队任师长，驻守巩县河防。我赶快打发彭铁黄回去，怕他离开新五军办事处太久，别人怀疑。

彭文在我去重庆前没有和岳烛远见过面。当我越狱后，岳到新五军办事处看李锡九，也到我家看看彭文，彭文曾请岳设法营救我，岳表示他用身家性命保我不准，他再没有办法了。彭文接到先前的信后猜想到一些情况，但她在洛阳受到监视，还带有几个孩子，没能离开。等接到薛集敬送的信后，知道我已跑出来了，为了向特务表明态度，同时也估计这些信他们特务会进行检查过，先后分两次将信送给岳看，并表示不懂信的意思。岳对第一次信说：坐监的人总是胡思乱想，不要管它。送第二次信去时，岳大概已经知道我跑了，因以前他曾向彭文表示，保过我，没保成，因说只有如此，是我也要跑。并向彭文说，你也要躲避躲避。以后彭文还听说，我越狱后洛阳国民党内部议论，有人主张逮捕我的家属，颇得岳烛远的照顾，岳向他们说，越狱是在西安，家属在洛阳，两不相干，因此没有逮捕我的家属。此后岳曾着人告诉彭文，要她能走赶快走，否则万一上边有命令逮捕你，他就没有办法了。彭文一则不知道他的真意，怕岳是故意试探，走动再引起祸来；二则还带着四个孩子，经济上也困难，无路可走，就在洛阳没动。（叔平附记：与我家同院还住着一个姓慕的副官，因国民党特务惯于利用黑夜当场或拉到野外打死全家大小，为此，母亲让我们几个孩子，夜晚都睡在院子里，而她和舅舅睡在屋子里，并叮嘱，如果半夜有人叫醒你们，问你们姓谁时，就说姓慕。同时给我们每人衣服里缝了些钱和老家地址，嘱咐我们如果大人被害，就自己一路要饭回老家。）直到1944年洛阳失陷，彭文才同李锡九一同离开洛阳经新乡到徐州。

解放后，1951年在天津工作时，接到岳烛远亲属一信，说他在北京某部工作，要到天津来找我。当时彭文尚在北京师大女附中工作，我经常去北京，曾回信约他在师大女附中见面。见面中他说岳烛远在四川，没说在四川什么地方，要我给他想办法。我当时一方面劝他要把家庭的情况向所在单位汇报，另外给岳写了一封信要他在四川向刘（伯承）邓（小平）自首，可以立功赎罪，别的是没有办法的。

再说逃亡路上，因为贺崇升不在家，路费还是没有解决，但了解到孙蔚如部队陈子坚师驻在巩县，负责河防。于是，我就打算利用我们旧日关系，先到巩县去，然后设法从巩县过黄河到太行根据地去。但从巩县走要经过洛阳，而洛阳是一战区所在地，熟人太多，万一遇到熟人就要出问题。可地理上又非经过不可，没有别的路可走！我在贺家有一个星期上下，还是决心走这条路！便又在一天傍晚离开贺家，到韩城镇薛集敬家过夜。薛怕出问题，他一夜未睡，还约了个好朋友，在屋外村外巡逻警戒。次日一早，我们动身去洛阳，当天快到洛阳时，又踌躇起来。住店要过查店关，不行；彭文住在新五军办事处，我去等于自投罗网，回家也不行，怎么办呢？

我在洛阳附近的饭棚里徘徊了很长时间，等天黑掌灯时，才临时想起有个族叔在洛阳宪兵连当连长，到他那里过一夜也许安全些。这个想当然的主意，几乎出了大问题。原来，我打听好就奔他那里，他看夜戏去了，不在家。我很高兴能不见他的面，就说：不在不要紧，给我安排个客店住一夜就行。历来军警查店，宪兵配合，经他们安排住店的客人当然就不查问，这一宿安然无事。那个族叔与我虽是本家，但他干的事总是和特务有点关系（宪兵跟特务总有关系），见面有很多事不好交代。所以，为了避免见面，天不亮我们就起身走了。我一路都很小心，这一次却太不谨慎。其实，趁黑走出洛阳十几里住店也好些。此后发现，我过洛阳他们知道，因为，我走后他到店里找我。我从终南山越狱出来，洛阳肯定会知道。他只要见我一面，一宣扬就麻烦了。即使他不报告，宪兵队其他人报告了也很危险。

从洛阳到巩县就一天的路，这天路上几乎出了问题。这时已经是 1943 年的端午节了。河南地方 5 月间就很热，我想少跑点路，更隐蔽点，就雇了个平板车，躺在车上盖着脸。路上中途到一个茶棚休息，看到两个骑自行车的人，起先在我们后头，后来又赶到我们前头去。骑车跟走路的速度相差很远，我们是不能赶上的，可我们又走了很久，到一个中途的茶棚休息时，这两人还在茶棚没走。速度显然不对。休息了一阵，他们还是不走，一直等到我们动身以后，他们才动身，走了很远他们才赶过我们。两个都是年轻人，既不像农民，也不像商人。我警惕起来，可是没法摆脱。我考虑，要是出问题，也就在巩县住店的时候。他们可以在查店时抓人。路上无凭无据，两对两不能抓人。傍晚时候我们已到巩县城郊，我考虑不能进城住店，万一这两个特务在进城的地方等我们，一定会出事。我们就在离巩县城四五里路的地方，找了一个骡马大店住了下来，平板车也不要了。幸而一夜无事，在店里没有看到骑自行车的人来找我们。

第二天一早，在巩县城北靠近黄河南岸的一个村子找到陈子坚的师部，一去就见着陈子坚。他十分惊奇地问我，你怎么出来的。我直截了当告诉他，我是跑出来的。他一听显得有些惊慌，马上要他的勤务兵把我送到一个很僻静的窑洞去，住了一夜。他这里是个独院，里面挖有冬暖夏凉的窑洞。这天正是端午节，他屋里本已摆好圆桌，像是酒席宴会，听我说是跑出来的，惊奇之余就叫我住下，虽没敢邀我参加，也单给我送了酒菜饭，在这里过了个端阳佳节。我跟他是老关系，就试探他：能不能过河？他有顾虑，说：过河不行，查出不好办。看情况他有困难，我就改变计划，一时豫西无立足之地，就决定去徐州，到家乡以后再作打算。我就明白对他说，我要回徐州，想法给搞个证明，减少路上盘查。第二天，他给我送去了一套老百姓穿的粗布便衣和路费，又介绍我到他的兵站上，找到站长郭安世（江苏宿迁人，跟我中学同学），让郭找地方关系，给我化名开了个证明。当天我化装成老百姓的样子就走了。

全国解放前，陈子坚在湖南做了策动陈明仁起义的工作。后来我在北京遇到陈子坚，陈说我从他那里走后，岳烛远就去他那里查问，我是否到过他那里。岳问陈：靖任秋到你这里来过吧？陈不承认，回说没有来过。岳无可奈何地说，我们都是朋友，有什么关系。从这点看，我那个宪兵连长的族叔，一定把我去找过他这件事向特务机关报告了。幸而及早离去，才避免了危险。骑自行车的人，很可能原以为我们会到巩县，他们在巩县没有等到，报告岳烛远处。岳猜我与陈子坚的关系好，就去问陈，陈是师长，两个普通特工人员去问没有用，也只有岳烛远自己出马。

有了路条、便衣和钱，我就离开巩县，直奔新郑以南到鄢陵、扶沟一带过黄泛区，绕道周口店、界首附近，转到陇海路上的商丘到徐州家乡。要走这条路有两个原因：一、这时因为抗战初期国民党在郑州以东花园口掘开黄河，河水在新郑以东地区向南泛滥，东西达二三十里，成为大面积的黄泛区，陇海铁路已经在郑州以东中断。这个黄泛区面积很大，从郑州往东，花园口附近，泛区更宽，路不能走，必须绕到南边，从新郑东南过去，经鄢陵、扶沟到周口，这是一条从国民党统治区到敌占区的交通要道。二、黄泛区以东是敌占区，黄泛区以西是国民党军的防区。因为后方基地被日寇隔断，西北工业又落后，布匹等物资要从上海等沦陷城市运来（实际是走私）。陇海路中断后，由鄢陵、扶沟到郑州、洛阳，是商贩们的通道，周口只是一个集镇，现在却成了商埠，界首当时是敌我交界商贩云集的中心，道路来往人多又杂，行动方便。总之，那时别的路不通，只好走这条路。这条路上国民党部队也还设有岗哨，记得在接近新郑时，遇着岗哨盘查，我说我是做小生意的。他看见包袱里有带道的府绸衬衣，他说：你不是小商小贩，是当兵的。我说：你是当兵的，我瞒不了你，部队不发饷，我从部队下来，你也很清楚，家里老小没的吃，你也该清楚。他看我跟他拉近乎，就放我走了。总之，一路上闯关，真不知有多少事。

那时，豫西遭灾荒，就是河南老百姓说的“河南四荒，水、旱、蝗（虫）、汤（恩伯）”四大灾荒。沿泛区从新郑一带到鄢陵、扶沟，沿途很多白骨无人掩埋，讨饭的人多得更不必说了。晚上在扶沟住下，出来走走，遇到卖豆腐脑的摊子，旁边有个十岁左右的女孩，躺在那里不动。跟她说话都不能答应。我问卖豆腐脑的是怎么回事？老头说：家里没有吃的，饿了两天，已经不能动了，再饿下去就要饿死。我拿出三十元，向卖豆腐脑的说：老大爷，咱俩一起做件好事，我把三十元钱交给你，你每天给她买两个馒头吃，救这孩子一条命好不好？老头说：这样的好事我还不做？我付了三十元钱，第二天就走了。我想，这个老头应当能够守约给她东西吃的吧？

鄢陵、扶沟是淮河流域。那时黄河水泛滥，再向东，就可以搭木船走了。本应先到周口，还是怕遇到检查，没进周口就下了船，沿大路直奔陇海路上的商丘，打算从那里坐火车到徐州。到商丘找客店住下，就打听到，坐火车日本人要检查。连买火车票都要良民证。我就跟店老板商量，是不是给搞个证明？客店老板跟伪军都有关系，只有花钱请他代办。他拿了我大约十元钱，又帮助买票，由他送进车站口。他们跟伪军相通，送一个人拿多少钱都跟伪军分成。他打个招呼，查都不查就过去了。商丘到徐州，不过二三百里路，转眼到了徐州。怎么出站呢？车票虽有，但如果要良民证，就没有办法了。好在徐州车站我熟，这里铁路是南北向，站房在铁路以西，按正规走法出站得过天桥。我家在徐州南二十五里，下车后不过天桥，顺铁路向南走，正好是回家的路。就从这条路不经过查票口，顺利出了站，没有遇到什么麻烦，回到我徐州的老家。

一路小心谨慎，到了家乡心情就平静一点了。我计算了一下，1926 年离家，大革命失败后，1928 年我从商丘去上海，过徐州一次。1932 年和 1937 年抗战开始后回去过两次，现在是 1943 年，整整六年没过家门了。我穿着陈子坚送的那身单衣，粗白布已经洗成灰色，从前我的穿戴比较好。这次穿这么一身衣服，徒步两千多里回来，进得村来，首先从伯母家门口过，伯母、母亲都在那里。母亲一看见我，非常惊奇，再一细看，就放声大哭起来，不知道她是怎样的想法？此时家中只有父母，两个妹妹都出嫁了，家里再没有什么人了。比我小十岁的弟弟靖实秋自幼受我影响，因为我是共产党员，地方中学都不敢收他，费了大力气才进了个学校，不久地方政府要捉人，他就外逃了。1934 年他 19 岁，跑到北平找我，我让他进学校读书。当时我们的生活比较困难，加上一个人读书就更困难了。1936 年，张学良在西安办学兵队，经民先队动员，他就去当了学兵。抗日战争时期，他到了沂蒙军区，在部队中工作。家里因我受累，不止这一件事，大革命失败后，国民党对我下了通缉令，地方上的坏家伙有意陷害，就把我父亲捉到县政府去。他无非是家长，原来是个读古书、教古书的老先生，捉去问问，对他也无可奈何。但从家庭的角度看，两个老人是寂寞寡欢的。

我回到家乡徐州棠梨张集的时间大约是 1943 年 7 月前后。回到家乡以后，考虑两个问题，一是怎么把彭文和几个孩子从洛阳接出来；二是怎么找到组织。我多年未回，首先注意了解农村情况。徐州沦陷后，我的家乡是敌人占领区。日寇把这一带划为淮海省，徐州市成为淮海省省会，地方伪政权极为反动，乡村里有非正规的伪军，他们是些地头蛇，县城里有大小汉奸来来往往，国民党把大部队撤走了，零星的国民党员还有活动，也搞点武装。都是本地人，他们互相勾搭，也有矛盾和斗争。我们党也有小规模的武装活动。所以情况挺复杂。到了夜间，几方面的武装出来活动，我们的人有时遭到残害。我的堂弟靖大铎，有人说他是共产党，就被国民党杀害。和他一起遭到活埋的，还有他的同学张景瀛，其实他两个只是倾向共产党罢了。

棠张是我的出生地，我是这个地方的人，是在这里长大的，过去的情况，我家乡一带的人都知道。我是共产党，又在做官，多年没回家，在这样的时候回家，可能会引起当地人和当局的注意。地方上各方面都估不透，不知我回来干什么？也不可能没有了解和传说。以后李吉庆、戴奎和两个孩子又从洛阳来了，特别是戴奎，他是我的表弟，在家乡是很熟悉的，他又是徐州城的人。两个孩子，大的有十多岁了，也会说一些事情。总之，我的情况是会引起地方不少忖测，甚至引起地方反动当局对我的暗算的。我本来想跟我们党的地方组织建立联系。后来考虑留在这里活动受限制，原因是万一出问题会连累到家庭。过去有过这样的教训，因为我们弟兄是共产党的关系，我父亲曾经一度被捕。我当时在徐州绝对避免做任何活动。我初到家，也只注意不出门，不多见人，不谈我的情况，而且也不敢久留。

家乡不能久留，到哪里去呢？从报纸上知道有个熟人叫王道的，在山东当伪军旅长，番号是“山东灭共救国军暂编第一师第八旅”。王道家是山东益都南乡的大地主，大约是1935年在北平时，经华北联络局王世英介绍认识的，作为党的一个社会联系，交给了我。和王道一起的还由李少白两个关系。他那时常在北平，不断跟我见面。他知道我是共产党员，我知道他是地主家庭的少爷学生，但不是那种阴险毒辣之辈，他有爱国思想。跟他联系时，我们就知道他在山东关系复杂。我估计很可能王因为离不开家，又要保护财产，才走上这条道路。经过打听，知道王道部住在寿光，家在益都。我决定自己到益都去会会王道。

十九、策动伪军王道、王天祥部起义

从徐州走的时刻，化名刘汉臣搞了个良民证，到益都果然找到了王道。我用假名字去看他，他一见面就说：你是靖任秋呀，便拉我到他小老婆的住室去谈。从谈话中知道，他不是死心塌地当汉奸和反共的（后来知道他与我军建立过关系，我军曾派人打入过他的部队，准备做他的工作），我们的私人关系也还存在。我便向他说了我的情况——越狱出来，准备留在他这里。这时，国民党已经派人到他这里，策动他“反正”。国民党派来的人叫王景羊，是一个国民党党务专员，与王道是老朋友。王景羊 50 多岁，留个山羊胡子，像个老先生，也住在王道家。我们俩以后就住在一间房里，慢慢地王景羊也知道了我的情况和意图。我们立场观点不一样，但王还有点旧军人的气派，不像国民党特务那样不择手段地害人，我们吃、住一起，有时也一起出去，却是各搞各的，你争取你要争取的，我也争取我要争取的。益都附近却有国民党张景月一个师的地方部队，王景羊企图拉王道向他靠拢，曾向人声称：如果靖任秋把王道拉到八路军，我一定把王道再拉回到国民党来，我们互相间已经了解到这个程度，不过，王景羊没有阴谋陷害我。这里边当然有王道的关系，同时也说明：在民族矛盾与阶级矛盾错杂交织的时候，各方面的关系是很复杂的，不能简单看待。

至于策动王道起义，说简单也简单，说复杂也够复杂。要从一个伪军变成人民军队，毕竟不那么容易。不过对于争取他，我具有信心。王道的家庭是大地主，他本人是花花公子，1934 年我们见面时，他已感到做一个花花公子没有前途，到处拉关系找出路。抗战爆发，他凭借日本人的势力编了一个旅。但是，日本人对伪军只是利用，谈不上对他们的信任，你有几杆枪，给你补充点弹药就不错了，根本不给枪支。像王道这样的人，平常是很自负的，常常自忖，总不能老是当伪军，替日本侵略者征服中国效力。而这时候，已经有条件促使他转变。首先，王道是学生出身，总还有爱国心，当汉奸总不好听吧，给儿孙留个什么“遗产”？其次，这时日本侵略者已走下坡路，从前途着想，找一个将来的容身之地，已经是个迫切任务了。再是，华北地区基本上为八路军所控制。国民党在敌后也有部队，但不成气候，而且多少都和日、伪有些勾结，他们得不到人民的拥护与支持。就因为有以上这些条件，我在一段时间里和他朝夕相处，从国家、民族大道理讲一讲，说服动员，慢慢就把他争取过来了。当然，要起义到我军方面来，他也不是一点顾虑没有的。他也想到，兄弟姐妹有无危险？家产如何？他懂得共产党当时不搞土改，但以后如何呢？这些问题，他都要考虑好。

做王道的工作是个慢工夫，无法计日逞功，这样，我就有时间考虑家庭问题了。我跑了出来，彭文一人在洛阳拖家带口，生活怎么过？王道一次拿出五千元，帮助我解决家庭的困难。1943 年夏天我又回到徐州，请同村幼年同学纪广椿替我去洛阳看彭文，还交给他三千块钱给彭文带去。她当时已有四个孩子，生活负担相当重，如果能接他们回徐州就接她们来。那时，洛阳还在国民党手里，彭文本人离开不便，就把女孩玉仲和最小的季洛留在身边，让伯文和叔平两个大点的男孩随同纪广椿回徐州老家。我过黄泛区时和陈立朝一度失去联系，他以后经陈子坚处到了彭文那里，这次陈立朝也一同到了徐州。（叔平附记：姐姐回忆，爸爸被捕后，孙殿英即电告，枪支、马匹一律收回，两个勤务兵，马夫全部遣送返乡；伙夫则不久即失踪，后发现被人装在麻袋里抛进洛河淹死，原因不明，或曰，系因参与贩大烟，分赃不均所至。薪饷停发后，一家五口断了生活来源。是时，河南大饥，饿殍遍野，人相食，民谣，“河南四荒，水旱蝗汤”。蝗指蝗虫，汤即指汤恩伯也，时任河南战区司令长官。为了活命，妈妈又在河南省立洛阳中学教书，薪水以课时计算，发给麦子代替；为不至挨饿，妈妈教着国语又兼着历史课，终日带着身孕，奔波在学校所在的洛阳西宫和我们住的瞿家屯之间的小路上，晚上还要批改学生作业，亟尽辛劳。）

1944 年 4 月，孙殿英公开投降，当了伪军。在这以前，他其实早就和日本占领者暗中勾搭上了。彭文还是不能离开洛阳。为了缓和与孙的关系，以免彭文遭到危害，我从王道处给孙殿英写了封信。我告诉他，我什么时候从西安监狱出来，到达了什么地方，同时套近乎说：这么多年了，自信相处不错，可恨被特务陷害，以后希望维持关系。孙回了信，他说：咱们弟兄过去的事不说了，总还要见面的。这样弥补了一下。我想，只要我这个人还在，他害我的家眷只能落麻烦，以孙的狡猾，不会出此下策，何况这里边还有李锡九的关系。李老先生德高望重，孙殿英不能得罪他。

孩子们回到老家，我又从寿光回去看看他们。这么来来往往，中间对王道做点工作，已经到了 1944 年夏。此时王道也下定决心，把队伍拉到八路军那儿去。王道的伪军驻在山东寿光，正靠近渤海军区，所以第一次是到的渤海军区，出了王道部队的防线就是渤海军区。我先到军区与司令员杨果夫、政委金晓村见面，作了自我介绍，他们很欢迎。后来活动接近成熟，我才又到山东分局去。当时山东军区在滨海军区的日照，分局秘书长谷牧出来接待我，我就住在谷牧处。在山东分局决定了他反正的时间和部署，山东分局还派了人到王道部队。在两处都向延安去电报向恩来同志报告（经谷牧等代发），我从重庆回去，到洛阳即被一战区逮捕和越狱出来到山东军区的经过。因为抗战一开始我就靠近太行，电报还说到我对太行地形、人事关系熟悉些，想在策动王道起义后即去太行根据地。恩来同志回电同意。我弟弟靖实秋当时在沂蒙军区工作，我一说他的名字，谷牧就说好像他在山东分局开会，是个团的政治委员，并马上让人去找他，可惜，在我到的前一天他已经走了。我向分局书记黎玉汇报了我被捕和越狱的经过，策动王道起义的事也在这里作了具体安排。我从监狱出来，又见到党，黎玉既把我当党员，又把我当客人，对于一个多年和党组织没有联系的人，当时的气氛是很感动人的。

我在新五军暂编第四师任副师长时，下边有个团长叫王天祥。他脱离新五军后，被日本人编为“东亚同盟军”，辖有几个旅的伪军，住在河北大名，就在我冀鲁豫军区附近。我和他过去的关系不坏，孙殿英在逮捕我的时候，捏造我在他那里“鼓动军队”，指的就是这个王天祥团。他当时从孙殿英部带一团人跑到铁路以东投敌。当我知道他在此地时，就想策动他的部队起义。所以我还向山东分局汇报了大名伪军王天祥的情况以及和我旧日的关系。山东分局也给了我这个任务，要我把王道起义的工作安排好以后，走冀鲁豫军区经过，把王天祥和冀鲁豫建立起关系，策动王天祥部起义，再去太行。

我们商定了王道部队起义后的行动路线，是从寿光以西过胶济铁路，把队伍拉到我沂蒙山区。我先回益都，再到寿光，跟王道见面后确定了联络人员，传达了山东军区关于他的行动路线的安排。起义部队有个共同的问题，就是内部力量不一定全听他指挥。王道有他自己的实力，可是部队是杂凑的，要想所有的人都听命于他一个人，是有困难的。所以山东军区安排：先让王道下令叫下边的团向寿光以西移动，从寿光出发，仍在他的防区，部队是会跟着走的，问题在于，日军对胶济线防守很严，过铁路要预防敌人截击，让王道部从车站空档处过铁路，由我军一个团去接应，万一日军出动，我军可以进行阻击，掩护王部开进铁路以南的安全地带。由于过铁路地点选择得当，防守的日军没有发现，起义成功了。

王道部起义的前一天，即1944年7月20日，我离开了王部。7月21日，王道按山东分局的安排，把部队拉到铁路线上，我山东军区派去接应他的部队就是我弟弟靖实秋领导的那个团，真是巧合。解放后王道见我说起来，他过了铁路才知道接应他的就是我老弟！

1965年靖任秋和弟弟靖实秋合影于上海康平路

当年8月《新华日报》和延安《解放日报》，都刊登了王道起义的消息：伪山东灭共救国军暂编第一师第八旅王道部（原吴逆化文的暂编第一师第二旅）于7月21日，在王道率领下，一千六百余人光荣反正，现已安抵我根据地。王道部带出机枪二十八挺，战马百余匹，汽车一辆，机器二部，兵工器材粮草约值三百余万元，并将寿光伪公安局解决，俘伪公安局长等数人……我军乘胜扫除了广（饶）益（都）线及王部防区附近大小据点二十余处，收复国土九千九百平方公里。

王道是在抗日战争中，伪军第一个起义的。他的起义对伪军影响很大。到根据地后，他的部队照旧归他带领，凭这一条，他又给我们策动了另一伪军部队起义，那就是1944年夏秋，驻益都莫振明旅的起义。莫过去是他的部下，这个旅的起义也成功了。

在山东，我到济南时曾在电话上和朱蕴山取到联系。他抗日战争前在北平经李少白介绍认识的。他到旅馆来看过我一次。见面时，看样子有些顾虑，以后就没有再见过面。

在济南还和李少白见过面。见面后谈了我从西安到徐州的情况。他了解到我的经济情况有困难，曾向王孟夫（伪县长，在济南附近一个县）介绍，1944年春，经李少白写信，由王孟夫借给我伪币一万元，名义是借给我作本钱做生意，解决生活上的困难，以后还本。这个钱是我托管建三在王孟夫那里取到的，钱也就存在管建三那里。生意我是不会做的，钱也就逐渐地用光了（给彭文送去三千，给李吉庆他们两千，是不是李吉庆那里还剩一点，就记不清了）。以后这个钱也没能还王孟夫。

1944年春天洛阳失守后，彭文带着另外两个孩子离开洛阳回到徐州的家中。彭文离开洛阳的情节很曲折。洛阳失守前，她要离开会遭到怀疑，平江惨案后国民党通缉她。虽然她到新五军做我的家属，算是隐蔽下来，但我被捕后，国民党对她却是严加控制的。洛阳失守，国民党自顾不暇，大家都往外逃，岳烛远也管不了这些事了。彭文得到李锡九的帮助，先从孙殿英那里走开。此时孙殿英已经住在日军占领区的新乡。孙暗害我的一套把戏，他的小老婆不可能知道。彭文生活困难，还应孙殿英小老婆之请，给孙殿英的儿子补习功课。孙最初准备借刀杀人，置我于死地，以后看我没有死，他以为我跟国民党有关系，怕我报复，曾叫他的小老婆送了两万元给彭文。我给他通了信，正好使他有机会缓和关系。彭文这次从洛阳出走，孙的小老婆还叫人送了路费。

从时间顺序上说，我是从山东分局出来以后到的王道那里，和王道商量好起义的准备，然后去的大名，在大名只耽搁了两三天，便又回到王道部队，在王道部队决定起义的前一天，我才离开他那里回到徐州家里。

1944 年春我去大名时，先经邯郸。王天祥在邯郸设有办事处，与日军的头头联络。我一打听，他正好在这里，跟他见了面，也还好。他知道孙殿英害我进监狱，但不知道我从监狱跑出来。他要去大名，便约我同行。他不知道，我来就是准备同他谈问题的，当然要多住几天。他留我正合适，我就同他一起到大名。

伪军非常讲排场，从邯郸到大名，除骑兵队伍以外，王天祥自己还有马有车，前呼后拥。他这个“军”号称三个旅，实际只有一个团是他自己的，别的全属杂凑。还没进大名城，下边的旅长就摆队相迎。这些人都一色骑马，真是车马喧天，威武之极，使同行的我都不好意思。他不到司令部，却先到“公馆”。我就住在他的公馆里，听他谈他掌握部队的情况，他与日本人的关系等等，才知道能听命于他的就有一个多团。这个情况对他并不怎么有利，甚至可以说大有问题。谈了情况以后，记得他又有事到邯郸去，我也一同去了。似乎日本人在他到邯郸后，行动上对他有点控制，他没有跟我说清楚，我看到办事处外边有日本人在监视。这时，我知道王天祥与冀鲁豫军区有过一些联系，因为彼此的防区是挨着的。我跟王天祥大体上已经谈妥要他起义的事，我应该去跟冀鲁豫军区接关系。王天祥驻地以西是太行军区，以南是冀鲁豫军区。我下决心去把情况再谈一下，以便他什么时候起义都行。我到军区，一切安排好。1945 年 1 月 16 日王天祥在大名正式起义，编入二野二纵，任旅长。

我从大名回来时，在郑州到徐州的陇海路上，遇到孙殿英的随从副官于贵洪。当时孙殿英已经投敌，驻在新乡，我去大名顾虑到不要在新乡附近车上遇到孙部的熟人，考虑只要不遇到高级人员和特殊的坏人，还不会发生大问题，因此我坐的是三等客车。在车上既然遇到了于贵洪，我就主动和他接近，听他说是要到徐州去，我就马上说徐州是我的家乡了，到徐州，明天我请你吃饭。我知道一个小饭馆，约他第二天中午到那里吃饭。我住在什么地方没有告诉他。第二天他到了，我还清戴效文一同参加的。于的态度还好，也没有问这问那，饭后分手，以后也再没有见面。

我奉命从山东出来，得从津浦路转陇海路，再转平汉路到邢台一带，才能转到大名。反正得经过徐州，我这时决心回家去看看。这时我的家眷在洛阳失守之后，已经从洛阳回到徐州家里，一家离散，至此才得团聚。山东王道起义后，我很容易暴露，日本人很可能跟踪我，所以我在家只稍作安排，住了两天就走。到了邯郸，又和王天祥见了面，经他派人送我到楚旺镇霍继之那里，霍大概是他们兵站的负责人，再由霍继之派人送我到沙区冀鲁豫军区的联络站，经联络站到的冀鲁豫军区。由冀鲁豫军区再转道太行。我到太行不久，就接到王道从山东分局发给我的电报，告诉我他已经胜利地到达山东解放区。这封电报是邓小平转交我的，邓还要我回他一个电报鼓励鼓励他。

从 1943 年夏天到 1944 年秋天经冀鲁豫（边区）到太行（边区），在徐州的时间整整一年。这期间住在山东的时间较长，有时回家也只住不久，就又回到山东。在山东住在益都、寿光王道部队，动员王道起义，到山东军区给王道部队和山东军区建立联系。住在王道处，可以有点掩护。王道起义以后，我就比较注意了，从山东到家里也只稍停几天就离开了。

在外地的活动也尽可能不使地方人多知道，在家乡只和我小时同学、生意人纪广椿有来往，没有和其他的人来往，也没有找过一个亲戚故旧。同村的人，见了面互相打个招呼是肯定的，但互相往来、看望、委托，这样的人，除纪之外没有第二个人。这次回家很突然，回家的原因和家里是不好不谈的，纪广椿经常在我家里，也是不能不让他知道经过的情况，好在替我去洛阳时加以注意。我使用的良民证也是纪广椿给我用化名找的。徐州城是我从家里出门，从外面回家必须经过的。我每次从乡间进城，纪广椿总是同我同到城里，我从城里上火车后，他便回家。在城里他介绍我和戴效文认识，戴系一开糖栈的商人，我从徐州城过往时就住在戴效文家里。和戴效文住同院的还有一个孙绍宗，他也是我们徐州东南乡人。在徐州城，小学、师范我住过八年，这次没有找过一个旧日的同学。

也是在戴效文家里，时间大约是 1944 年夏天，他突然告诉我张立君要请我吃饭。这件事我倒是感觉到有些突然，张立君这个名字，我在家里听说过，他是我们家乡附近的人，当时是伪县政府的县大队长（名义记不清了）。这样一个地位人员找到了门上，当时考虑，不能拒绝，也无法推故不去，只好去了。是在一个饭馆吃的饭，只有我和他俩人。我们以前不认识，吃饭时只作了一般应酬的谈话。此后没有再见到过，不久我也就离开了徐州。

在徐州也和靖大乙有来往，他是我本家的哥哥，家住在城里，是一个开杂货行的商人，也在他家里住过。

他们对我的看待不同于一般的人，和他们交道，能真的就真的，不能说真的也不得不应付了之。山东王道，这是很难不让纪、戴知道的，因为在那里住的时间太长了，同时也还可以起一些蒙混作用。至于去大名王天祥那里，要乘陇海西去的车，为了敷衍他们随便和他们说个地名。

二十、进入根据地

当时，王天祥派人送我到楚旺他的一个兵站上，负责人是霍继之，再由霍继之派人送我到沙区冀鲁豫军区的联络站。这一带位于新乡东边，全是沙地。这里的土地主要是种枣树，只在枣树的间隙中多少种点粮食。走进这个地区，就是在枣园里生活，住家的小村庄周围都是枣树。大约因为这里接近公路，敌军就在附近，村民看见外来人都很警惕，要等来的人说清楚情况，才能找到人。出来迎接兵站来人的看起来就是以往他们接头的人，一接上头，兵站送我的人就回去了。军区并不太远，当天就走到。军区司令员是宋任穷，政委黄敬，政治部主任张霖之。

到了军区就如同到了家，这一阶段军区司、政机关还不时移动，生活不安定。见面就汇报情况，把去重庆、进监狱又跑出来的经过，也重说了一遍，也向他们汇报了王天祥的情况。从霍继之送我到沙区联络站看，他们是已经建立了联系的。有一天，黄敬帮群众去种地，我跟着去了。这地方本来就穷，加上日、伪军的糟蹋，早已没有牲口，全靠人拉犁，大家都拉，我也拉了。气候本已到了秋天，可拉犁穿单衣还不行。这算是以过路客人身份参加的一次劳动。冀鲁豫边区行署的负责人请我吃饭，这是根据解放区条件举行的很别致的“宴会”：院子里支起一口大锅，杀只羊，水开了涮羊肉吃，这可以称为“大锅涮羊肉”吧！我在冀鲁豫把王天祥起义的关系交代清楚没多停留，不几天，就说我打算到太行根据地去。恰巧，军区预备派部队送一个训练班到太行山区，我就跟上他们出发了。

这里的地理位置在新乡以东，是山区与平原接壤的地方，走到太行南部的林县就是小平原。这里的山，只是一点山脚，我们进山过铁路走的是新乡以北的口子——塔岗口车站。可是，过铁路很麻烦，敌人在铁路两旁，特别是靠近城市和要道口都有炮楼。铁路旁边也有濠沟，不经炮楼从濠沟走也很难。火车来来往往，遇到日本军队押车，就要用枪扫射。我们这晚上从军区出发，先到了军分区过一夜，军分区司令员张国华派部队把我们送过南运河（黄河到天津的水道）。那时，天气很凉了，运河水很深，得脱光衣服。拉根绳子扶着过去。我过河时是拉着骡子尾巴过的。过了河不远，就接近铁路，小支队对道路很熟，一靠近铁路就利用地形叫大家卧倒。这时北边开来一列火车，因为庄稼已经收过，不但能听到火车的轰隆声，还能看到车上人的行动。车上没有发现我们，在小站上停了十来分钟就又开走。我们过路的共有一两百人，车上不知道，车站的人可能都知道，横竖大家装着看不见就是了。毕竟没有人真心替日本占领军办事，加上这是八路军，他们如果声张，也怕八路军收拾他们。我们一行人下到沟里，然后从沟里走到口上出去。部队很快过去，我在后头，敌人炮楼发现了就打枪，却没有出来，可能我们人多，炮楼人少，大家顺利过了铁路。部队送我们到了干部学校，完成任务就回去了，兵站送我的两个骑兵也一起回去。干部学校又派人把我朝大军区（即晋冀鲁豫军区）送，这时已是 1944 年的秋冬之交。大军区在辽县麻田，领导人是刘伯承和邓小平。太行军区在涉县，司令员李达，政委赖若愚，政治部主任黄镇。天快黑了，我到了麻田见到邓小平。我真是到了家了！抗战开始，新五军部队驻在林县，我一二九师在林县以西东关附近，两个部队紧挨着，我有时去一二九师，他们也常派人来。为打朱怀冰的事也见到过邓小平，彼此打交道不算少。我一到，他见我还穿着夹衣，马上就叫给我做棉衣。我先向他汇报了种种经过情况。他安排我住在他住的村子，后来我迁到附近的军寨村，跟申伯纯一同住。此刻党的七大还没有结束，刘伯承开会去了，留小平同志看家，滕代远同志是军区参谋长兼情报处长，申伯纯当副处长。一到这里感觉非常安静，不像在敌占区。在王道那里很耽心；在山东分局时常要搬家，太阳落就说不定要搬地方；冀鲁豫也这样；到华北局就不用动了。背靠太行，向东走是个山沟，太行军区、华北局就在这里，后勤的医院、学校都在沟内。敌

1983年邓小平视察黑龙江时对时任黑龙江省委常委、副省长的靖伯文说："哦，靖任秋还有这么个儿子！"

人也"扫荡"，1944年底，"扫荡"已很少了。住在这里，一般很安定，又由于去延安参加七大的会，各根据地的人去得早，留下看家的人事情不多。

对我的招待很客气。一般干部吃大锅饭，起先由申伯纯陪我吃小灶。日子长了申也转移，开饭我也跑大灶。可邓小平一直很客气，每星期天派人接我去下围棋，还杀一只鸡吃。后来，他知道我的家眷在徐州，就派军区情报处的科长李平去徐州接彭文和孩子们到太行。李平除去接她们以外，还在蒋管区建立点社会关系。1944年11月份，李平把彭文和伯文接到了太行，这次一同来的还有我一个外甥马书田，陈立朝也是这次一同来的。1945年7月李平又把玉仲、叔平两个孩子接到了太行。（叔平附记：我们是在八一建军节前进入冀鲁豫边区的，路过新乡时住在孙殿英部的招待所里。当时我十岁，开始懂点事。因为我对孙殿英怀着刻骨的仇恨和猜疑，招待所送鸡蛋挂面到我们房间来给我们吃，我不敢吃，怕里面下了毒药。临行时孙让他的下属送了几条烟，让我们给爸爸带去。）季洛太小，路上难办，就还放在徐州家乡。彭文1926年参加党，南昌起义后从潮汕逃出来，在江西被动员离开部队，一直以教育工作做掩护，在国民党统治区为党做情报工作。抗战中，在湖南湘鄂赣特委任岳阳中心县委书记。平江惨案发生，她逃脱了国民党的通缉，跑到重庆找党，就想到八路军或新四军所在的根据地去。恩来同志让她到洛阳来，做家属掩护我，她服从组织决定一直留在洛阳新五军办事处。她看不上那些军阀、官僚和他们的太太，和那些人周旋对她是一种精神折磨。在我被捕和越狱之后，她一个人领着四个孩子，在敌人环视下，重新拿起教鞭，既为生活，也为职业掩护。国民党放弃洛阳，她又历尽艰辛，逃到我的家乡暂住，哪一天她不是想着到根据地！1945年初，她的愿望终于实现，北方局分配她到冶陶附近的行知学校当校长。从此，她就从事教育工作，直到"文化大革命"。

关于陈立朝的情况。我带着陈立朝，在过黄泛区时（鄢陵或扶沟）与他失去联系，陈立朝又回到巩县，找到陈子坚，经陈子坚告他彭文在洛阳瞿家屯的住处，陈立朝到了彭文那里。等到我回到家乡以后，大约到了秋天，我请同村人纪广椿到洛阳去，他才同去的人和两个孩子——靖伯文、靖叔平一同到了徐州。我离开山东前陈系留在王道处，陈有救我出狱之情，我对他不能不好好对待。在王道处王对他也很好。但陈有些不好习惯，好吃好花钱，给多少钱也不够用，在王处有时拿别人的钱，王也无可如何。我离开王的部队时，因为山东军区要我经过冀鲁豫接通王天祥的关系，还有些工作要做，不好带他，才不得不留在王处，本来是想让他一同到山东解放区，以后他从王那里又回到我家，是在王道起义以后。在家中经人介绍又在那里工作过一段，1944年陈立朝也到了晋冀鲁豫边区，经军区——大概是滕代远批准，把他送到抗大学习。1947年陈从抗大毕业，分配到四纵队陈赓部工作，这时是1947年上半年，我正驻在长治附近，距抗大不太远，他经过我那里见到一次，以后就没再见到了。后来听说他在四纵队做排长或连长，解放战争中负伤，离开部队又回到我家里，他在我们那个乡还做了乡长（已解放），以后犯错误就走了。他回到甘肃永登老家以后，又做过乡长还是区长，以后病故在家乡。

在孙部的这段组织关系，我认为是在周恩来那里。1944年秋末到太行，向华北局负责人邓小平报到后，先恢复了我的临时的组织生活。住在晋冀鲁豫大军区情报处，参加在情报处成立的一个党小组生活，小组成员有申伯纯、张衍、林一。1945 年七大期间，总理在延安指示滕代远正式恢复我的组织关系。当时中央组织部长是任弼时，也和滕代远作了交代。参加七大以后由延安回来的滕代远，对我说：恩来同志和当时任党中央组织部长的任弼时同志一起，向他交代，正式恢复我的组织关系。任弼时还交代滕说：靖任秋是个老同志，要多照顾。中央领导同志的话，使我内心感激难忘。滕一面转告我周恩来的指示，同时告我准备成立晋冀鲁豫中央局（原华北局改组），要我到晋冀鲁豫中央局联络部工作。这时我才正式过组织生活，我才知道以前的小组生活是临时性质的。

长期在白区做兵运工作，常常要跟国民党特务打交道，以后被捕、越狱，情节曲折、复杂，恩来同志对我信任，使我深深感到党的温暖。但是，组织上对党员热情是一回事；党的组织原则的严肃性又是一回事。因为，我过去的组织关系在恩来同志那里，没有横的关系。党的组织关系，光凭自己说不行，要等恩来同志正式交代，才有组织关系。当然，我被捕和越狱等情节，也应该审查了解。所以，等到滕代远从延安回来，我才正式恢复组织生活。我曾跟邓小平说起，应当对我进行审查，小平同志说：先开始工作，工作就是审查。“工作就是审查”这句话，把我们党的审干精神，表达得非常好，我永远忘不了这句话。

二十一、邯郸阵前策动高树勋起义

根据党中央的意见，北方局改组为晋冀鲁豫中央局，下面成立联络部，由申伯纯任部长，我任副部长。

就在这时，1945年8月，日本侵略者宣布投降。消息传来的时候是夜间，太行山上一片欢腾，村里敲钟、放炮，奔走相告，热闹了一整夜，我也通宵未眠，激动了一整夜。

八年抗战的胜利，是我们军民流血牺牲换来的，这一胜利果实应当属于人民。可是，蒋介石不但垄断接受投降的权利，而且调兵遣将，抢夺人民的胜利果实，积极准备大规模的内战。抗战刚胜利，他竟命令八路军“应就原地驻防待命”，不得收缴日伪的枪械。相反，而要日伪军“切实维持地方治安”，不许抗日军队向日伪军“擅自行动”。他一面装出“和平”姿态，电邀毛主席赴重庆谈判；一面在美国空军的支援下，将他原来躲在西南、西北大后方的军队，以受降为名，紧急空运来抢占大城市和交通要道。蒋介石部署了大量部队进攻解放区。首先是盘踞山西的阎锡山，于10月初指挥所属13个师的兵力，进攻晋冀鲁豫解放区的上党地区，我太行军民奋起反击。驻在这一地区的原是八路军的一二九师。整个抗战期间，八路军靠游击战与敌人周旋，装备是很差的，那时的一二九师，人数在二十万以上，但全军只有六门山炮；一半以上的团都只有几门迫击炮和几挺机枪；很多新参军的战士，还使用大刀和梭镖；有步枪的也只有几发子弹。当然，部队也缺乏大规模正规作战的经验，可是，部队的政治觉悟高，全军上下，都理解“为保卫抗战的胜利果实而战”的伟大意义。太行、太岳、冀南、冀鲁豫四个军区集中了部队三万一千多人，又调集了民兵、自卫队五万多人参加上党战役。我军充分发挥人民战争的特点，避开敌人火力，而搞近战、夜战；用刺刀和集束手榴弹对付敌人的火力点；逼敌步步收缩，并相机布置战场，调动敌军，在野战中歼灭他们。10月12日上党战役大获全胜，共毙伤敌五千余人，生俘十九军军长史泽波以下官兵三万余人，缴获轻重机枪六百多挺，长短枪一万六千多支。

上党战役粉碎了国民党在我根据地的腹心地带抢占战略据点的企图，但是蒋介石并没有改变扩大内战的方针。到10月中旬，蒋介石部署用来进攻解放区的总兵力，增加到八十万。他派遣了四路大军向我华北解放区进攻，计：一战区胡宗南部沿同蒲路转正太路，开到石家庄；十一战区司令长官孙连仲所属的三十军、四十军和新八军，共四万多人，在第十一战区副司令长官马法五（兼四十军军长）、高树勋（兼新八军军长）率领下，集结新乡一带，沿平汉线北犯，还有后续部队五个军正向新乡开进。王耀武部队沿津浦线北犯，从徐州进占济南；傅作义部沿平绥线东犯，迫近张家口。这四路向华北解放区进犯的国民党军，平汉线是其中的主力。显然，这个战役的胜负，关系重大。为了争取和平局面的实现。必须对来犯之敌，予以坚决打击。这个担子，落在晋冀鲁豫军区身上。

晋冀鲁豫边区，是较大的解放区之一，它包括太行、太岳、冀南、冀鲁豫边区四个根据地。平汉路有一大段在该区内，自安阳以北全部为我军控制；津浦路和同蒲路是该区与华东解放区及晋绥解放区的接界线，所以，该区是国民党进攻的重点地区之一。还在9月上旬，上党战役开始的时候，冀鲁豫军区的主力部队就沿平汉线集结，和冀南、太行军区的部分兵力，加紧肃清新乡以北的平汉线上的日伪军，以求完全控制一段铁路，为迎击北上蒋军准备战场。因此，上党战役刚刚结束，部队还没有得到休整，晋冀鲁豫军区司令部赶紧把部队调到平汉线布置迎敌。我军是被迫应战，集中了太行、冀南、冀鲁豫三个军区的主力六万人，动员上十万的民兵，准备连续作战，歼灭沿平汉路进犯之敌。诱敌军第一梯队到漳河以北，邯郸以南，滏阳河河套的多沙地区，先打第一仗，歼其一部，然后逐次歼灭。

成立联络部，就是准备对国民党军队作策反工作的。邯郸战役开始，申伯纯、我、朱穆之、李新农以及原来情报处一部分干部都从麻田到了塔岗口，面向新乡，准备深入敌军内部做工作。因为平汉线形势紧张，我野战军刚刚组成，我方调集的参战部队中，路西的尚在开进途中，主力当中只有路东的一纵赶到。一纵当即奔袭敌人，但因准备仓促，战果不大。10月23、24日，敌军北越漳河，连陷磁县县城和县属的马头镇，继续向北进犯。这时，我军参战部队才大部赶到，二纵以两个旅控制邯郸以南地区；三纵则集结于邯郸以西，太行军区的部队集结于磁县以西，以夹击的态势，准备向敌发起进攻。25日晚，一纵攻克中码头。由于敌军依据稠密的平原村落作掩护，以周围的树木作鹿砦，结合暗堡火力封锁，我军火力弱，又缺乏对这种目标作战的经验，在突击中伤亡较多。总的说我军进展不大。

上党战役，阎锡山欺负我们是游击队出身，不长于打正规战。上党一战，我们把它打下来了，我军士气很高。但是，这次来的不是阎锡山那样的“土”军阀，而是有全副美械装备的蒋介石“中央军”。刘伯承司令员说：咱们不能“啃硬核桃”呵！能不能打赢他？怎样才能打赢他？正是全军上下都在考虑的问题。

刘伯承、邓小平的司令部，此时早从上党地区移到接近平汉路的峰峰煤矿。我接到电话通知，要我到司令部去。我到峰峰司令部先见到刘伯承，他首先给我介绍情况。这次国民党进攻平汉路的部队是：马法五的四十军（原庞炳勋军）、鲁崇义的三十军和高树勋的新八军。高级将领中，还有老西北军的李旭东。这三个军是蒋介石北犯的第一梯队，都是原西北军冯玉祥将军的旧部，但三十军已经变成蒋介石的半嫡系了，四十军和新八军还是杂牌。高树勋那时已是战区副司令长官兼军长，地位变高了，三个军看起来得听他指挥。这三个军兵力大、装备强，久经训练、长于防御是其优点，但系新到，深入解放区，地理民情不熟，不擅野战；又远离后方，供应困难，加上派系不一，杂牌部队历来受歧视，内部矛盾重重，都是他们的致命弱点。我军方面，野战兵团虽组成不久，装备较弱，而且经上党战役之后未经休整，不过系胜利之师，士气极高，又控制了一大段平汉线，作为诱敌深入的战场，还有群众基础，得到根据地人民的积极支援，具有歼灭敌人的根本条件，国民党军想打通平汉路是做不到的。刘伯承一面谈情况，一面沉思走动。他说：“我们不能只打军事仗，也要打政治仗呀！”我明白他讲这话就是要我们从这些部队内部做工作。

我意识到平汉路这一仗的成败关系重大，而当前的形势的确是严峻的。刘伯承、邓小平同志问我了解不了解这些来犯的国民党部队？来犯之敌的三个军中，我认识副司令长官兼新八军军长高树勋。我和高树勋是在共同反蒋抗日中结识的。那是1933年察北抗战时期，我在孙殿英部队，驻防于沙城，冯玉祥派高树勋为代表到沙城见孙殿英，孙要我和高树勋一起到张家口见冯，参加冯玉祥任抗日同盟军总司令的就职典礼。察北抗战失败后，高树勋常住天津，有时也到北平。我们有时在孙殿英处见面，有时在别的场合也见面，和高树勋在反蒋抗日上有共同语言。谈话之间，平常不好谈的，从反蒋谈起，也还可以谈谈。我把这些情况向刘邓汇报，他们就向我提出，要设法和高树勋见面做做工作，是否去高树勋那里一次，跟他谈谈利害，可以明确告诉他，想打通平汉线是做不到的。我欣然接受了任务。刘伯承司令员用毛主席的话动员我：“毛主席有电报来，指出这个仗一定要打好，如果打不好，我们又要再进山，中国革命就要推迟二十年。”这更加使我感到责任重大。

但是，高部究竟在哪里？首先要找到部队的位置，才能研究如何进去。要弄清部队的位置，只有在火线上摸。办法无非是占领对方一块地方，抓几个俘虏，这样来摸清楚。刘、邓把准备编成六纵的陈锡联同志找来，让我和他一起活动，让他和我在火线上侦察高树勋部队。我们的部队那时已经打到马头镇以西，采取逐点歼灭和渗入袭扰等打法，削弱敌人，并夺回了敌占的部分村庄。我们从夺回的一个村庄老百姓处听到新八军有一个团，正好驻在马头镇西北十几里处的一个村子，团长叫田树青。事有凑巧，据我们了解，这个田树青以前曾经是共产党员，后来脱党，但没有干过坏事。田团驻马头，高树勋的军部肯定就在后边。

要进高树勋部，不单要考虑我们的人身安全，首先还得考虑跟高接不接得上头。按常情推断，两军对垒，向对方说明我们与他们的上级有关系，要去找他，遇到这种事，下级是会向上汇报的。可是，国民党军队中已经到处都插进了特务，这些人既向高树勋汇报，就会也向有关的特务

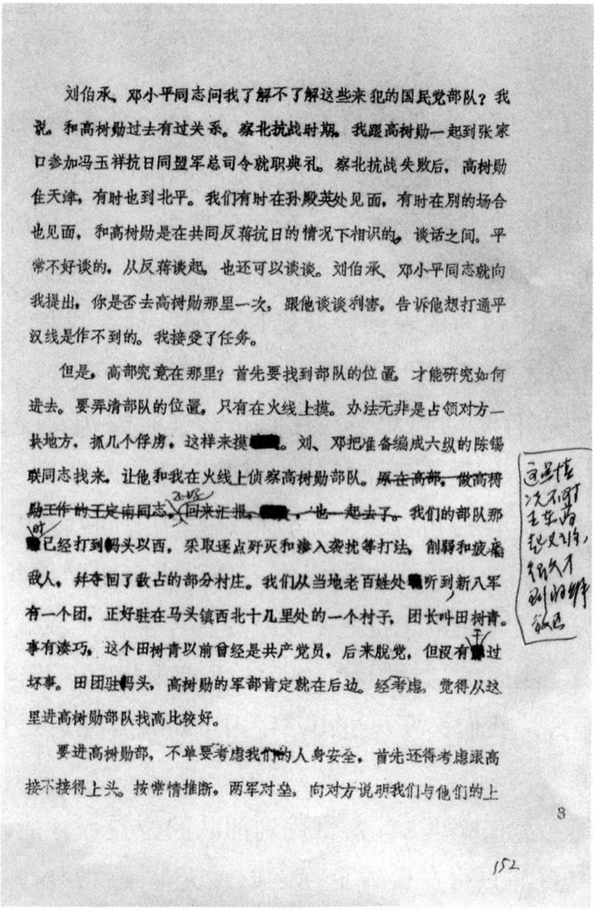

刘伯承、邓小平同志问我了解不了解这些来犯的国民党部队？我说，和高树勋过去有过关系。察北抗战时期，我跟高树勋一起到张家口参加冯玉祥抗日同盟军总司令就职典礼。察北抗战失败后，高树勋住天津，有时也到北平。我们有时在孙殿英处见面，有时在别的场合也见面，和高树勋是在共同反蒋抗日的情况下相识的。谈话之间，平常不好谈的，从反蒋谈起，也还可以谈谈。刘伯承、邓小平同志就向我提出，你是否去高树勋那里一次，跟他谈谈利害，告诉他想打通平汉线是作不到的。我接受了任务。

但是，高部究竟在那里？首先要找到部队的位置，才能研究如何进去。要弄清部队的位置，只有在火线上摸。办法无非是占领对方一块地方，抓几个俘虏，这样来摸[redacted]。刘、邓把准备编成六纵的陈锡联同志找来，让他和我在火线上侦察高树勋部队。~~原在高部，做高树勋工作的王定南同志，回来汇报，~~[redacted]~~，也一起去了。~~我们的部队那[redacted]已经打到码头以西，采取逐点歼灭和渗入袭扰等打法，削弱和疲惫敌人，并夺回了敌占的部分村庄。我们从当地老百姓处[redacted]听到新八军有一个团，正好驻在马头镇西北十几里处的一个村子，团长叫田树青。事有凑巧，这个田树青以前曾经是共产党员，后来脱党，但没有[redacted]过坏事。田团驻码头，高树勋的军部肯定就在后边。经考虑，觉得从这里进高树勋部队找高比较好。

要进高树勋部，不单要考虑我们的人身安全，首先还得考虑跟高接不接得上头。按常情推断，两军对垒，向对方说明我们与他们的上

这点情况不对，王在高树勋起义后很久才到解放区

3

152

靖任秋纠正陈霞飞整理稿中王定南部分的手迹之一①

① 靖任秋曾对陈霞飞整理的《兵运纪实——靖任秋回忆录》中一个史实进行了纠正。陈霞飞在该文末尾曾注明：“根据靖任秋自述录音整理”，同时在靖任秋回忆录整理后记中说，她还访问了与靖共事过的一些同志，“最后，以靖任秋同志的回忆为基础，增加了以上访问、查核的内容，撰写成了此稿”，并说“靖任秋同志生前看过这部稿子”。似乎她所描述的都是靖任秋认可的事实。陈霞飞送靖任秋审阅的《靖任秋回忆录——兵运纪实》初稿（打印件）中，对有关王定南一段，靖任秋纠正的两段原文手迹如下（见影印件）：其一，对王定南专门在旁白处写了一段话：“这点情况不对，王在高树勋起义后很久才到解放区。”其二，在陈整理稿“根据田树青的经历，……从火线上接近田树青的阵地”处，靖改写成以下文字：“我就写一封给高树勋的信，派了一名侦察员去送。这位侦察员，冒着弹雨，机警地边喊话边前进，就这样进了马头镇。半天功夫，他带着田树青的口信回来了，同意我去和高树勋见面”。靖任秋生前确实看过这个稿子，并且纠正了其中的不实之处，但是陈霞飞没有采纳。作为佐证，赵勇田著李达访问记附后——靖叔平注。

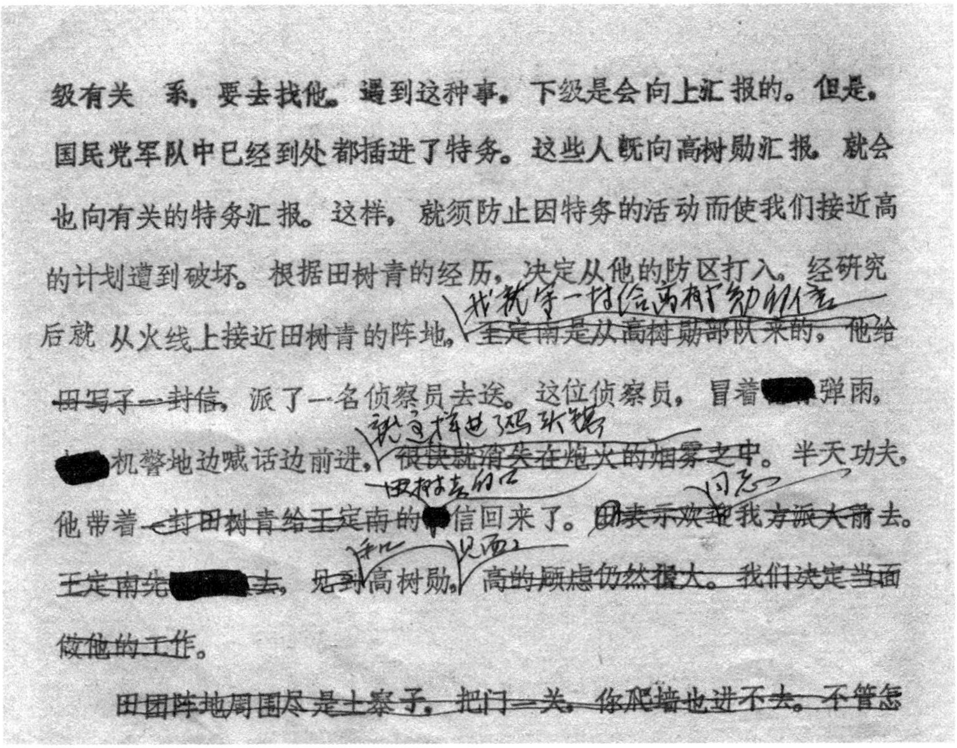
级有关 系，要去找他。遇到这种事，下级是会向上汇报的。但是，国民党军队中已经到处都插进了特务。这些人既向高树勋汇报，就会也向有关的特务汇报。这样，就须防止因特务的活动而使我们接近高的计划遭到破坏。根据田树青的经历，决定从他的防区打入。经研究后就 从火线上接近田树青的阵地，我就写一封给高树勋的信 王定南是从高树勋部队来的。他给田写了一封信，派了一名侦察员去送。这位侦察员，冒着[redacted]弹雨，[redacted]机警地边喊话边前进，很快就消失在炮火的烟雾之中。半天功夫，他带着一封田树青给王定南的田树青的[redacted]信回来了。同志 田表示欢迎我方派人前去。王定南先[redacted]去，和 见到高树勋，见面 高的顾虑仍然很大。我们决定当面做他的工作。

田团阵地周围尽是土寨子，把门一关，你爬墙也进不去。不管怎

靖任秋纠正陈霞飞整理稿有关王定南内容的手迹之二

汇报，这样，就须防止因特务的活动而使我们接近高的计划遭到破坏。根据田树青的经历，经考虑，觉得从这里进高树勋部队找高比较好，于是决定从他的防区打入。经研究后就从火线上接近田树青的阵地，我就写了一封给高树勋的信，希望和他见面，派了一名侦察员去送。这位侦察员不带武器冒着枪林弹雨，十分机警地边喊话边前进，侦察员接近寨子，要求当面说话。田团放他进去了，就这样进了马头镇。半天工夫，侦察员带着高树勋的口信回来了，约我通过田团到他那里会晤。

有回信就不错，但当时不能不考虑得多一些：一是可以跟他当面谈话；一是骗你去把你杀掉。我们分析：高在那里担任先头部队，正是整个战线上负担最重的地方，蒋介石安排这个位置，就是叫他打先锋，也就是消耗他的部队。这时候，把我们骗去杀掉，断绝了和我党我军的关系，从中他也得不到什么好处。所以，第二种可能性不大。

跟高联系的线路既然接上了，我向刘、邓作了汇报。刘、邓首长就决定让参谋长李达同志同我一起去同高见面，还是由那位侦察员带路。当我们走近田团所在的马头镇时，出现了危险。原约定只进去一个人的，现在李达同志和我两个人，还有送我们的侦察员。寨子看见来的不是一个，而是几个人，因此我们一接近，他们就开枪射击。子弹就在我们身旁呼啸，只好赶快隐蔽。这时正当秋收以后，农民把高粱秆一捆捆攒起来堆成为圆锥形的垛子，我们就躲在垛子后面，再由侦察员一个人先进寨内说清楚，对方才开了一点门缝，让我们进去。田树青已经在寨墙上，我们进去就见了面。问下一步怎样从马头镇到高树勋的军部。田告诉我们，高树勋的军部驻地阎家浅村离马头镇有十多里路。田团是火线上最前沿的一个团，他后边是三十军鲁崇义的指挥部。去高树勋军部，要从李的军部驻地村边经过向北，再走二三里，合共十来里地才到。这很讨厌。我们虽然化了装，穿着专为化装准备的类似国民党军的军服，可我们的军衣是粗布做的，大小也不合适，看得出彼此不是一码事。既已进去，就只好闯关。两军对垒搞策反，没有那么平安，这些事，对方也不会替你安排，他不可能给你想得那么周到。我们冒险进去，好在高树勋派来人给我们引路，到了阎家浅村，天已经黑下来了。

这时的军事形势是：国民党军的阵地是我军事先准备的战场，这里河套多沙，无险可守，而且已被我军合围，只待各个歼灭，所以高树勋必然感到压力很大。但是，他强作镇静，见面就说：先包饺子吃，吃了再谈。其实，高树勋心情沉重，他的确在焦虑着自己的处境，那晚上整整一夜，大家谈了个通宵，都没有睡觉。这一夜高树勋在屋里走来走去，绕室彷徨，愁眉不展。李达同志过去在西北军部队，也认识他，但关系比较生疏，我跟他过去比较熟，主要就由我来谈。我开头就谈国民党打内战不对，过去大家一齐抗战，胜利后应当合作建国，让人民安居乐业。日本投降，蒋介石发动大规模内战，不符合人民的想法，广大人民群众是坚决反对的，此其一；其二，蒋介石首先把你们三个军当枪头，放在最前线，实际是让你们试探一下，究竟能否打进根据地？试探嘛，无非两个结果，一个成功，一个失败，你搞成了，他蒋介石得好处。失败了嘛，被八路军消灭的是你杂牌队伍，对于蒋本身无损毫毛。这就是蒋对付杂牌队伍的一贯手法；第三，你当然知道，华北根据地，是中国共产党、八路军在抗战八年中建立起来的，得到广大人民群众的支持。八路军能在对日本军队作战中生存发展，建立并扩大根据地，这就说明他有力量，对来犯的敌人岂能轻易放过，上党战役就是例证。你们前进的阵地正在滏阳河河套的多沙地带，无险可守，平汉路两侧都是我们的军队和广大民兵，你想通过平汉线到平、津，有一道、二道、三道防线，肯定是从这里过不去的。我还向高讲到，在 1933 年察北抗战那种形势下，我们那时力量还小，咱们还敢于共同抗日反蒋。现在，有这么好的形势，我们有这么大的力量，人民寄希望于我们，我们更应该团结起来一起反蒋，反内战，反独裁，一起建设国家，一起改善人民生活。（叔平附记：“文革”前夕，社会上批判讲长春守军起义的电影《逆风千里》，我问爸爸如何做国民党军队的起义说服工作，他一贯沉默寡言，这次也只吐了四个字：“晓以利害”。）

一夜之间，我和李达同志同他翻来覆去地讲，无非是替他分析形势，讲这些道理，请他慎重考虑。（靖叔平补：事后父亲对母亲还谈到一个小插曲。随父亲去高树勋部的警卫员是个老红军，谈判时他在外面等着，久久不见父亲出来，就起了疑心，担心父亲出事，在警卫森严层层拦阻的情况下持枪硬往里面闯，非要见到自己的首长不可，演出了樊哙在鸿门宴上的一幕。父亲赞美警卫员忠勇可靠的时候，也感叹这个老红军出身的战士因为没有文化，不识字，太可惜了。不久父亲即送他到抗大学习去了。）这时，高树勋在全线都与我军有了接触，他吃了败仗。中码头的国民党军已经撤退，再犹豫已经没有时间，已经没有多少考虑的余地。他在屋里徘徊了一夜，最后表示愿意起义。李达参谋长对他的决定，极表欢迎，评价很高，把他的这种举动，与北伐当中的五原誓师相比拟。李达参谋长鼓励高说：你决定起义，对革命人民来说，其意义胜过当年冯玉祥五原誓师对于国民革命的重要性。李从政治上这么一评价，高起义的情绪就更稳定了，但是接着他提出有几个实际问题要求解决。主要是他军队的位置，右翼有四十军马法五部的一个师，师长姓李，叫李振清，左翼是马法五的四十军军部和三十军鲁崇义部，新八军正处在他们中间。他说：你看，我这个地方正夹在中间，一有行动就会受到他们两面的夹击，两翼威胁太大，行动很困难。而且，我这个军有个师长，不是我的嫡系，我一活动，如果受到夹击，内部一个师再叛变，起义不仅不会有结果，我的部队还可能被搞垮。为此，高要求我军先把四十军的李师狠狠地打一下，不消灭它也得使它在这里顶不住，逼得李师要求高派人接防，这样高部的右翼威胁就解除了。高还提出，在他率部起义后，我军应放三十军和四十军回新乡他们的原驻地。部队过河是很困难的，要求我军让他们过得了河。

起义问题定下来了，高又提出他到我军后，要与刘伯承、邓小平平列，这些条件我们都答应了。第二天天亮李达同志先走，回晋冀鲁豫军区向刘、邓汇报并部署作战计划，我仍留在高军部进一步协商具体工作。

根据双方商定的条件，我们组织了优势兵力，首先打击四十军的李师。该师师长李振清，外号“李大砍”，在国民党部队当中，李师是个很能打仗的师，在西北军中素以善战著称。从我们这方面说，打运动战，在运动中消灭敌人，是我们的拿手戏，自己部队不会伤亡很大；但是，在当时的条件下打攻坚战，我们也得拿出很大的力量才行。我们狠狠地打了李师，可是，付出的代价也不小，伤亡了五千五百人左右。豫北军分区司令员张廷发同志，就在这次战斗中负了重伤。果然，“李大砍”被打得实在支持不住了，要求高树勋派部队增援或换防，高树勋派部队接了李师阵地。“李大砍”是以打仗凶狠著名的，这回挨了我们的打，全师大部被歼，交防时大哭一场。这样，我们就把高树勋右侧的威胁全部消除，他的北边做到了全是他自己的部队了。这时，高树勋就给鲁崇义打电话说：“看起来，北进是过不去的，后退恐怕也有困难，我已经决定不走了。”高树勋安慰鲁崇义说：“你放心，我和八路军讲好了，让你们两个军安全地撤到黄河以南，你们可以赶快撤……”高接着说：“我给你讲这话的时候，八路军的代表就在这里。”这就一下子把情况捅明了。听了高的电话，鲁崇义在电话中就哭了。这也难怪，在火线上，他们原是一起作战的军队，现在听说高树勋投向我们，在火线上放开一个口子，他们当然无法再打。三个军有一个军起义了，剩下的两个军只有被消灭命运，马法五、鲁崇义立即向南撤退。

1945 年 10 月 30 日，国民党第十一战区副司令长官兼新八军军长高树勋率所属新八军和一个纵队，在码头镇内战前线通电起义。刘、邓随即指挥东西两面的部队，对三十军和四十军多路出击，并令一部前出到漳河北岸，进行兜截，大量民兵密布各要道，歼灭逃散之敌。当天下午，马法五率残部二万人窜至旗杆樟一带，又被我包围，他仍据守村落顽抗。我军以主力突击马的指挥部，敌失去指挥，大乱溃逃，我军奋起尾追，11 月 1 日，把这两个军全部消灭，缴获了大量美制武器弹药。国民党第十一战区副司令长官兼四十军军长马法五，第四十军副军长刘世荣、参谋长李旭东、副师长郑树森等被俘，我军大获全胜。邯郸战役又一次打击了蒋介石的内战阴谋，堵住了我华北的大门，掩护了我军在东北的战略

此照片背后有：“高树勋题赠任秋老弟存纪，小兄高树勋敬赠”的字样

展开。

关于如何履行口头约定的让四十军、三十军退走的问题，值得讲一讲，我们当时没有学宋襄公那样的讲“信用”。作为和高树勋进行谈判的一个成员，作为一个共产党员，我赞成和拥护当时我党我军的这种做法。据我的体会，那时蒋介石在美国支持下，以百万大军进攻解放区，反动气焰十分嚣张。邯郸战役，正如毛主席在电报中所指示的：只能打好，不能打坏。我们争取了高树勋起义，在战役中取得了胜利。可是，如果让三十军、四十军跑掉，这个胜利就很不完全，就达不到“全部、彻底、干净”消灭来犯之敌的目的。在军事上对蒋介石的打击就不够有力，因而在政治上对争取和平，避免内战也就不够有利。我军在战役中获得了全胜，就更有利于全国人民反对内战，争取和平、民主的斗争。同时，在把他们消灭以后，为了争取国民党军官兵，也为了维护高树勋对马法五、鲁崇义等人的道义立场，我们把被俘的国民党军军官，宣布为他们“放下武器”。为在政治上对他们争取，这些放下武器的军官以后都备受优待，都在我“国军工作部”加以招待，并根据他们的要求，以后护送回国民党一战区的洛阳去了。

与邯郸战役同时，晋绥和晋察冀我军在绥远战役中，给了傅作义以重大打击；山东我军消灭了津浦线自徐州至济南之间的大量伪军，控制了大段的铁路线。至此，国民党军向华北解放区的进攻就全被打碎了。这次我军在平汉战役中全胜，高树勋起义是个很重要的因素。战役开始时，毛主席就很重视，专门有电报作了指示，高树勋起义报到党中央，本来称为马头起义。毛主席说马头地方太小，大家都不知道，马头属邯郸，就叫邯郸起义吧。高部起义之后，接受八路军总部的命令，调到武安休整。我随同部队一起开进解放区，刘伯承司令员，邓小平政委接到半路，沿途群众欢迎，非常热烈。刘伯承、邓小平等领导同志亲切地接见了高树勋等起义将领，使他们深受感动。毛主席在 1945 年 12 月 15 日所拟《1946 年解放区工作的方针》一文中，把开展高树勋运动作为 1946 年解放区必须注意的几项重要工作之一。明确提出：“为着粉碎国民党的进攻。我党必须对一切准备进攻和正在进攻的国民党军队进行分化的工作。一方面，由我军对国民党军队进行公开的广大的政治宣传和政治攻势，以瓦解国民党内战军的战斗意志；

另一方面，须从国民党军队内部去准备和组织起义，开展高树勋运动，使大量国民党军队在战争紧急关头，仿照高树勋的榜样，站到人民方面来，反对内战，主张和平。为使此项工作切实进行和迅速生效起见，各地必须依照中央指示，设置专门部门，调派大批干部，专心致志，从事此项工作。各地领导机关，则给以密切指导。”

不久，高树勋起义部队改编为民主建国军，以高树勋为总司令，邢肇棠任副总司令，下编两个军，另外还有直属部队。我被调去任第二军副军长。高树勋将军在民主建国军成立后到过延安，晋见毛主席。由毛主席批准，他参加了中国共产党。解放后，曾任河北省人民政府副主席。

二十二、淮海战场策动廖运周起义

高树勋起义，国民党在平汉线惨败，损失了三个军，国内政治局面发生了很大变化。八路军通过平汉战役，整理了自己的队伍，有了美械装备，对国民党的部队就更加敢打了。这个信念，使我军在解放战争中受用不尽。国民党这一仗的惨败，使那些好战分子，受到沉重打击。蒋介石反革命集团被迫"和平谈判"。

接受邯郸起义的经验，中央就准备在各大军区建立"国军工作部"。晋冀鲁豫中央局的联络部扩大组织改为"国军工作部"，由薄一波兼任部长，申伯纯任副部长，下设四个室，即城市工作室、西北军工作室、晋绥军工作室和中央军工作室，分别由陶希晋、边章武、雷任民和我负责。

国共和谈开始，三位室主任都随同滕代远去北平参加这一工作。我是从国民党监狱中越狱出来的，防备他们借故整人，因而没有随往，就留下看摊子。

毛主席提出展开高树勋运动以后，各大军区就更重视做国民党军队的工作了。高树勋起义部队中，有一位原河北民军总指挥叫乔明理。从他的谈话中，我发现在武汉黄埔分校的同学廖运周，此时在汤恩伯部队的一一〇师当师长，邓小平同志就指示我做他的工作。

廖运周原在齐鲁大学学医，北伐时期，投笔从戎，当了黄埔炮兵的学生。1927 年上半年，党叫我做国民党左派的工作，廖是我的工作对象，我们经常在一起活动。1927 年 3 月份，经我介绍，廖加入了中国共产党。

南昌起义失败后，各自东西，对他了解很少。1937 年我因事路过涉县东阳关，见到廖一次，1941 年我去重庆时，在洛阳饭店又见过他一面，这两次都没有机会深谈，从他对我的态度来说还是好的。这次国军工作部各室的几位负责人，都去参加“三人小组”的谈判了，部的日常工作，实际由我负责。我们的方针是趁高树勋起义对国民党军队的影响，尽量争取瓦解国民党军队，凡有可能的，都设法进行派遣。我们已经向新乡安阳间的其他部队展开工作，因为形势已经清楚：蒋介石是假谈真打，跟国民党进行一场大的战争是避免不了的。

乔明理说北上之前，因为与廖是老关系，谈话中廖曾向乔表示过不愿打内战，感到很苦闷，这是一个重要的工作线索。廖的一一〇师属于八十五军吴绍周部，吴是汤恩伯的嫡系，是主力部队，而廖是主力部队的主力师。我就派徐仁同志着手执行。要在敌军中建立关系，是件极为慎重的事，1946 年春，徐仁专门去向乔明理了解了廖的情况。经过研究，觉得找廖即使不成功，顶多被有礼貌地拒绝，不会受到损害，当然也要冒一点危险。我亲自给廖写了信，谈了过去的关系，讲了当前形势，希望他当机立断。徐仁扮作贩烟草的商人，通过秘密关系到安阳见廖。廖当时还兼着安阳城防司令，看见我的信，廖很激动，他很热情地接待和掩护了徐仁。在双方密谈中了解到，大革命失败，廖回到上海，被党派到安徽工作。由于“左”倾盲动路线的错误指导，几次在国民党部队组织暴动，均告失败，1929 年到北平，在顺直省委领导下工作。1933 年后，失掉党的关系，他在国民党军队中，没有很强的后台，提升不快。抗战胜利后，蒋介石要打内战了，就把他调到前线。他本人坚决不打内战，准备起义，条件只有一个，恢复他的党籍。徐仁回部汇报时，廖派他本家弟弟廖宜民（大革命时期党员，也脱了党）随徐来晋冀鲁豫边区，同时带来了陈诚在南京召开的军事会议上讲的国民党《1946 年全军军事工作总结与 1947 年军事工作计划》，这是机密情报。我们在廖师，一没有在下级军官和士兵中发展组织，二不在其他条件不成熟时要求他行动。通过上层工作，先建立情报关系，从敌军阵营中弄清楚敌军情况，一旦时机成熟，在他的配合下，把部队拉过来，事实证明，这种办法是有效的。

薄一波代表晋冀鲁豫边区党委，批准了廖运周恢复党籍的要求。徐仁又带了其他四位同志（有专搞电台的）一块再回廖师，这时，我奉调到民主建国军（即改编后的新八军）工作，国军工作室的工作交给其他同志去做了。徐仁还继续在廖处进行工作。听说 1948 年党又派李俊成（叶剑英的秘书）去廖师，向廖传达了邓小平同志的指示：在最有力的时机，起最大的作用。

1948 年秋，蒋介石妄图在徐州附近集中优势兵力和我军进行徐州会战。此时，廖运周、廖宜民、徐仁、李俊成四同志，在汉口璇宫饭店秘密会商，准备趁蒋介石调一一〇师参加徐州会战的时机，举行起义，他们把蒋介石调黄维兵团参加徐州会战的情报派人送给刘、邓，同时着手准备起义事宜。

黄维兵团是蒋介石的嫡系，号称国民党军五大主力之一。淮海战役的第二阶段，我军军事布置的重点，就是歼灭黄维兵团。预先掌握该兵团的

1947 年靖任秋（前排左三）时任第二野战军十纵队参谋长时留影

动向，当然对我军是有利的。11 月 26 日，黄维兵团进入我军预设的袋形阵地，我军把该敌压缩在宿县西南，以双堆集为中心，横宽不过十五华里的狭小地区之间。黄维兵团布置突围，27 日廖师以“突围”为名，举行了战地起义。当廖师进入我军指定地区时，黄维还以为是“突围成功”，着实高兴，急令三个师迅速跟进。在战争火线上，不要说一个师，就是一个团起义都是大事，因为你要突破敌方阵地，而他在防线上开一个口子，你就可以突破一点，加以包抄，使敌人全线垮台。黄维兵团遭到我军炮火的猛烈轰击，已经受了严重挫折，廖师的起义，更使它内部的失败情绪达于顶点，终于在 12 月 15 日被我全歼，淮海战役胜利结束。以后，廖又策动了他的堂兄廖运泽在战场率部起义。解放后廖在辽宁炮兵学校作校长。

1946 年秋冬间，我调民主建国军第二军任副军长。1947 年秋天，军区副司令员滕代远指示：高有不轨活动，命令我们解决高树勋部。当时二军营以下干部已经基本上都调动了，我们已经可以掌握这个军。我采取召集各师团长开会的办法，在他们全部到会以后，用军部警卫部队将其包围、扣留，全军一枪未放，完全解决了。

二十三、回顾与思考

回顾往事，有两点历史经验。一是兵运工作中上层工作与下层工作的关系问题；二是更为广泛的社会联系或者社会关系问题。

南昌起义失败以后，党的兵运工作比较强调下层和士兵工作，从瓦解反革命军队来说，这种要求是对的，但几次“左”倾错误，特别是第三次“左”倾路线时期，发展到只要兵、不要官，多少高级一点的军官，都被看成“反革命”，在士兵中略有工作基础，就发动兵变，拖枪逃跑，以至策动他们反抗官长，结果，兵运工作成效甚少。在周恩来领导下，我做的是上层活动，统战工作。经验证明，这种上层活动，只要坚持党的统一战线政策，认真积蓄力量，一旦时机成熟，是会发挥一定作用的。排斥或忽视这项工作是不对的，急功近利的政策是错误的。

党强调社会关系清楚是必要的。在全国胜利以后，对一些同志的社会关系加以审查了解，以保障队伍的纯洁，也是必要的。但是，在要求社会关系清楚这个正确的原则下，只要求关系“单纯”，而把关系复杂看成坏事，就不对了。我们在反动势力统治下做地下工作，没有种种的社会关系，一天也不能存在，更不要讲开展工作了。兵运工作，专靠利用杂牌军队与蒋介石的矛盾来建立关系，比如，孙蔚如奉命“入甘戡乱”，蒋介石不把西北交给他，而把他从甘肃搞出来，等红四方面军进入通南巴，又把他调去，这是把孙拿到手的地盘夺去，又把他放在和红军作战的前线，去牺牲他的队伍，这就构成了孙和蒋的矛盾。所以他在蒋介石要把我“就地

1951 年靖任秋、彭文在天津

正法”时，阳奉阴违，放我跑掉。社会关系的作用，就是这样。刘秉琳、武伯昌从国民党军赵守钰处进进出出，也是利用军阀间的矛盾。有力量的社会关系有用，无力量的社会关系，有时也是有用的。比如一个穷亲戚，对在地下时期，找个临时职业，甚或是找个住处，设个通讯点，也有很大帮助。我参与策动何戒僧、王道、王天祥、高树勋、廖运周率部起义，都沾了社会关系的光。在建立社会关系的当时，不一定起什么作用，到一定的条件下就起了作用。当时，没有人想到会起这个作用，到时候它就会起作用。因此，不要害怕社会关系复杂。怕社会关系复杂，不是从工作出发的观点。当然，社会关系复杂，受起审查来很麻烦，有一段时间可能不被信任，这些问题，党会作为经验教训加以总结，个人不要斤斤计较，更不能耿耿于怀。

建立社会关系，还不能急功近利。抗日战争当中，我们党的政策是优待日军俘虏。我们吃小米，给他吃馒头，行军中我们步行，给他们骑马，当时很多人想不通，甚至表示不满。如今，可以看到这些工作所起的作用了：这些日本士兵回国后，都主张中日友好，长期以来是中日友好的骨干分子，有的代表团去了日本，他们给守卫，有个被俘的日本士兵回国去开了工厂，他要把工厂无条件地贡献给中国。他为什么主张中日友好？为什么要送工厂给我们？当然这和当前国际形势及今天中日友好的政策有关，但这里有个历史的原因，就是当年我军优待俘虏。

1947 年 8 月，我军进入战略反攻阶段，大军南下大别山，成立第十纵队，组织上调我到二野十纵当参谋长。我从黄埔军校四期入学起，便当军人，以后受周恩来领导，潜伏在国民党地区或国民党军队，做兵运工作，既没有掌握过军队，实战经验也少，当一名解放军的指挥员，还是第一次。奉令即行，随军南下进入桐柏山区，为解放全中国而继续奋斗！

1949 年彭文和四个孩子（右起：叔平、彭文、自卫、伯文、季洛）在北京

1992 年靖任秋和彭文于上海家中

附录1　彭文回忆文章

一、在革命的洪流中锻炼成长

我1905年出生于湖南岳阳的一个破落的官僚地主家庭。祖父曾任云南镇守使，参加过中英缅甸勘界谈判，是一位具有爱国思想的军官。迄今六七十年，我记忆犹新的是他去世后，别人赠送的挽联中有这样一句：拍案相争，不许边疆输寸土！虽然当时我只有十四五岁，却深深敬佩祖父的爱国精神。父亲彭寅叔也有爱国民主思想，曾留学日本探求救国之道，1905年孙中山先生组织的同盟会一成立，他就在东京参加了。父亲回国后就剪了发，打菩萨，利用庙宇开办洞庭女学，罗淑章、陶桓馥大姐均在此入学，我亦随大姐就读女校。母亲识字能读书，在武昌曾目睹辛亥革命时妇女参加革命活动的场面，深为向往，而且极力主张女子读书，经济自主。正是由于从小就受到祖父辈爱国民主思想的熏陶，深深造就了我的爱国之心。我自己在封建大家庭里深受其害，因此对封建旧习深恶痛绝，积极反抗，渴求自由民主，女性解放。我的兄长彭抟黄烈士从北京带回了五四革命精神，更激发了我投身革命的满腔热情。当时国家正处在被列强瓜分、军阀混战、贪官污吏统治、工农破产、社会黑暗、人民愚昧与啼饥号寒之中，于是1921年，我怀着救国、学本事，求自立之志向到长沙报考省立一女师。

考入女师后我被编入十一班，我读书非常认真，成绩也不错，并开始走向社会，亲身参加革命活动。因为我在政治运动方面很活跃，人们都以为我是共产党，其实那时我还只是一个激进的民主主义者。当时我主要做了几件事：一是礼送语文教师陈××。陈是南社成员（南社在更早以前是一个进步文学团体，柳亚子是其成员之一）。他的旧学问好，开始很受我班同学的欢迎。后来我们学校来了几位北师大毕业的新老师，如周谷城等，他们带来了新的思想。我们对陈的陈旧思想逐渐不满起来，我和同班上学的表姐李沐英，同学彭连清商议，又鼓动全班同学一起，采取了文明行动，趁他有病在家，把他礼送走了。从此我们三人便成为以后校中政治活动的首创者、鼓动者了。第二件事是因为教学质量问题，要求调换化学教师李某某，被校长严辞拒绝，同学们坚持，校长就挂牌开除彭援华（彭文）学籍，引起全校同学砸牌、赶校长的学潮。校长黄惠君是军阀赵恒惕的姨妹，故阻力很大。为达到目的，我们便走出校门，向社会求援（如省议会等）。在社会舆论的支持下，同学们坚持斗争，终于赶走了黄惠君，并由我们提名，居然迎来了从法国勤工俭学归来的徐特立任校长。这件事使全班、全校同学的斗争受到极大鼓舞，我们十一班也为人注目，成为女师的核心力量。我们自己也受到了教育，得到了锻炼，认识了社会，学习了斗争艺术。

自此以后，我们还参加党领导的赶走军阀赵恒惕的斗争。不顾军政禁令，打开了紧锁的校门。全体同学斗志昂扬地参加了五卅反日示威游行，禁止日货活动，宣传国民党第一次代表大会制定的三大政策，追悼孙中山先生逝世等活动。为此受到反动军警的疑忌，这时徐老为保护我们，要我们北上考大学。帮我们三人办好提前一年毕业的手续，各 3 张证书（包括毕业证书、肄业证书等）。在 1925 年夏，由我校总务主任熊瑾玎（后来在党内被尊称为熊老板）护送上火车，使我们平安地离开了长沙。到了北平后，当时女师大也处于闹学潮赶校长的运动之中，被反动势力镇压，进步学生被军警赶出学校以外。在以鲁迅为首的进步教授支持下，又在椿树胡同另外建校，我们就去报考。由于我们在湖南学的是师范，外文和数理化课程的程度是比较差的。大概是当时学校的革命领导从作文中了解了我们的思想、经历，也欣赏我们的短发、布衣、布鞋（这与当时女大学生的烫发、高跟鞋形成鲜明对照）和生气勃勃昂然自诩的意气吧，我们居然被录取了。

在女师大的一年中，我们站在学生会中国民党左派同学的一边，反对国民党右派的斗争，主要参加了以下几件有历史意义的活动。

参加中国共产党。我们在斗争中，不断接受党的教育和考验，认清了救国救民和妇女解放的正确道路，只有解放全中国，中国妇女才能得到彻底解放。经学校党支部书记唐惟淑和副书记赵世兰的介绍，于1926年初，我加入了共产党。从此，我的命运与国家民族和党融汇在一起，同呼吸共命运60年。

经历“3・18”惨案血的洗礼。为反对反动军阀段祺瑞向日帝屈膝投降，整个北京学界沸腾起来了。1926年3月17日，我作为女师大代表，参加了学联召开的筹备抗议会的会议，被反动军警用枪托打散。3月18日，北京各大中学校学生举行罢课示威游行，由进步教授和学联代表组成指挥部，以北大为前导，高呼口号，浩浩荡荡，直奔铁狮子胡同段氏官邸。群众进入大院，要求段氏出面回答问题。段氏拒不出见。示威的队伍群情激愤，手挥小旗，高呼口号，又派代表进入里院，众人在外严阵以待。突然枪声大作，密如爆竹。段祺瑞向手无寸铁的学生下毒手了，人群骤然散乱起来。我被众人拥向左边的马厩，只见先跑进去正在翻越马厩的同学们，正被凶兵们当做靶子，纷纷中弹下坠。于是人群又被迫冲出马厩向大门口挤去。这时大门已被人压车挤堆成两三米高的人山。奔跑的人们被阻，我转身向后门跑，军警在弹压学生，迎面一个军警向我狠狠打了一棍，伸手来抓我，结果抢走了我的围巾，我又向大门口跑，也被积压在人山坡上。当时我想：我要做烈士了。但是，对反动军阀的憎恨，使我产生一股力量，我尽力挣扎，终于脱出险境。街上到处有同学的尸体，凶兵还在追击同学。我被同学拉着，避开军警拐入胡同，逃回学校（此时学校已迁回原校址石驸马大街）。在校门口听说：刘和珍、杨德群被击伤，我又转身回去四处寻找。这时附近居民和医院已接到反动军警禁令：不许救助和接纳伤员。终于看到在一个矮小平房里横七竖八地躺着许多伤员。从中认出了杨德群，她屈膝在一条板凳上已经牺牲了，胸口上拳头大的伤口血肉模糊，还渗着血。我们怀着万分悲痛的心情，把烈士抬回学校，亲手给她清洗遗体上的血迹，给她整容穿衣。殡殓杨德群烈士时，我们坚持将国民党党旗覆盖在棺上，以此表示对这位国民党左派的敬爱和对反动派的蔑视抗议。我们护送覆盖着国民党党旗的白棺木，走在行人稀少、军警林立的长安街上。时值早春，雨雪霏霏，天地为之悲痛。当夜反动政府又通缉了学联及各校学生会主席、进步教授，真是阴风血雨笼罩着北京。但是烈士的血不是白流的，它和千千万万爱国者酝酿着震撼旧中国根基的第一次大革命。

同年夏，因父亲病重，回岳阳探视，我和李沐英、彭连清二人分了手。父不久即病故。接着风闻国民革命军北伐，已经师出韶关，我激动地留在家里准备迎接北伐军。10月，北伐军解放岳阳，我和岳阳的众姐妹忙着欢迎、慰问、做宣传等，我被选为县妇女联合会主任，进行着反对恶霸地主，劣绅土豪的斗争和宣传演讲等活动。1927年2月，经组织批准，我考入中央军事政治学校武汉分校女生队，被称为“中国第一代女兵”。7月中旬，以汪精卫为首的武汉政府叛变，他投靠了蒋介石，实行了蒋汪合流，到处疯狂屠杀人民群众和共产党员。8月1日，我参加了周恩来同志领导的武装反击反动派的八一南昌起义。

二、参加南昌起义的点滴回忆

1926年夏，我在家乡岳阳和众姐妹们做迎接北伐军的准备工作，10月，北伐军解放岳阳，我被选为县妇联主任，进行反恶霸地主、打倒土豪劣绅的斗争。1927年2月，经组织批准考入中央军事政治学校武汉分校女生队，成为中国第一代女兵。7月初，政治形势恶化，组织决定我和彭漪兰到苏联学习，这时武汉到上海已经不通船，我们就先到九江，等船赴沪。7月中旬，汪精卫为首的武汉反动政府叛变，蒋汪合流，到处屠杀共产党人和人民群众。我们在九江旅社看到很多军校的领导和同学纷纷经九江往南昌去，知道必有事于南昌。我想，与其到莫斯科去学习，不如先在国内参加实际斗争，边斗争边学习。就这样我们便随部队到了南昌。我们向周恩来同志汇报了自己的想法要求，周恩来同志批准了。就这样我们参加了武装反击反动派的斗争——八一南昌起义。

在南昌很快投入了起义的准备工作，我们写好了大量的标语口号、革命委员会布告，等待激动人心时刻的到来。8月1日凌晨，街上枪炮声响成一片，我们心情万分激动，因为这是向反动派反击的第一声枪响。清早，我们走上街头开展宣传工作，张贴标语布告，人民群众喜气洋洋，工人纠察队臂戴红袖章，起义军战士领上系着红领带，雄赳赳地走在大街上进行巡逻，人民群众都扬眉吐气。

很快起义军进行编队，我被编在军事委员会参谋团。8月5日随队南征，有幸跟随周恩来、恽代英等领导同志一起行军。周恩来、恽代英等都有坐骑，但他们不骑，让给伤病员骑，自己和我们一起步行，一路上我们所受教益匪浅。途中前有敌军堵截，后有敌兵追击，连续与追剿的反动军队作战，会昌一战尤为激烈。因为会昌战斗很残酷，伤员很多，部队组织了女生救护队，我被指定任救护队支部书记。在阵地成立救护站时，我负责伤员登记工作。我们尽自己最大的努力护理着伤病员，鼓励他们和伤痛作斗争。后来临时转移时我们分头把一些重伤员安排到可靠的百姓家里，我在安排好伤员后出来，部队已经出发走光了，我赶紧往前赶，终于追上了队伍。我们和男同志一样跋山涉水风餐露宿，衣服湿了干，干了又湿，休息时给部队进行宣传鼓动，唱歌，有时还自编自演活报剧。

部队打下汀州后，我们被派护送重伤员乘船沿汀江转韩江到了潮州，朱德留守三河坝作接应。到潮州立即分兵两路进军汕头。在潮州成立了潮州革命委员会，我和一些女同志就留驻潮州，我被派负责上午的邮政检查。一天中午下班后，回到韩江边住所，忽然听得后山枪声大作，激战之后我们部队纷纷后撤，人们都往江的下游跑。原来反动派的军队从潮州后山暗暗地追了上来，因敌我悬殊，部队撤出潮州。因为天黑下来了，又人生地不熟，队伍走了一夜还在原地打圈子。正在这时，发现对面山上有动静，经号兵联络，原来是朱德的队伍接应我们来了。朱德得知潮州汕头都已经失败，不能去了，就命令部队北撤，绕道粤北向福建、江西界山间转移。

由于老百姓听了反动派的宣传和威吓，部队一路上很难弄到粮食，有时就饿着肚子行军，甚至有时一天中也只有几粒炒蚕豆充饥，碰到有小溪水，那就是我们的甘露琼浆了。记得有一回途中遇到我的堂弟（他在贺龙教导团），进镇口时给了我一块菜碗大的芝麻红糖面饼，我把它分成十块，我们十个女兵享受了一顿美餐。

地主、土豪劣绅的民团也常常骚扰我们。有一次晚上部队宿营在一个村庄，刚住下，就听“呜呜”的牛角号声响起，枪就打开了。原来是地主武装的民团包围了上来，在军号声中我们马上冲出包围，紧接着冲上山去，占领了一个山头，在山头上露营了一夜，第二天黎明又冲下山，冲垮了民团，又向前走。以后我们再也不住民房，总是在野外或山丘上、橘树林里露营。这时天气已经转凉了，我们几个女兵就像叠调羹似地紧紧靠在一起，互相用体温取暖。我们部队纪律是非常严明的，尽管常常宿营在橘子林或者香蕉地里，即使饥寒交迫，也没有一个人去采摘。在反动军队的围追堵截之下，朱德和陈毅同志率领我们顽强地转战于粤闽赣三省界山的崇山峻岭之间。在潮汕失败之后，起义军损失很大，只剩下一两千人，为保存实力，尽量避开与敌人正面交战。有一天晚上，部队到了粤赣交界的高山脚下，突然发现对面山上有反动派的军队，于是领导立即决定马上上山，严令不许照手电，不许抽烟，不许说话。山高路险，我的眼睛近视，听说要夜行军，就捡了一根竹子探路。上山四十里，下山四十里，始终没有掉队。有的同志稍一不小心滚到沟里，不敢呼救只是咬着牙忍痛爬起来追赶部队。一夜走了四十里，天色微明时到了山顶，休息了一会儿就下山了。到达江西信田，在信田休整了几天。

当时形势很紧急，信田靠近赣江，交通比较方便，部队准备继续向西上山，交通将更不方便了。为了便于行军，部队决定精简非战斗人员，动员女同志和其他一些后勤徒手人员离队。但是同志们谁也舍不得离开队伍，都要坚持革命。朱德同志就把我找去做思想工作，他动员我说，“哪里都有党，哪里都有组织，哪里都可以革命。”朱总的话使我豁然开朗，尽管我心里很难过，还是服从了组织的决定，带头报名离了队。朱总的话几十年来深深铭刻在我心里，一直指导着我的行动。使我无论在什么地方，都充满信心，即使暂时与组织断了联系，也是到处寻找革命刊物，自觉地探索党的方针，开展党的工作，找到组织接上关系。离队时我们八位同志用在汀州发的布，自己做了衣裙，化装成老百姓。组织上把我们介绍到赣江边吉安县委，又由吉安介绍我们到了九江特委会。我们告别了共同战斗数月之久的战友，转入地下，继续在党的领导下，配合红军同反动派作斗争。

三、我的哥哥彭抟黄烈士和父亲

我兄彭抟黄烈士又名庆丙，在长沙明德中学读书时即受五四运动影响，在作文中写过一篇《卖娇儿的铃声》，表示对劳动人民的同情，遭家人讪笑。后因闹风潮被学校开除学籍，在家和我谈男女平等问题，这是我首次最早受到的启蒙教育。兄长富于自我牺牲精神：在家中对待弟妹，凡身上衣着和手表等物，弟妹所欲，立即从身上解脱给予。在北京师大教育研究科学习期间，因资助贫苦同学，经常典当衣物，到换季时无款赎取，常夏服冬衣，冬服夏装。无钱买油点灯，即夜坐暗室中。甚至在冬天，把身上穿的皮袄脱下来典当济贫。

1926年兄在师大毕业。同年秋，任武汉革命政府湖北省工农所特派员。1927年底回到岳阳，当时岳阳和平江各县正当秋收暴动之后，处在极端白色恐怖之中。农村中为地主反动武装和清乡队残酷杀戮的共产党员和工农革命群众简直无法估计，即在县城里，每天平均被杀害的总有三四人。当时中共湖南省委派在岳阳活动的卜荣贞等住卫门口李宅，亦被伪县府探知，逮捕入狱。兄四出奔走营救，始获释放。为保证安全，兄亲自护送卜到长沙，遂由卜介绍入党，并和卜结婚。

1928年初夏，兄因母病回家，和我等谈革命形势时，常引证马列主义的理论。当时我心中暗自惊奇，自愧弗及，想见其入党前后，在当时严重白色恐怖环境下，重视并抓紧马列主义理

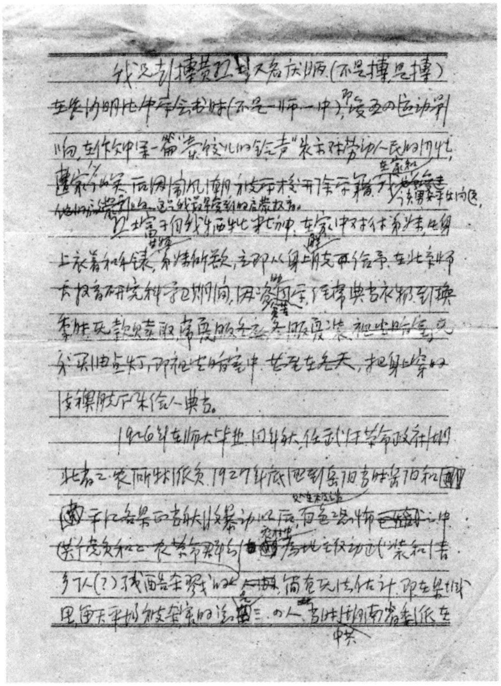

彭文自撰稿手迹

论的学习。秋，叛徒苏先峻告密，兄嫂均被捕，关在长沙复兴街湖南陆军监狱。反动政府多方威胁利诱，继以各种酷刑，曾被倒吊在屋梁上，从鼻口里灌辣椒水，以致耳、鼻、喉鲜血漫流，几度昏死。兄在严刑拷问中愤怒地对敌人说："我是共产党员，既然被你们捉住了，没什么可说的。想要从我身上找材料，是万万不可能的，头可断，节不可屈。"并大骂叛徒苏先峻不止。最后敌人告诉他说："给你三天时间考虑，是自首找出路，还是执迷不悟找死路。"兄厉声斥责敌人说："倒不如我给你们三天时间考虑，我为什么要自首，我犯了什么罪？"兄就义前给卜荣贞和另外两位女同志的纸条上写道："大姐们，同生共死，我一字未吐露，酷刑纵多，其奈我何。"

家人营救兄辗转找到陈铭枢电何键保释，何当时正与陈勾结反蒋，何接陈电后就在一个黑夜杀害兄于长沙东门外识字岭，回电陈，云兄任中共湖南省委情报要职，案情重大，并诡称，电报来迟，人已处决。家人收尸还葬，但见周身遍布紫黑伤痕，无有一块好肉。

兄嫂壮烈牺牲，县里革命同志王养直怀着对烈士景仰的心情到兄家默坐于烈士母侧，兄母含哀对王说：烈士经受了严刑考验，至死没有出卖同志，这是她唯一的一点安慰。言外对于当时叛徒变节行为深恶痛绝。王当时异常感动，后常对人谈及。

我父彭承念字寅叔，留日学生。在日本时参加同盟会。回国后（估计在1902年或更前）和陶赢士等人提倡妇女放足，毁县城圆通寺神像创办县立高小，1913年又创办洞庭女学。解放后任国务院七办副主任的陶桓馥、轻工业部副部长的罗淑章和我都曾在此校读过书。

他曾做过以下工作，当时听说都有同盟会的关系。清末任四川省成都县县长，民国初年任首届参议院议员。1919年拒绝曹锟贿选，并反对曹锟贿选。应召到广州参加孙中山发起的护法运动，1920年前后，任湖南省省议员。此后在县里参加公益事业。

1914年汤芗铭督湖南，大肆屠杀国民党员。时我父正家居向家庄，亦被捕（详情不清）到旧县府。镣铐解至长沙（据家人谈，是在伪县府上的镣铐）营救和获释的情况大体如所述。

1925年，吴佩孚驻岳阳，他拒收吴派人送给他的顾问聘书，惧而走武昌姑家。

1926年春岳阳大饥，他主张禁米外运，遭县里大地主和投机米商反对，雇流氓烧香，向他磕头请愿。因此，他愤而病不起。

1926年5月，他临终的前两天，我和兄抟黄从北京赶到家里。他带着爱怜和责备的口吻和我说：你怎么只管你自己，不管你哥哥？他当时断定我已参加共产党，意思是要我把哥哥也引到共产党里来。看来他的思想认识已经在同盟会精神的基础上前进了一步似的。

附录 2　彭文谈话记录

1984 年 3 月 24 日，我们访问了彭文同志，就抗日战争时期中共岳阳地下党组织的重建和党所领导的抗日救亡运动中的一些疑难问题，向彭老请教，彭老对我们提出的问题一一作了解答。

问：1938 年初，您受中共湖南省委派遣回岳阳后同杨乐如、王养直是怎样接上关系的?

彭：七七事变后，我从北京回到湖南宁乡，就地参加了当地宁乡县女校的抗日救亡活动。在北京时原是北方局王梓木和我单线联系，他仓促离开北京，我便失去关系。宁乡县女校有个支部，支部书记李品珍。他们把我在宁乡的情况反映到八路军驻长沙办事处，办事处把我找去。我见到了徐特立同志，徐老把我介绍给省委书记高文华，接着由省委指示派我到岳阳来建党和开展统战工作。原来杨乐如、王养直已经到过省委联系，省委要我找他们两人接关系，并由我们 3 人建立党组织，由我任书记。到岳阳后，在洞庭路一个同志的家里（张钧同志的家里），与杨乐如、王养直接上了关系，成立了中共岳阳县临时委员会。

问：岳阳沦陷前在县游击大队向何处撤退的问题上，地下党同阮湘是否有过斗争?

彭：在游击队撤退问题上我们和阮湘有争执。岳阳沦陷前夕，我专到县里找阮湘，想把游击大队撤到农村去，因为农村地方广阔，有回旋余地，打游击能得到农民的支持；如果到洞庭湖区去，会遭到国民党的暗算、日本人的夹击。当时阮湘兼任游击大队的大队长，周继佶任副大队长，杜显俊是叛徒，任伪县政府秘书科长。杜显俊等人把周继佶看成眼中钉，肉中刺，对周很有加害意。杜显俊等人主张将游击队留在城里，拉到洞庭湖打游击。杜和阮是亲戚关系，阮又是非党，他接受了杜的意见。在这种情况下，为保护党员免遭暗算，我们就决定把周继佶等面貌已经暴露的党员同志撤出来。为什么不让周继佶把部队带出来呢？因为游击队里外地人多，成立时间短，没有来得及整顿，带出来没有把握，所以就放弃了这支武装。后来黎自格武装赶走了阮湘，解决了这个大队，自兼大队长，并自封为岳阳伪县长，说明我们撤出党员干部是对的。

问：岳阳沦陷后，党组织为什么没有建立自己的武装？

彭：岳阳沦陷以后，我们没有建立一支自己独立领导的武装力量，主要是主观上的原因，当然特委是有责任的。

从中心县委来检查：在建立武装上，本人以及全体领导对在当时情况下没有深刻认识武装是党的生命线，建立武装是党的第一位任务，反而在国共合作形式下，模糊了对国民党顽固反动本质的看法；在一时工作较为顺利之下，丧失对敌的警惕性，这是主要原因。在党组织关系转归特委以后，在特委系列指示中，从未提及武装问题，这是在心理上造成放松建立武装的原因。特别是在平江惨案后，特委接连指示撤退已暴露面貌的党员干部不及其他，最后指示从祈墙游击队中撤出指导员王国雄，理由是“为了避免引起摩擦”。总之我们并没有把建立武装作为本职首要任务。

在开展建立游击小组之初，在动员问题上我们也是浅尝辄止的。未坚持做细致动员工作。其实后来从延安抗大回岳的党员有4人，还有好些青年对建立武装有积极性，如果领导对建立武装思想坚决，完全可以支持他们去做，必有所成。这点也暴露当时党内民主作风不够，没有发挥这些同志的积极作用，真是莫大失职！（从延安来的几个青年，如彭庆旨、王国雄、姚星群、赵绿吟，他们是很想搞武装的，本可以充分运用这些青年的力量。）

问：党组织重建后是怎样开展统一战线工作的？

关于统战：这一阶段工作，是与建党工作结合进行，全党动手的。凡是稍具爱国抗日情绪的各阶层人士，不论男女老幼，都是统战对象。只要有利于抗战的事情，就动员大家一起做。在工作过程中，有团结有斗争，是我们互相加深了解，宣传党的抗日救亡方针、政策，鼓励斗志的场所。从1938年2月至同年10月，岳阳沦陷为止，约八个月，抓了以下几方面工作：当时国共合作开始，全国抗日形势是好的，岳阳也如此。全县各种抗日团体很活跃。在此基础上前后做了以下几方面的事。1. 宣传教育上：设固定的抗日讲座，加强流动、巡回和化妆宣传队、开设进步书刊店、加强原有《战鼓》刊物领导，广办夜校（农校）、地训班、农民训练班、党员训练班等。综合性教育上：建立伤兵俱乐部，下设互利、文化、识字、读书、读报、唱抗日歌、墙报、讨论、戏剧、演讲等。组织工作：发展党员、建立基层党组织、培训党员和积极分子。重建民先队，派彭庆旨和李震升领导。在政权方面：取得两个乡政权，由彭庆明、杨贞农任乡长。统战对象：伪县长阮湘、海军驻岳代表徐某，还有有名士绅如彭一湖（解放后任湖北政协副主席）、乡绅李晋秋等人。以上工作得到他们不少支持帮助。这短短八个月，工作颇为顺利且有一定成绩。

在武装上取得阮湘合作，收编武汉溃退武装约200人枪，编为县游击大队，阮自任大队长，派党员周继佶任副大队长、李西安（党员）任中队长、姚忠龙（党员）任宣传小队长。并协助阮镇压了汉奸和取缔了汉奸的各种非法活动。

1938年10月，岳阳沦陷后，至1940年初，敌人突然对党发起袭击，是统战工作的第二阶段。岳阳沦陷前，省委决定将组织领导关系划归湘鄂赣特委。1939年初，特委决定：统战与党组织工作分开。并指示：公开我党员身份，专做国民党反动派上层工作，免除我中心县委书记职务。迄至县城沦陷，县城所有机关均撤至农村。县委亦撤至农村，这时抗日形势日趋恶劣，岳阳依然，因为蒋介石打出反共王牌：1939年1月，秘密制定“限制异党活动法”。从此在反共反人民日趋恶劣形势下，特委派员传达片面化了的中央统战方针：“不要在国民党党政军内，发展并建立秘密支部，使国民党安心抗战。”同年5月间，八十二师借口并诬陷该师办的青年救国团青年学生兵“携械潜逃”罪，枪杀7人（均党员）。此时特委接连指示撤退已暴露面貌的党员干部。6月，震惊中外的平江惨案发生。特委对此并未作应变部署，只加紧催促撤退工作。甚至指示加速撤出游击队指导员王国雄，说是“以免引起摩擦”。岳阳党虽作了某些布置，亦未考虑到武装自卫问题。而专职统战工作的我，执迷上述方针而不悟，仍奔走于反动派上层间。及至1940年初，反动派对我党突然发起袭击，仓促间以至死难烈士四人：王国雄、李继渊、李西谈、李开桂四同志。这一阶段工作是以一连串的惨重失败而告终。

总的来看，这段对上层的统战工作是谈不上成效的。但在该部统战工作中，亦有个别人受到了教育和启发，一个是八十二师的下级军官，叫×××，后来到重庆遇到，他没有加害我，并向我表示钦佩。另一个是罗启疆的第四个老婆，他要求去延安。当时我没有同意，考虑罗是八十二师师长，将会影响我们的统战。

问：请您谈谈对王养直的看法好吗?

彭：王养直在白色恐怖下做了很多工作。他困难到要过饭，在他改除劳改，回长沙时，曾找学生姚星群要钱买烟抽。姚每月给他寄10元，我也暗地里每月给姚10元，要姚一起寄，嘱姚不要说我。后来我考虑个人这样做不好，就给罗其南写信，要求帮助解决王的困难。王的缺点是不爱看书，思想水平停留在大革命时期。在中心县委时，我和杨乐如都对他进行过批评帮助，他反说我们是搞宗派。"文化大革命"期间他又跟着红卫兵跑。当时他的脑子可能不清醒。

还讲几点情况：

中心县委当时没有什么办公地点，我住在洞庭路张钧的家里，（她丈夫是海军军官）后来撤退到乡下，住在公田绕港，开会就在许家湾一个婆婆家里。我未公开身份前，没有职业，以军官太太的身份出现，因为我丈夫在国民党军队搞军运，是军官。

在岳阳县委名单中还有一个周继佶，他是军事部长。

第一届中心县委中还有赵绿吟，他是妇女部长。

第四届中心县委李西檀，他没有到职就牺牲了，时间大约是1940年三四月间。李西安还在伪县大队没出来。

还有一件事告诉你们，可注意一下。有两个叛徒，一个是陆海防，一个是陆海平，他们是两兄弟，大革命时的党员，岳阳人，当年在上海中央机关工作，后来被特务抓住立刻叛变了，带领特务搜捕了国际共运驻中国的代表牛难夫妇。岳阳党重建后，他们两人回到岳阳，妄图利用我久离岳阳的空子，找到我要求接组织关系，无耻说他已为党守节十年。我当时知道他们底细，我要观察一下他们想搞什么鬼，便婉言谢绝了。为了解他们的行动，有天晚上我跑到陆海防的家，他不在，只有他弟弟在，显得惊慌失措。这以后再没见面了，可能是外逃了。

另外还有一件事，上次也提出过。这就是已镇压的彭醒黄。此人是东乡人，当时在黎自格伪县府做伪副大队长。彭庆明说我党曾把他作为统战对象，但我却无此印象。1955 年彭庆晋在北京时，曾对我说过，说是彭醒黄在 1940 年清明前国民党反动派突然对我党发起袭击的当日夜里，狂风大雨中，彭醒黄独自一人，身披雨衣，手持手枪，仓皇到我老家向家庄找到我十一叔，要他派人到我住地青泥洞送信。在 1950 年我政府镇压他时，曾来信问讯于我。当时我不知有此事，故未有所表示。虽然彭醒黄当年对反动派阴谋对我发动暗杀前夕，在路上遇到，曾向我表示，他可以给我写路条，我怀疑他的用意，没有予以理睬，现在联系起来看，此人倒是有意靠拢党，想对党出点力。我党对曾有助于党的人，是从不忘记的。因此，彭醒黄一案，似应进一步调查，如无其他的犯罪事实，是应予以平反的，为其后人解除政治压力。请市府司法机关考虑。

李晋秋，根据杨乐如同志在延安写的自传，此人对我实大有帮助，且在岳阳重建党后，根据杨乐如提议，岳阳党是把他作为统战对象。我党历来方针是不错杀一个好人，特别是对党有帮助的人。而且我党从来是有错必纠。为此，李案应做进一步调查，如无反动根据，亦应考虑，予以平反。

彭　文

1985. 6. 23

附录3 将才雄风话当年

——访中共中央军委顾问李达

赵勇田

1984年10月的一天，阳光灿烂，气爽宜人，我驱车来到了北京西山脚下，走访了李达将军。

“今年10月是著名的邯郸战役39周年，请您回顾一下当年的故事吧！”

八十岁的李达同志，1945年10月邯郸战役时，作为刘邓大军的参谋长，直接参与指挥了这场具有战略意义的重大战役。

这位军事战略家当年的英姿，如今依稀可见。桌上展示着一张邯郸战役略图，李将军回忆起争取国民党将领高树勋的往事——

“高树勋，在国民党军队三十余年，一生奔波，也尝了不少失意和痛苦，内心充满着矛盾。”李达同志爽朗地说：“依据战场上的基本态势和变化，刘邓首长决定派我和从事统战工作多年的靖任秋同志前去会见高树勋将军。”

“10月27日上午，刘伯承司令员挥笔给高将军写了一封亲启大札，犹如千斤重担，我和靖任秋立即乘车出发了。”

10月27日这一天，是农历九月二十二日，敌我对峙线上，一片宁静。李达、靖任秋趁着夜色的掩护，在侦察员带领下，秘密通过火线，来到了指定地点。接待他们的国民党军队的田团长说。“为了二位安全起见，请你们换装，这样不引他人注目。”

已是耄耋之年的李达将军想起这一情节，觉得特别有意思。他说：当时我和靖任秋穿上国民党新八军军服，摇身一变，成了国民党军官啦，我们俩捂着嘴笑了起来。

高树勋将军当时年近半百，在宽敞明亮的大厅里，会见了李达、靖任秋二人。高将军为了给远道而来的“特别客人”洗尘，准备了丰盛的家宴。

宾主寒暄一番后，李达说：“我代表刘伯承司令员、邓小平政委特意来看望高将军，我们可以在这里叙叙旧吗？”李达同志谈古论今，时而话中有话，时而举一反三，时而严肃地说：“国共签订双十协定不久，国民党出动14个军，分别经同蒲、平汉、津浦铁路向华北各解放区进攻。这是为什么？”

国民党军队沿平汉铁路北上的真正意图，高树勋一清二楚。李达将军语气温和地说：“新八军以及你所辖的河北民军和第八纵队共万余人，虽兵临前线，但四面楚歌，一个有作为的军人，应从中华民族的大业着想，在紧要关头，作出果断抉择。”在场的靖任秋也以故交身份倾吐肺腑之言，希望老朋友在历史的长卷中榜上留名。

一席话，使高将军陷入了沉思。高将军思忖片刻，才面带笑容，向李达靠近了一点，亲自为客人斟酒布菜。李达、靖任秋不失时机地介绍我党我军历来欢迎弃暗投明的政策，敦促高将军做出抉择。

席终，高将军动情地说：“你们二位冒着生命危险，亲临我部，兄弟我认为八路军有诚意，鄙人以心换心，我决定率部起义。”顿时，宾主都十分欣喜地热烈握手，互相祝贺。

李达将军叙说这段经历时，心情格外兴奋。他说他回到部队后，刘邓首长立即听取汇报，研究战略部署。

时隔一日，10月30日，高树勋将军率部一万余人，在邯郸马头镇宣布：新编第八军响应中共号召，战场起义。

就在高部撤出战场的同时，我参战各纵队乘势向敌四十军、三十军猛烈进攻，致使国民党军队全线向南溃逃，包括第十一战区副司令长官兼四十军军长马法五在内，被我军生俘二万三千余人。此役，粉碎了国民党军队的猖狂进攻，保卫了我华北解放区，掩护了我军在东北的战略展开。

李达将军精神矍铄，谈吐爽朗。他对抗日战争结束后，我军进行的这一重大战役记忆犹新，他希望能有人研究高树勋同志由一个旧军人成为共产党员所走的道路，赞扬在战场上高举义旗的壮举，赞扬爱国主义精神，阐述毛泽东军事思想的胜利。

后记　怀念父亲

靖叔平

父母亲去世已经多年了，可是我对他们的怀念是永远的。

我记忆深刻的首先是他们对子女——我们兄弟姐妹的态度。他们似乎从来不大过问我们的学习，没有为学习批评过，更不要说责骂了。相反地上中学特别是高中以后，妈妈倒是常常长时间地听我滔滔诉说学习上的心得体会，很有兴趣地全神贯注地听着，偶尔启发性地插上两句话。她常讲起舅舅昭叔青年时在湖南乡下种田时刻苦学习的故事，看书看累了用报纸将泥腿一裹就上床睡觉了，无形中给我们灌输着刻苦学习努力奋斗的精神。

他们对我们的身体健康很注意。我小时候关节不大好，刚进北京城上初中的时候，父亲就带我找城南一个专门看关节炎的老中医治病。方子中有乌头，毒性很大，吃了以后浑身像有小虫子爬，妈妈一刻不离地在我旁边守候着。参加工作后到上海时我已30岁，结了婚并且有了孩子。父亲先我调到上海，他打听到一个偏方，用乌龟装在猪肚子里泡上黄酒，蒸24小时，一次全部吃下，可以治关节毛病。每星期回去看他，他都给我这么做了，看着我全部吃下去。这样我一连吃了十几二十只乌龟，毛病算彻底好了。父母更多的是鼓励我们崇尚体育，参加各种各样的运动，培养健康的体魄。妈妈给我们提起过，八一起义南征潮汕失败的时候，部队纷纷上船渡河撤退，船已离岸好远，妈妈和很多人还在岸上，情急之下大家都不顾一切地往船上跳，很多同志都掉到河里，她却奇迹般地跳到了船上。我望着她那一米四几的超小个子，真想不到她年轻时还有这样的能耐。在北京的时候，我们正上中学，星期天父母常带我们到北海去划船，到颐和园去玩，到十三陵去看桃花，到北海去看齐白石的画展和菊花展。上俄专的时候还鼓励我看中国历史书籍，非常注意培养我们健康的身心，对大自然的热爱和多方面的兴趣。弟弟季洛上初中时功课并不好，但是家里还是支持他参加学校里的舢板队，比赛时还拿过名次，还参加了区里办的少年水电站，还专门给他买了一个足球。他高中时功课就上去了，现在已经是一个雷达方面的专家了。姐姐成了教授，妹妹在上高二的时候考上了大学，赶上了“文革”前的最后一个末班车。

父母亲要我们生活上能吃得起苦，经得起艰苦生活的考验。妈妈常用她的一个亲戚做例子，因为从小生活优裕，长大后因为害怕过艰苦的生活而终究事业上无所成就，告诉我们生活能影响人的事业，能影响人的政治方向，因此要严肃对待生活。更重要的是他们经常向我们强调生活上要靠自己，艰苦奋斗，自力更生，不要靠父母，不要靠照顾帮助，更不要有任何优越感。父母不仅这样说，更在实际上这样要求和对待我们。季洛上大学的时候，衣服上都打着补丁，冬天棉衣里的棉花都露了出来，一副褴褛的样子，和群众子弟没有任何区别。兄弟姐妹一参加工作就要求他们自立生活，四海为家，自己去闯天下，绝不要求组织照顾或者找关系提携，也决不在生活上支援。总之，自力更生，一切困难靠自己解决。妹妹“文革”期间上山下乡到了安徽利辛乡下，她从来没有提过把她的工作调动一下的要求，更不要说调回上海了。为了子女的事他们请组织帮助的只有唯一的一次：姐姐因为从小患哮喘病无法在南方生活，爸爸请组织帮助调到北方工作，结果调到了济南。我和父母生活在一起的时间最长，但是自从参加工作后就一直独立生活，在北京有一段时间我们住的是出租的房子，在上海我们一家四口很长一段时间住在不到12平米的房子里。生活上他们要比我们优越得多，但经济上决不给任何接济。唯一的一次，是在“文革”后平反了，父亲一高兴给了我们兄妹每人400元，要我们每人买一台 14寸的黑白电视机。这一切看似冷酷，令常人难以理解和相信，其实这是一种更深沉的爱，它不是溺爱，而是一种理智的爱。他们的良苦用心是要我们断绝一切依赖的念头，彻底树立自立自强自尊的精神，在人生道路上，无论政治上，工作上，还是生活上都要靠自己去闯。结果我们五兄妹天各一方分散在哈尔滨、南京、济南等地，只有我是随单位迁来上海的。我们都在当地扎下根来，成家立业。实际上除了给我们一副好的身体之外，这是父母亲留给我们的最大一笔精神财富。它确实是吃不尽用不完的，是永久的。

对父亲的认识是很晚以后的事。小的时候只觉得他寡言少语，不苟言笑，对我们很严肃，甚至有些严厉，我们都有几分怕他。成年后又觉得他说话言简意赅，遣词用句都很注意恰如其分，恳切地慢慢道来，绝无虚饰之词。意思点到为止，让你自己领悟，很少发挥；他很爱整齐和干净，凡他用的东西都摆放得整整齐齐有条不紊；他非常周密细心，每次出差前都把要做的准备事项一一记在本子上以防遗漏；他爱惜家具地板墙壁等家中的一切东西，搞坏一点他都会显出很痛惜甚至生气的样子；他还很喜欢新奇的电视机、照相机之类的新鲜玩意，研究它掌握它，但是不许我们动，直到我们都有孩子了还是这样。我们都知道这是他的脾气。他还非常喜欢天真烂漫的孩子，每次小孙子们来，他都喜笑颜开。老两口还非常简朴，去世后整理遗物时衣服都是穿了几十年的破烂，检不出几件好东西，这或许是他们那一代老同志的共同特点吧。

父亲是个谦虚的人，自己的功劳从未向我们提及过，也是个政治上十分谨慎的人，党内的事从不评说。他也绝少和我们谈起他的经历。1947 年在晋冀鲁豫边区的时候，我还是个 12 岁的孩子，喜欢听大人谈话。可能是在他从高树勋那里回来以后吧，他和妈妈谈起过他的警卫员：那是一个长征老战士，和父亲一起去的，人家不让他进去，把他拦在门外，他久等不见父亲出来就急了，掏出枪来硬往里闯，直到见到父亲为止。父亲不住地称赞他忠实可靠，就是没有文化，自己也不愿意去学习，真可惜。后来父亲还是把他送到抗大去学习了。现在想来这人还真有点鸿门宴上樊哙的样子。1961 年我从苏联留学回来，他才和我谈起过他在河南被捕和在西安集中营越狱前后的经过。这个监狱坐落在西安南郊终南山脚下，解放前夕被国民党彻底破坏，所有犯人也全被杀害。被囚禁在国民党监狱中而被杀害的我们党的同志何止千千万，而父亲能够从国民党高墙深沟的牢笼和警特虎视眈眈的监视下，成功越狱，并且穿过敌人纵深千里的层层搜捕盘查和封锁，安全到达解放区，这的确是一个奇迹。在越狱逃亡途中他还曾吟成一首诗：“夜走荒山僧尽眠，囊空路迢饮清泉，白骨遍野缘甲马，金玉朝堂炽冠焰”，足见他逃亡中的心志。他在白区，主要是在国民党军队中，工作了十几年，始终处在上至蒋介石、戴笠下到国民党军警宪特的监视追捕之中，其中一次蒋介石直接打电报给他所在的西北军，要将他“就地正法，立即呈报”。父亲多次遇险两次被捕，多次策动国民党军队起义或反蒋，以国民党将领身份率领国民党军队成功配合八路军消灭了顽固派的队伍，多次以共产党八路军代表的公开身份，单枪匹马深入虎穴龙潭说服伪军或国民党军将领起义。在这些情况下，他都能在被捕或十分危险的情况下，或机智脱险，或成功地完成了任务又隐避了自己的身份，或不辱使命完成策反任务。他长期在敌人营垒中周旋，不仅能够完成使命，而且能够全身以还，说他九死一生已经是远远不够了，没有过人的勇敢机智、周到细密的思虑、深谋远虑的筹划，是绝不可能做到的。

“文化大革命”开始后，他当时所在的华东局贴出大字报、大标语，说他是大叛徒大特务，市里成立了一个庞大的专案组，对他进行隔离审查，还找到我，要我交代他的问题。当时我已是而立之年，对他的经历也渐渐知道得多了。我对他越狱前后的所作所为做了一番综合的思考，特别是考虑到他在越狱并穿过封锁线进入解放区以后，先在山东解放区说服王道所辖伪军五个团起义，到达晋冀鲁豫边区后又先后说服高树勋等部队起义的铁的事实。我得出结论：他不可能是叛徒，并且当着专案组的面为父亲进行了辩护，把他们顶了回去。想父亲在国民党军队工作的当年，30 多岁官做到少将副师长，参加过庐山军官训练团，凭着是黄埔四期的学生，在重庆受到过蒋介石的亲自接见；在重庆还第二次见到了戴笠，当面许以高官厚禄，还交给一本密电码，要他有事直接联系，对他的拉拢不谓不紧，继而拉拢不成又抓捕入狱。另一方面与共产党的联系是和周恩来个人的单线联系。父亲身处这样一个不平衡的两大政治引力作用场中，长期生活在国民党官场声色犬马骄奢淫逸氛围的诱惑之下，生活上洁身自持，出于污泥而不染；政治上在威胁利诱面前岿然不动，是非常不容易的。无论在生活上或者在政治上，只要存在一点可乘之隙，缺口就可能被打开，就会堕入政治变节的深渊，或者会像断线的风筝那样随风不知飘向何方。无怪他们逮捕父亲时，作为“共党嫌疑”的一个证据，就是他不嫖赌。中国人历来讲究气节，称之为“富贵不能淫，贫贱不能移，威武不能屈”。以此来形容父亲的大节、一个共产党人的气节，是恰如其分，当之无愧的。

父亲参加革命的资历很老，他1925年在南京东南大学读旁听生的时候，因参加五卅运动表现积极，由华岗等人介绍入党，接着被派往黄埔军校学习，参加了北伐和南昌起义。他的军龄是从1927年八月一日算起的。南昌起义时他是师政治部组织科长，代理过政治部主任。解放战争中，陈毅在多年分别后第一次见到他时，称之为“大革命时期的英雄”。但是与他同时代叱咤风云的人相比，他后来在革命队伍中的地位和作用都明显地差了许多。显然，这与他长期从事白区工作有关。个人的发展很明显与周围的环境机遇特别是与组织和同志们对他的了解有很大关系。一个人长期在外独立工作，组织很少了解他，周围也绝少了解他的同志，而且有很多经历，既令常人难以理解，又无法（至少在当时条件下很难）找到证明，难免令人疑窦丛生。大约是1943年吧，他从西安监狱逃出来，千里走单骑经山东解放区到达晋冀鲁豫边区。周恩来从延安发来电报为他接上了组织关系，但是有相当一段时间组织上对他并不信任，专门成立了一个党小组与他一起过仿真的组织生活，先是安排在边区参议院，后到边区中央局敌工部。高树勋部队起义后他到民主建国军任副军长，接着南下任十纵参谋长。从这个过程看，对他的信任是逐渐增加的。后来到天津，在黄敬领导下任市公用局局长，心情是愉快的。大概是1951年他调到交通部工作。不久，在潘汉年事件发生后，又开始了对他这段白区历史的审查。他虽为内河航运总局局长，已不能参与部内大事的研究和决策，处于一边工作一边受审查的地位。这样经过了七八年的时间，到了1960年前后才结束审查，最后由周恩来作的结论，肯定了他历史上对党做过的工作。1961年调上海华东局工作，任经委副主任。没有多久“文化大革命”开始，旋即被隔离审查，一个人关在小屋内，吃饭通过一个小窗口递进去，大小便在里面，一天放风两次，与监狱无异。这样他被关了五年才放出来，比在国民党的监狱蹲的总和时间还要长，真正的平反解放，退还扣发的工资（此前每月只发40元生活费）已经是“文革”结束以后的事了。1976年他已是71岁的老翁了。

综观解放以后到第二次审查结束这20多年的时间里，他有一多半的时间是在审查中度过，而这段时间本应是他工作能力的最高峰时期。对他的坎坷遭遇我常私下为之惋惜，但是他却处之泰然，可能应了“君子坦荡荡，小人长戚戚”这句话，不仅表面上看不到一丝一毫的影响，而且思想深处我确信他也是平静如止水，不然他么可能活到 91 岁？他当然希望能多做些工作，但从不为小我而随人俯仰，始终保持着独立的人格和自尊。他与周恩来、邓小平都比较熟，但从不拉关系或请他们出面关心自己的处境。他对个人的功名利禄看得很淡，在天津的时候第一次评级别，组织给他定的级别他不要，主动申请下调了一级。他在白区工作出生入死，回到自己的队伍后受到长期反复审查，对此他忍辱负重从不介怀，正派，自尊，光明磊落而又胸怀坦荡。这些都是他在长期受审查中表现出来的最可贵的品质。

父亲的这本回忆录，最早是 2009 年出版的。这次修订再版，依据序言表达的文稿整理原则，根据靖任秋交代材料原稿，增补了个别段落和影印件，以及整理人的注释文字。此外，增加了这篇代后记，这是我作为回忆录的整理人写于 1999 年的纪念文字，此次发表时作了少量修改调整。

另需要说明的是，我母亲彭文所有的革命回忆录遗作及谈话记录，除了未经整理的部分外（一篇为新中国成立前后在石家庄育才中学和北师大女附中并校的经历；一篇为《在北京女师大及其前后》，内容与《在革命的洪流中锻炼成长》雷同，只是附加了一些后续人生简历和感言），其余均已刊登于本书之中。此外，再也没有以彭文为第一人称的文字作品遗存。

2018 年 6 月